Christlicher
Missions-
Verlag

Seid stark im Herrn

Predigten für junge Leute
C. H. Spurgeon

Christlicher
Missions-
Verlag

Kostbarkeiten unter dem Staub der Zeit

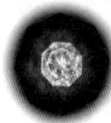 *Alle unsere Bücher mit diesem Logo enthalten sehr wertvolle Texte von begnadeten Autoren der hinter uns liegenden Jahrhunderte. Der ursprüngliche Text wurde dem heutigen Deutsch angepasst und teilweise gekürzt.*

Eine Zusammenstellung der Titel „Seid stark in dem Herrn" und „Habt nicht lieb die Welt".

ISBN 10: 3-932308-50-6
ISBN 13: 978-3-932308-50-5
CMV-Bestellnummer: 30850

Autor: C.H.Spurgeon
© der letzten bekannten deutschen Ausgaben:
    1898 D.Gundert, Stuttgart *(Habt nicht lieb die Welt)*
    1902 J.G.Oncken Nachfolger, Kassel *(Seid stark in dem Herrn)*
© 2001 CMV, Christlicher Missions-Verlag, Bielefeld
    2. Auflage 2007
Gesamtgestaltung und Textüberarbeitung: CMV
Druck: St.-Johannis-Druckerei, C. Schweickhardt GmbH & Co KG
Printed in Germany

Inhaltsverzeichnis

Vorwort

Charles Haddon Spurgeon war ein besonderer Freund der Jugend. Im Laufe seiner von Gott wunderbar gesegneten Tätigkeit war es immer sein Hauptanliegen, die Jugend zu Christus zu führen und sie in ihrem Streben nach wirklichen Werten zu festigen. Seine Stimme ist zwar verstummt, aber seine mächtige Feder redet noch immer und ruft durch dieses Buch allen jungen Lesern zu: „Seid stark im Herrn!"

Es erscheint einem fast seltsam, aber diese alten Predigten haben bis heute nicht an ihrer Aktualität verloren. Im Gegenteil, manche Ratschläge und Hinweise scheinen sogar genau in unsere Zeit hineingesprochen worden zu sein und selbst da, wo sich ein massiver gesellschaftlicher Wandel vollzogen hat, liegt die Anwendung dennoch klar auf der Hand. Es wird wohl keiner dieses Buch lesen können ohne hier und da selbst tief betroffen zu sein.

Dieses Werk ist eine Zusammenstellung aus zwei alten Titeln: „Seid stark in dem Herrn" und „Habt nicht lieb die Welt". Die einzelnen Kapitel wurden vom Herausgeber neu geordnet, zum Teil etwas gekürzt und sprachlich überarbeitet, um die Sprache dem heutigen Deutsch anzupassen. Wenn manche Ausdrucksweisen dem Leser dennoch etwas fremdartig oder vielleicht altmodisch erscheinen, so liegt es oft an ihrer starken Aussagekraft, die man mit der heutigen Sprache nicht so leicht erreichen kann.

Der Herausgeber

Seid stark im Herrn

„Ich schreibe euch, ihr jungen Männer..."

In der Gemeinde Christi gibt es Glieder, die nicht länger als „kleine Kinder" bezeichnet werden können, sondern so männlich geworden sind, dass sie mit Recht „Väter" heißen. Die Mittelklasse der geistlich Gesinnten wird als „junge Männer" bezeichnet. Zwischen dem natürlichen Alter und dem Zustand des Geistes ist oft ein großer Unterschied. Mancher Greis ist nichts weiter als ein „Kind", während manches Kind an Jahren schon jetzt ein „junger Mann" – oder eine „junge Frau" – in der Gnade ist, und manche jungen Männer trotz ihrer Jugend „Väter" in der Gemeinde sind. Gott hat manche seiner Diener mit besonderer Gnade ausgerüstet und sie in jungen Jahren zu Männern gemacht. Denkt nur an Josef, David, Samuel, Josia und Timotheus. Es ist nicht das im Ausweis verzeichnete Alter, von dem wir jetzt reden, sondern das im Lebensbuch des Lammes aufgeschriebene.

Gnade ist eine Sache des Wachstums, eben deshalb haben wir unter uns Kinder, junge Männer und Väter, deren Reife nicht nach der Zeitrechnung dieses dahineilenden Lebens, sondern nach dem ewigen Leben berechnet wird, das durch den Geist Gottes in ihnen gewirkt worden ist. Es ist eine große Gnade, wenn junge Leute im natürlichen Sinn auch junge Männer im geistlichen Sinn sind. Ihr seid ja keine Weichlinge, zählt euch deshalb nicht zu den kleinen Kindern zu, um damit von schweren Diensten befreit zu werden.

Es ist schon eine große Ehre in Christus zu sein, und es ist sicherlich keine Kleinigkeit in der Blüte des Lebens in geistlichen Dingen ein Mann zu sein. Als Kinder wusstet ihr zwar genug um errettet zu werden, ihr kanntet den Vater. Jetzt aber wisst ihr viel mehr vom Wort Gottes, das durch die ernste, gläubige Annahme unter Gebet in euch bleibt. Ihr habt jetzt ein klares Verständnis von der Breite und Länge, der Tiefe und Höhe des Erlösungswerks, denn ihr seid von Gott gelehrt worden. Ihr wagt es sogar, euch in die Tiefen Gottes zu versenken. Ihr steht unter der segensreichen Unterweisung des Heiligen Geistes und habt von dem göttlichen Lehrer die Salbung empfangen, die euch alle Dinge erkennen lässt. Ihr seid nicht mehr Kinder am Verstand, sondern Männer in Christus Jesus.

Ihr seid noch nicht Väter, weil ihr noch nicht so gegründet, so bewährt und fest seid wie sie. Auch habt ihr noch nicht die Erfahrung der Väter. Daher fehlt es euch noch an ihrer Vorsicht und Einsicht. Ihr habt mehr Eifer als Urteilsvermögen. Ihr habt noch nicht die erforderliche Fähigkeit zur Gemeindepflege als Frucht eures Glaubens: Erfahrung, Männlichkeit und Liebe. Ihr seid zwar auf dem besten Weg dahin und werdet in nicht allzu langer Zeit das Fehlende erreicht haben, müsst euch aber bis dahin mit anderem, euren Kräften angemessenerem Werk begnügen.

Meint nur nicht, ihr Lieben, dass ihr in unserer Gemeinschaft nicht von großem Wert seid, weil ihr nicht den Vätern zugezählt werden könnt. In mancher Hinsicht seid ihr doch den Vätern gleich oder könnt sie sogar noch übertreffen. Die Väter lieben Betrachtung und gründliche Untersuchung, sie forschen gründlich und sehen weit und „kennen Den, der von Anfang ist" (1. Joh. 2, 13), aber unter dem Druck der Jahre haben sie vielleicht an Tatkraft eingebüßt. Junge Männer dagegen sind zum Kämpfen geboren, sie sind das Militär der Gemeinde. Ihre Aufgabe ist es für den Glauben zu kämpfen und das Reich Gottes auszubreiten. Sie sollten es willig tun, denn sie sind stark. Das ist ihre Aufgabe, und der Herr wolle ihnen helfen diese Aufgabe zu erfüllen! Sie müssen für zukünftige Jahre unsere Täter sein, sie sind unsere Stärke und Hoffnung.

Die Väter werden den Schauplatz bald verlassen müssen. Ihr Mannesalter in der Gnade zeigt, dass sie für die Herrlichkeit bereit sind. Es ist nicht Gottes Art und Weise die Garben stehen zu lassen, wenn sie erst einmal reif für die Scheune sind. Der Reife wird zu den Vollkommenen gesammelt werden. Die Väter werden also in nicht allzu langer Zeit abgerufen werden. Wo sollten wir uns dann nach Nachfolgern umsehen, wenn nicht unter den jungen Männern in Christus! Wir hoffen, dass sie uns viele Jahre gelassen werden, mutig für die Wahrheit kämpfend, fest im Glauben, immer gereifter im Geist. Prüft euch selbst, ihr Lieben, ob ihr tatsächlich zu den jungen Männern in Christus zugezählt werden könnt. Prüft selbst, ob ihr fähig seid, in die Reihen derer gestellt zu werden, deren volles Wachstum und kräftiges Leben sie berechtigt, unter den Arbeitern der Gemeinde, dem kräftigen, gereiften Mannesalter zu stehen.

Diese Christen der „mittleren Klasse" sind besonders stark. Von Natur sind wir stark wie ein wilder Stier, der sich kopfüber in alles stürzt, was böse ist, stark wie ein Löwe im Kampf gegen alles, was gut und göttlich ist, aber für geistliche, heilige Dinge sind wir dagegen äußerst unfähig und schwach, ja, den Toten gleich, bis Gottes Heiliger Geist uns in die Hand nimmt.

Der Apostel bezieht sich in 1. Joh. 2, 14 keineswegs auf die körperliche Stärke der jungen Männer – schließlich ist sie im geistlichen Sinn eher ihre Schwäche als ihre Stärke. Wer einen starken Körper hat, ist leider nur zu häufig gerade deshalb zu fleischlichen Sünden versucht. Gerade deswegen ermahnt der Apostel seinen jungen Freund Timotheus: „Fliehe die Begierden der Jugend." (2. Tim. 2, 22) Wenn ihr die Geschichte von Simson lest, dann dankt Gott dafür, dass Er euch nicht Simsons Nerven und Sehnen gegeben hat. Wäre es sonst nicht wahrscheinlich gewesen, dass ihr euch von Leidenschaften hättet beherrschen lassen so wie Simson sich überwältigen ließ?

Die Lebenszeit eines jungen Mannes ist voller Gefahren. So ist es auch mit dem geistlichen Zustand, der so bezeichnet wird. Der junge Mann sollte fast wünschen, dass es mit ihm wie mit dem älteren Mann wäre, in dem die Macht des Fleisches abgenommen hat. Mag das Alter auch manche Schwächen und Krankheiten mit sich bringen, so hat es doch an dem Abschwächen der Leidenschaften einen Gewinn und Vorteil.

Aus allen diesen Gründen sehen wir, dass ein junger Mensch nicht damit rechnen kann, dass seine körperliche Kraft zu seiner wirklichen Stärke beiträgt. Er soll umso mehr Kraft aus der Höhe erbitten, damit nicht die natürliche Kraft in ihm seine geistliche Kraft hinabzieht. Er kann sich ja freuen, dass er in jugendlicher Kraft viel Arbeit im Weinberg des Herrn verrichten kann, er soll seine Kraft aber nicht zur Schau stellen. Er weiß doch, dass der Herr „keine Freude hat an der Stärke des Rosses und keinen Gefallen an den Schenkeln des Mannes." (Ps. 147, 10)

Junge Männer in der Gnade sind stark, zunächst im Glauben, der Ermahnung entsprechend: „Seid stark! Fürchtet euch nicht!" Seit längerer Zeit haben sie den Herrn gekannt und den Frieden genossen, der der Vergebung der Sünde entspringt. Sie haben das Werk des Heiligen Geistes in sich gespürt und wissen, dass es keine Täuschung, sondern göttliche Veränderung ist. Sie glauben jetzt nicht nur an den Herrn Jesus, sondern sie sind sich dessen auch bewusst. Sie „wissen, an wen sie glauben und sind gewiss, dass Er ihnen bewahren kann, was ihnen anvertraut ist, bis an jenen Tag" (siehe 2. Tim. 1, 2). Der Glaube, der für sie zunächst nur eine heilende Berührung war, ist für sie zu einem befriedigenden Ergreifen geworden. Die Freude, die früher nur wie ein Tropfen war, ist jetzt zu einem durststillenden Getränk geworden. Und was vorher wie ein Getränk war, ist zu einer Taufe im göttlichen Wasserstrom geworden. Sie haben sich in das Wasser des Lebens gestürzt und haben Wasser genug zum Schwimmen gefunden! O, welch eine Gnade ist es, in dieser Weise stark zu sein! Wer so stark ist, muss allerdings aufpassen, damit er nur dem Herrn die Ehre gebe, der seine Gerechtigkeit und Stärke ist, aber in Ihm, in seiner Kraft darf er sich rühmen und den Widersachern widerstehen. Was sagt Paulus? „Ich vermag alles durch den, der mich mächtig macht, Christus." (Phil. 4, 13)

Diese Kraft macht stark zum Ausharren. Gesegnet ist der Mann, der so stark ist, dass er nie über seine Trübsale klagt, nie darüber seufzt, wenn er an Demütigungen und Schmerzen seines Meisters teil hat. Als er ein Nachfolger des Gekreuzigten wurde, erwartete er das Kreuz tragen zu müssen. Jetzt, da es ihn drückt, wird er weder müde noch matt. Es ist ein erhabener Anblick, den jungen Isaak das Opferholz tragen zu sehen oder wie der junge Josef ruhig ins Gefängnis wandert, wie der junge Simson das Tor Gazas fortträgt, wie der junge David mit Harfenspiel Gott lobt, als Saul nach dem Speer sucht. So verhalten sich junge Männer, die alles für Schaden erachten, wenn sie um Christi willen in verschiedene Leiden geraten. O, junger Mann, sei stark, stark wie eine eiserne Säule, die den vollen Druck des Gebäudes trägt und doch nicht bewegt wird!

Diese Kraft zeigt sich ferner in der Arbeit für den Herrn. Der junge Mann in Christus ist ein eifriger Arbeiter. Er hat so viel Kraft, dass er nicht still sitzen kann. Er würde sich schämen, andere die Last und die Hitze des Tages ertragen zu lassen. Er packt zu, je nach seinem Beruf und seinen Fähigkeiten. Er hat es sich als eine Gunst vom Herrn erbeten etwas für Ihn tun zu dürfen. Er hat gebetet: „Herr, was willst Du, dass ich tun soll?" und ist auf die Antwort hin in den Weinberg gegangen, um den Boden zu bearbeiten, das Unkraut auszujäten, die Weinstöcke zu beschneiden, alle den verschiedenen Jahreszeiten entsprechenden Arbeiten zu verrichten. Sein Herr und Meister hat ihm aufgetragen:

„Weide meine Schafe, weide meine Lämmer", und ihr werdet ihn den ganzen Tag und bis in die Nacht hinein die ihm anvertraute Herde hüten und bewachen sehen. Er freut sich an seiner Arbeit – er ist ja stark. Er kann „laufen und nicht matt werden" (Jes. 40, 31), er kann mit seinem Gott sogar „über Mauern springen" (Ps. 18, 30). „Was geschehen soll, soll mit Gottes Hilfe geschehen", heißt es bei ihm und schaut her, es wird getan! Gesegnet ist die Gemeinde, die den Köcher voll solcher Kräfte hat, sie braucht sich nicht vor Widersachern zu fürchten. Diese jungen Männer sind es, die in der Gemeinde und draußen in der Mission aktiv sind. Sie bilden die Vorhut der Heere Gottes und füllen den großen Teil ihrer Reihen.

Diese jungen Männer sind auch stark zum Widerstand gegen Angriffe. Sie werden ja angegriffen, tragen aber den Schild des Glaubens mit sich, mit dem sie alle feurigen Pfeile des Bösen auslöschen können. Wohin sie auch kommen, wenn sie andere Angegriffene sehen, treten sie vor, um ihre Sache zu verteidigen. Sie sind bereit, Angriffe auf den Glauben mit dem Schwert des Geistes zurückzuschlagen, werden in Glaubenssachen auch nicht den kleinsten Punkt aufgeben, sondern um jeden Preis die Wahrheit verteidigen. Angetan mit dem Panzer der Wahrheit werden sie keine tödliche Wunde erhalten. Sie widerstehen der Versuchung und bleiben inmitten der Gefahren unverletzt.

Wollt ihr ein Beispiel haben? Schaut euch Josef an. Wo Tausende gefallen wären, steht er in schneeweißer Reinheit da. Im Vergleich mit David ist Josef ein Beispiel dafür, wie ein von ähnlichen Versuchungen angegriffener junger Mann Gott mehr verherrlichen kann als ein älterer. Josef ist noch jung. Die Versuchung tritt an ihn heran, während er seine Pflichten erfüllt. Er ist allein mit der Versuchenden. Niemand braucht es zu erfahren, wenn er die Sünde begeht. Wenn er aber widersteht, wartet durch die abgewiesene Herrin Schande oder sogar der Tod auf ihn. Aber er widersteht mutig dem Angriff und überwindet den Bösen. Er ist ein heller Kontrast gegen den älteren Mann, einen Vater in Israel, der den richtigen Weg verließ um eine böse Tat zu begehen und zur Befriedigung seiner Lust sich eines schmutzigen Verbrechens schuldig machte. Wir lernen daraus, dass weder Jahre noch Erkenntnis noch Erfahrung uns vor der Sünde bewahren können, sondern dass Alte und Junge durch die Macht

Gottes bewahrt werden müssen um nicht vom Versucher und von der Versuchung überwunden zu werden.

Doch diese jungen Männer sind nicht nur stark zum Widerstand, sie sind auch stark zum Angriff. Sie tragen den Krieg in das Gebiet des Feindes. Wenn es etwas zu tun gibt, sind sie wie Jonatan und sein Waffenträger eifrig zum Angriff. Sie sind sehr eifrig im Dienst des Herrn der Heerscharen und pünktlich am Platz, wenn es darum geht, um Jesu willen Arbeit und Beschwerden auf sich zu nehmen. Sie werfen Irrlehren nieder und stellen die Wahrheit hoch. Sie glauben Großes, versuchen Großes, erwarten Großes und der Herr gibt ihnen Großes. „Einer von ihnen wird tausend jagen, und zwei werden zehntausend flüchtig machen." (5. Mo. 32, 30)

„Ihr habt den Bösen überwunden"

Es gibt solche, die den Bösen überwunden haben, und zwar auf verschiedene Weisen. Es sind viele Bilder vom Teufel verbreitet, ich fürchte aber, manches von diesen Bildern ist nicht genau, eben weil der Feind an verschiedenen Orten verschiedene Gestalten annimmt. Er ist ein Chamäleon, stets beeinflusst von dem Licht, in dem er zufällig steht. Mancher Jüngling hat den grauen Teufel überwunden, der die Menschen in Zweifel und Verzweiflung, in Zittern und Zagen hält. Du warst ihm früher untertan, indem du dachtest nicht glauben zu können. Du fürchtetest, du würdest nie errettet und selig werden. Du schriebst bittere Worte gegen dich selbst. Aber jetzt hast du durch kindlich einfältigen Glauben diesen Teufel überwunden. Du weißt jetzt, an wen du glaubst und bist gewiss, dass Er dir dein anvertrautes Gut bis an jenen Tag bewahren kann (2. Tim. 1, 12). Du hast diesen Teufel des Zweifelns überwunden und mag er auch versuchen wiederzukommen – besonders wenn es im Beruf nicht richtig vorwärts gehen will, wenn die Leber nicht in Ordnung ist und so weiter – aber durch die Gnade Gottes wird es ihm nicht gelingen, dir die alten Fesseln wieder anzulegen.

Dann ist da noch der staubfressende Teufel, von dem wir nie zu schlecht sprechen können – der gelbe Teufel des Mammons und der Ungerechtigkeit, die Liebe zu Gold und Silber. Ich sehe ihn im Geist, wie er über die Aufschrift unseres Portmonees: „Die Erde ist des Herrn und was darinnen ist" (Ps. 24, 1a) lacht, weil er meint es besser zu wissen. Er behauptet, dass alles ihm gehört, so wie er damals zu dem Sohn Gottes sprach: „Das alles will ich Dir geben, wenn Du niederfällst und mich anbetest." (Mt. 4, 9)

Welche Kniffe und Tricks werden heutzutage aus Geldliebe im Geschäftsleben angewandt! Es ist leider Tatsache, dass es manchen zur Gewohnheit geworden ist zu sagen, dass zwei mal drei sieben ist. Ihre Kunden bemerken dazu: „Ganz richtig, wir werden unsere Waren auf dieselbe Weise berechnen." So gleicht eins das andere aus. Aber der wahre Christ, der Mensch, der stark ist in dem Herrn und das Wort Gottes bleibend in sich hat, verachtet solches Handeln. Mögen auch andere sagen: „Wir müssen doch leben!", so erwidert er: „Ja, aber wir müssen auch sterben und vor dem Richter erscheinen!" Er ist entschlossen, seine Seele nicht zu verlieren um nach Reichtum zu haschen, wenn er auch kein steinreicher Kaufmann wird. O, mein junger Freund, wenn es dahin mit dir gekommen ist, hast du wirklich einen bösen Feind überwunden! Ich fürchte allerdings sehr, dass es viele Männer mit grauen Haaren gibt, die diesen Kampf noch nicht einmal aufgenommen haben. Wie sind solche zu bedauern!

Von einer anderen Gestalt des Teufels wagt man nur flüsternd zu sprechen – aber wie schwer wird es einem jungen Mann den Bösen in dieser Form zu überwinden – ich meine Madame Zuchtlos, diese glänzende aber schmutzige Person, durch die so mancher sich verführen lässt. Salomo redet von einer solchen Frau, an deren Tür der starke, glaubensreife Christ vorbeigeht, vor deren Sirenengesang er das Ohr verschließt. Er flieht die Lüste der Jugend, die gegen die Seele streiten und bewahrt beide, Leib und Seele für den Herrn, der ihn mit seinem kostbaren Blut erkauft hat.

Junger Mann, wenn du stark bist im Herrn und den Bösen überwunden hast, so hast du, wie ich hoffe, auch den Teufel des Hochmuts überwunden und bist bestrebt demütig vor deinem Gott zu leben. Nicht wahr, du hast jegliches Vertrauen auf eigenen Verdienst aufgegeben? Du bist fern von aller Selbstüberhebung und allem Eigenlob, liegst demütig am Fuß des Kreuzes und betest den an, der dich von dem zukünftigen Zorn erlöst hat.

Ich hoffe, dass du es auch aufgegeben hast dem roten Drachen der Mode untertan zu sein, der mit seinem Schwanz sogar die Sterne des Himmels berührt. Es gibt solche, die es für viel schlimmer halten, für unmodern, als für unchristlich gehalten zu werden. Unchristlich zu sein wäre in ihren Augen eine so allgemeine Beschuldigung, dass sie sich ihr gern unterstellen würden, aber altmodisch gescholten zu werden, das wäre ja schrecklich! Wie lassen sich die jungen Leute doch von der Mode beeinflussen! Nur wer stark ist im Herrn und das Wort Gottes in sich wohnen lässt, wird den Bösen überwinden, das Richtige tun und unter Ungläubigen als gläubig erfunden werden.

Natürlich sind für gewisse Stellungen gewisse Gaben und Talente erforderlich, aber es ist eine Regel ohne Ausnahme, dass jedes Kind Gottes sich in dem göttlichen Haushalt nützlich machen kann. Gott hat keinen einzigen Diener, für den er nicht einen Dienst bestimmt hätte. Angenommen, du bist stark im

Herrn und durch die dir gegebene Kraft in der Lage, Missionsarbeit zu betreiben, so machen die Kräfte, die durch Jesus Christus in dir gewirkt sind: Glaube, Liebe, Mut, Geduld, dich desto tüchtiger zum heiligen Dienst.

Willst du Prediger werden, so musst du allerdings ein gewisses Maß an Wissen zu bekommen suchen. Willst du Missionar werden, so bedarf es einer besonderen Ausbildung, aber das alles lässt sich ja erreichen. Gott wird dir zum Erreichen des Erforderlichen Kraft und Weisheit verleihen und in der Kraft des Heiligen Geistes wirst du es erreichen.

Es gibt Leute, die uns nicht gestatten wollen, ein Wort an Unbekehrte zu richten, weil sie (mit Recht) behaupten, die Unbekehrten seien tot in Sünden. Wir sollten sie also nicht auffordern zu leben, eben weil sie keine Kraft zum Leben haben. Sie vergessen dabei ganz, dass die Kraft in dem Leben schaffenden Wort und in dem Geist Gottes liegt und unser geredetes Wort vom Geist Gottes begleitet wird. Es herrscht unter uns viel Vergesslichkeit in Bezug auf die Tatsache, dass wir wirklich Kraft aus der Höhe haben. Wir beten immer um das Wirken des Heiligen Geistes und es soll ja so sein, aber vergesst dabei nicht, dass wir den Heiligen Geist haben, dass Er in unsrer Mitte ist. Er ist zwar nicht immer offenbar, Er ist aber der Gemeinde gegeben, um in jedem Gotteskind zu bleiben. Wenn wir nur an seine Gegenwart glauben wollten, so würden wir sie mehr spüren.

Die erfolgreichen Prediger werden auch sagen, dass ein Grund ihres Erfolges darin liegt, dass sie Erfolg erwarten. Sie predigen nicht nur in der Hoffnung, dass dieser oder jener gerettet werden möge, sondern sie wissen, dass es geschehen wird, weil das Wort Gottes die Macht Gottes zur Seligkeit ist. Sie glauben an den Heiligen Geist, deshalb sehen sie Ihn. Diejenigen aber, die nur eine wankende Hoffnung auf den Heiligen Geist haben, erkennen Ihn nicht, ihnen geschieht nach ihrem Glauben. Glaube, dass du als Christ die erforderliche Macht in dir hast, dein jetzt so gottloses Geschäftshaus in ein Gebetshaus zu verwandeln. Glaube es, und dann fang an zu wirken, als jemand der glaubt. Glaube, mein junger Freund, dass die, denen du morgen begegnest und mit ihnen über das Seelenheil sprichst, bekehrt werden, und bald wirst du sehen, dass sie durch Gottes Gnade und deine Mitarbeit bekehrt sind. Tritt an sie heran in dem

Bewusstsein, dass Gott in dir wirkt. Dein Wesen wird ihnen auffallen, und wenn sie dein Wort verachten, wird es ihnen doch schwer auf dem Gewissen liegen.

Wenn ein junger Mensch sich nach Werkzeugen und Waffen umsieht, mit denen er seinem Meister dienen kann, so heißt es: „Das Wort Gottes bleibt in dir." Wenn es dein Verlangen ist, andere zu lehren, so brauchst du nicht ängstlich zu fragen, was für ein Text es denn sein soll, denn das „Wort Gottes bleibt in dir"! Wünschst du einen Text, der auf den Sorglosen Eindruck macht? Welches Wort machte auf dich Eindruck? Du könntest kein besseres haben. Vielleicht möchtest du ein Wort sagen, das den trösten kann, der des Trostes bedürftig ist. Nun, was hat deiner eigenen Seele Trost gebracht? Du könntest keinen besseren Führer haben. Du hast an deiner eigenen Erfahrung eine Lehrerin, die dich nicht irre führt, eine Ermutigung, die dir nicht genommen werden kann. Das Wort Gottes ist in dir und wird aufsteigen wie ein Springbrunnen, Gnade und Wahrheit werden wie Ströme von dir fließen.

Ich habe gehört wie unser Herr mit einem Mann verglichen wurde, der einen Wassertopf trägt. Als dieser den Topf auf der Schulter trug, tropfte fortwährend Wasser herab, sodass jeder die Spur des Wasserträgers verfolgen konnte. So sollte es mit allen Kindern Gottes sein. Alle sollten eine solche Fülle der Gnade tragen, dass durch das, was sie zurücklassen jeder merken könnte, wo sie gewesen sind. Wer sich im Gewürzlager aufhielt, wird den Duft weitertragen. Wer den Fuß ins Öl getaucht hat, wird Ölspuren hinter sich lassen. Wenn der lebendige, unverwesliche Same bei und in dir bleibt, werden die göttlichen Triebe der neuen Natur dich zu den weisesten Methoden in deiner Tätigkeit führen. Du wirst das Richtige mehr durch den inneren Trieb tun als durch das geschriebene Gesetz, dein persönliches Heil wird deine Hauptbefähigung zum Suchen und Gewinnen anderer für die Herde deines guten Hirten sein.

„Ihr habt den Bösen überwunden." Wer einmal dem Teufel einen Schlag ins Gesicht versetzt hat, braucht sich nicht mehr vor Menschen zu fürchten. Wenn du oft einer starken Versuchung gegenübergestanden und sie nach ernstlichem Ringen überwunden hast, kannst du mit spöttischem Lächeln all die kleinen Widersacher ansehen, die dich angreifen. In inneren Kämpfen geübt zu sein, wird dem jungen Mann zur Männlichkeit verhelfen und ihn zu einem wahren, kraftvollen Christen machen.

Du hast durch die Macht der Gnade den Satan überwunden – du; ist denn nun nicht Hoffnung da, dass in der Sonntagsschulklasse, in der du unterrichtest, in den Herzen der Kinder der böse Feind auch überwunden wird? Für den Trinker, mit dem du neulich geredet hast, ist Hoffnung vorhanden, warum sollte nicht auch er den Bösen überwinden? Du warst doch auch zu schwach, aber die Gnade hat dich stark gemacht, kann sie nicht auch an anderen tun, was sie an dir getan hat? „Nachdem ich selbst gerettet worden bin", sagt jemand, „habe ich nie an der Rettung irgendeines anderen gezweifelt." So sollte die Tatsache, dass du befähigt worden bist, in einem schrecklichen Kampf den Sieg zu erlangen, dich im Blick auf alle anderen Fälle ermutigen.

Ich rufe jeden jungen Menschen, der schon zu Gott bekehrt ist, auf sich dem Herrn Jesus ganz zu weihen. Ich möchte euch nicht dazu überreden, habe mich auch nicht hineinzumischen, möchte euch aber bitten, einen Augenblick still zu sitzen, nachzudenken und etwa folgende Überlegungen anzustellen: „Ich gehöre zu den Gläubigen und bin vor kurzem zum Tisch des Herrn gegangen. Ich weiß, dass ich von Gott erwählt und durch das kostbare Blut Jesu Christi erkauft worden bin, dass ich von der Welt geschieden und für ein unsterbliches, seliges Leben bestimmt bin, aber lebe ich auch dementsprechend?" Bei längerem Nachdenken wirst du vielleicht zu dem Entschluss kommen: „Leider nicht! Ich diene ja Gott auf meine Weise, aber nicht von ganzem Herzen, von ganzer Seele und mit allen Kräften, wie ich es sollte! Wie steht es um meine Zeit? Widme ich dem heiligen Werk so viel davon wie ich nur kann? Wie ist es mit meinen Gaben und Talenten? Setze ich sie treu ein in der Sonntagsschule oder bei Bibelarbeiten? Weihe ich die Blüte und die Kraft meines Lebens Christus? So sollte es sein, ich sollte voll und ganz Christus angehören. Nicht in der Weise, dass ich meinen Beruf aufgebe, sondern so, dass ich meine Geschäfte zu denen meines Herrn mache und den Ertrag als Christi Haushalter verwalte. Ich sollte für Ihn und nicht für mich selbst leben." Wenn du jetzt beschließen würdest, dass von heute an kein Tropfen Blut in deinen Adern, kein Haar auf deinem Kopf, kein Pfennig in deiner Tasche, kein Wort auf deiner Zunge, kein

Gedanke in deinem Herzen sein soll, der nicht dem Herrn gehört, so wäre das eine große Freude.

Wenn jemand zu dir zu einem Vorstellungsgespräch kommt, so fragst du natürlich, was er ist. Antwortet er: „Maler", oder: „Zimmermann", so kannst du ihm vielleicht Arbeit verschaffen, wenn er aber sagt: „Ich kann alles", so nimmst du an, dass er überhaupt nichts versteht. So ist es mit einigen geistlichen Pfuschern, die glauben, in der Gemeinde alles tun zu können, in Wirklichkeit aber nichts tun. Was kannst du tun? Was ist dein Beruf? Bist du Sonntagsschullehrer? Traktatverteiler? Verschwende keine Zeit, sondern sprich: „Dazu fühle ich mich berufen und will mich durch Gottes Gnade diesem Beruf hingeben. Ich will meine Arbeit so gut machen, wie es nur möglich ist. Wenn ich eine Klasse in der Sonntagsschule übernehme, so tue ich das mit der Absicht, ein so guter Lehrer zu sein, wie nur möglich." Es würde den Gemeinden viel Segen bringen, wenn sich viele mit solchem Entschluss zum Dienst anbieten würden.

Viele, die sich dem christlichen Predigtamt widmen sollten, sind weit davon entfernt. Ihr habt sicherlich nicht zu erwarten, dass ihr es durch dasselbe zu irdischem Reichtum bringen werdet. Wer solche Ideen hat, sollte lieber Steine klopfen, das würde sich besser bezahlt machen. Meinst du, im Predigtamt könntest du ein leichtes Leben haben, so bitte ich dich dringend, es lieber mit der Tretmühle zu versuchen; im Vergleich zum Leben eines gewissenhaften Predigers wäre das ein Spielzeug. Wer es damit aber ernst meint und auch die Gabe dazu in sich spürt, über gewisse Gegenstände zu reden und die Aufmerksamkeit der Hörer zu fesseln, sollte sich überlegen, ob er sich nicht diesem Werk widmen sollte. Wenn der Herr sagen würde: „Sondert mir aus Saulus und Barnabas zu diesem Werk", wie schön wäre das! Hüte dich davor dich zurückzuziehen, wenn Gott dich haben will!

Vielleicht liest ein junger Mensch dieses Buch, der mit dem Gedanken an die Außenmission spielt. „Ich habe euch jungen Männern geschrieben; denn ihr seid stark und das Wort Gottes bleibt in euch, und ihr habt den Bösen überwunden", heißt es in 1. Joh. 2, 14. Solche „jungen Männer" sind es, die wir brauchen können. Für die, die schwach sind, wäre es besser, noch eine Weile daheim in der christlichen Bücherstube zu bleiben. Für euch, bei denen das Wort Gottes noch nicht bleibt, ist es notwendig zu Hause zu bleiben, bis ihr die Grundbegriffe des christlichen Glaubens gelernt habt. Ihr seid nicht die Männer und Frauen, die wir uns wünschen.

Ihr aber, die ihr stark genug seid um etwas für den Herrn Jesus zu tun und zu wagen, ihr, die ihr genügend geistlich gesinnt seid um das Scheusal des Bösen in euch zu überwinden, ihr seid die Richtigen zum Kampf gegen den Satan da draußen, sei es in den Burgen des Heidentums, des Papsttums oder des Islams. Ihr, die Auserlesenen der Gemeinde, ihr seid die, auf die die Missionsarbeit wartet. Denkt daran, bevor ihr euch schlafen legt und möge der Herr euch willig machen, sich mit den Worten zu melden: „Siehe, hier bin ich, sende mich!"

Es ist etwas Gutes in einer guten Sache immer eifrig zu sein. Wir sollen vergessen, was dahinten ist und uns strecken nach dem, was vorn ist. Es wäre großartig, wenn alle christlichen Kaufleute im Verhältnis zu ihrem Vermögen für die Sache des Herrn geben würden. Ein junger Mensch wird gesegnet, wenn er seine Arbeit mit dem Vorsatz beginnt, wenigstens den Zehnten seinem Herrn zu geben. Es ist eine sehr gute Gewohnheit, wöchentlich etwas zurückzulegen und dann statt Ihm aus eurer Tasche zu geben, es aus seiner eigenen zu entnehmen. Übt sie, ihr jungen Geschäftsleute, die ihr vor kurzem ein Geschäft angefangen habt, und ihr Frauen, steht euren Männern dabei zur Seite. Ihr jungen Leute, die ihr ein regelmäßiges, festes Einkommen habt, lasst einen Teil eures Einkommens dem Herrn geheiligt sein und für die Missionsarbeit auf heimischem oder fremdem Boden benutzt werden. Aber denkt dabei niemals, dass ihr euch durch eure Gaben von dem persönlichen Dienst loskaufen könnt! Gebt euch selbst Christus, euer ganzes Selbst in voller Kraft, beständig, zielbewusst, ohne unlautere Hintergedanken.

Ein Mann in Christus

Ein solcher ist klar zu unterscheiden von einem Namenschristen, der nur deshalb Christ heißt, weil er zu einem christlichen Volk gehört. Ist doch leider das Christentum der christlichen Nationen dem Gold gleich, mit dem manche unserer Möbel verziert sind; es ist wirklich sehr dünn! Ein kleines, christliches Goldblatt mag eine große Fläche bedecken und den Dingen ein respektables Aussehen verleihen, aber die vergoldeten Artikel sind kein massives Gold. Nationales Christentum ist ebenso wenig wahres Christentum, wie ein vergoldeter Pfennig ein Goldstück ist.

Es ist zu beklagen, dass viele von denen, die sich Christen nennen, nur weil sie zu einer christlichen Nation gehören, dem Namen Christi Schande bereiten. Nicht selten hat man Heiden ihr Urteil über das Christentum, so wie sie es vor Augen hatten, sagen hören: „Es ist besser, wir bleiben, was wir sind, als dass wir solche Trunkenbolde, solch ruchlose Schwörer werden, wie diese so genannten Christen es sind oder so ein lasterhaftes Leben führen wie sie."

Unsere Missionare haben leider nicht selten solche nur allzu berechtigten Beschuldigungen als ein schreckliches Hindernis für den Erfolg ihres Werkes gefunden. Ich habe nichts mit bloßem Namenschristentum zu tun. Tut mit demselben was ihr wollt, nur setzt euer Seelenheil nicht darauf.

Ebenso wenig betrachte ich den als einen Mann in Christus, der zwar mit den äußerlichen Dingen des christlichen Glaubens vertraut ist und sich denselben auch mit allem Eifer hingibt, dabei aber nie in den Mittelpunkt, in das Herz und den Kern desselben gedrungen ist. Es ist mit Recht gesagt worden, dass ein Mensch, der nur die äußere Schale des Christentums besitzt, gewöhnlich sehr fanatisch ist – hat er doch weiter nichts. Wer hingegen über das Äußere hinaus in den Geist und das Wesen unseres heiligen Glaubens gedrungen ist, lässt sich auch durch tausend verschiedene Ansichten seiner Mitchristen über die äußeren Formen so wenig stören, dass ihm diese Unterschiede durchaus keine Mauer zur innigsten Gemeinschaft bilden. Andererseits mag einer in der Einhaltung äußerer Gebräuche noch so weit gehen, mag ein noch so eifriger Verfechter des „Verzehntens von Minze, Dill und Kümmel" (Mt. 23, 23), der

Sakramente und sonstiger Dinge sein, so ist er doch vielleicht trotz allem nicht „ein Mann in Christus".

Ich fühle mich ferner verpflichtet zu sagen, dass es in den evangelischen Gemeinden solche gibt, die nicht den Zeremonien anhängen, sondern die äußere Einfachheit im Gottesdienst vertreten und dabei sehr viel Aufhebens von ihrem „wirklichen" Christentum machen, die auch sehr viel über innere Herzensfrömmigkeit sagen können, und trotz allem nicht Menschen in Christus sind. Die Gemeinde Christi ist von Anfang an bis auf den heutigen Tag von Heuchlern heimgesucht worden. Sogar unter den zwölf Aposteln war ein Judas. Überrascht euch das? Ich muss gestehen, ich wundere mich nicht darüber. Da das Christentum in sich selbst so wertvoll ist, gibt es so viel unwürdige Nachahmung desselben.

Man bildet Goldstücke nach, weil sie des Besitzes wert sind. Wenn sie je den Wert verlieren würden, würde es mit der Falschmünzerei vorbei sein. Eben weil der Besitz wahrer Gottseligkeit etwas so wertvolles ist, geben so viele vor, diesen Schatz zu haben, der ihnen ganz fremd ist. Ich habe wenig Vertrauen zu denen, die so laut mit Mundbekenntnissen sind. Weiß ich doch, dass der Wagen, dessen Glocke am lautesten durch die Straßen klingt, nur Asche und Schmutz fährt; man hört aber nie eine Glocke erklingen, wenn Diamanten oder Gold oder Silber durch die Straßen getragen werden. Die besten Taten, welche in dieser Welt geschehen, werden zum großen Teil von solchen im Verborgenen verrichtet, deren Wunsch es ist, außer von dem Auge des allsehenden Gottes von niemandem beobachtet zu werden. Manche aber, die solches zu tun vorgeben, denken dabei im Grunde mehr an sich als an Christus. Es ist nicht so sehr ihr Anliegen zu rufen: „Siehe, das ist Gottes Lamm!", als mit Jehu zu sprechen: „Komm mit mir und siehe meinen Eifer für den Herrn!" (2. Kön. 10, 16) „Bewundere mich und sieh, welch eine wundervolle Zierde ich für Jesus Christus bin." Ich überlasse diese vorgeblichen Religionseiferer dem äußersten Spott der Welt. Ich habe nichts zu ihrer Verteidigung, aber viel zur Verurteilung ihrer Unwahrhaftigkeit zu sagen.

Ich möchte jetzt von Menschen reden, die wirklich in Christus sind.

Ein Mensch in Christus ist ein Mensch und eben deshalb unvollkommen. Ich habe viel von vollkommenen Menschen sprechen hören, denke aber, dass ein wenig Untersuchung unter dem Mikroskop oder auch ohne dasselbe, so viele Flecken offenbaren würde, dass sie wahrscheinlich hinter denen zu stehen kämen, die ehrlich und aufrichtig ihre Unvollkommenheit bekennen. Es gibt keinen Christen, dessen ganzes Leben anstelle der Bibel gelesen werden könnte. Sein Leben würde vielmehr der Anmerkungen, Erklärungen und Verbesserungen bedürfen, ehe es genau dem vollkommenen Gesetz des Herrn entsprechen würde. Fragst du ihn: „Kann ich allein aus deinem Verhalten sämtliche christlichen Grundsätze lernen?", er würde antworten: „Wie gern möchte ich 'Ja' dazu sagen! Ich strebe danach so zu wandeln und versuche in den Fußstapfen meines Meisters zu gehen. Aber ich befürchte, dass ich in mancher Hinsicht den vollen Geist des hohen Originals nicht wiedergebe. Ich wünschte du könntest in jeder kleinen und großen Handlung meines Lebens den Geist des Neuen Testaments erkennen. Aber ich mache Fehler, passe manchmal nicht auf und lasse die in mir zurückgebliebene alte Natur in den Vordergrund treten. Ich bin weder was ich sein sollte und möchte, noch was ich – Gott sei Dank! – einst sein werde. Du magst, wie ich hoffe, etwas von Christus an mir spüren, aber doch bin ich nur ein schwacher Mensch!"

Solltet nicht ihr, die ihr nicht Christen seid, dies bedenken, wenn ihr Christen verurteilt? Seid gerecht! Seid ehrlich! Wer nicht selbst das Evangelium angenommen hat, sollte wenigstens denen, die es angenommen haben, die Gerechtigkeit widerfahren lassen, die er an sich selbst geübt haben möchte. Ein Mensch in Christus ist ein Mensch, man erwarte also nicht von ihm, dass er ein Engel sei.

Viele Leute meinen, wenn du gläubig wirst, würdest du zu einer Memme. Aber das ist ein Irrtum, wer Christ wird, wird männlich. Man ist der Meinung, du müsstest vielen Dingen entsagen und deine Freiheit einschränken und hättest nicht den Mut die Schranken zu durchbrechen, selbst wenn du es wolltest. Man sagt dann: „Du darfst dies und das nicht tun, du musst das Rückgrat entfernen und ein Weichtier werden, du sollst zu jedem so süß wie Honig sein, jedes Atom von Geist und Mut soll in dir verdunsten. Du sollst von Predigern und Kirchenbehörden sogar Erlaubnis zum Atmen erbitten und zu einer Art lebendigem Märtyrer werden, der ein elendes Leben führt in der Hoffnung, im Geruch der Seligkeit zu sterben." – Ich glaube durchaus nicht an ein solches Christentum. Der Christ ist meiner Meinung nach die edelste Art von Menschen, der freieste, mutigste, heldenhafteste und furchtloseste Mensch. Wenn er ist, was er sein sollte, ist er im besten Sinne des Wortes durch und durch von Kopf bis Fuß ein Mann.

Er ist deshalb ein Mann, weil er sich seiner eigenen persönlichen Verantwortung vor Gott bewusst ist. Er weiß, dass er seinem Herrn steht oder fällt, dass er am Tage des Gerichts Rechenschaft abzulegen hat für seine Gedanken, Worten und Taten, deshalb hängt er sich nicht an die Rockschöße eines Menschen, mag er nun Priester oder Pastor oder sonst etwas sein. Er denkt für sich selbst, nimmt die Bibel und liest für sich selbst, kommt persönlich in Christus Jesus zu Gott. Er begnügt sich nicht, seine Geschäfte durch Angestellte abzuwickeln, sondern geht direkt zum Chef des Weltunternehmens.

Durch seine Gewohnheit ständig nach dem Recht zu streben, ist ein Mann in Christus auch kühn. Ich habe von einem Mann gehört, der ständig in Schulden lebte. Er wurde so oft gefangen genommen, dass er, als sein Ärmel eines Tages an einem Haken hängen blieb, schon anfing zu betteln, man möchte ihn doch dieses Mal gehen lassen. Viele gehen auf ähnliche Weise durch die Welt. Sie wissen, dass sie Unrecht getan haben und es immer noch tun und ihr Gewissen macht Feiglinge aus ihnen. Wenn aber das Gewissen zum Schweigen gebracht wurde, wenn der Christ weiß, dass sein Herz auf Lauterkeit und Reinheit gerichtet ist und das Richtige tun will, so fürchtet er sich nicht irgendwo hinzugehen.

Darüber hinaus ist ein Mann in Christus daran gewöhnt auf jeden Wink seines Herrn und Meisters zu achten und das Gesetz Christi als seine einzige Richtschnur anzuerkennen. Eben deshalb ist er der freieste Mensch unter der Sonne, weil er nicht die sklavischen Regeln beachtet, vor denen die meisten Menschen vor Furcht erzittern: ihre Kaste oder die Gunst ihrer Gesellschaft nicht zu verwirken. Er gehorcht den Gesetzen seines Landes, weil Christus es ihm geboten hat. Alles, was recht und gut ist, ist ihm eine willkommene Grenze, die er keineswegs überschreiten möchte. Die von der Mode vorgeschriebenen törichten Sitten und ausschweifenden Zusammenkünfte jedoch möchte er am liebsten unter den Füßen zertreten. Sagt er doch: „Ich bin dein Knecht, o Herr! Du hast meine Fesseln zerrissen!" Wenn er etwas zu sagen hat, sieht er vor allem darauf, ob sein Herr und Meister es billigen würde – ob die Welt ihn loben oder tadeln würde, beschäftigt ihn hingegen gar nicht. Seit er von der Freiheit weiß, mit der Christus uns beschenkt, ist er über solche Gedanken erhaben. Wenn wir Christi Diener werden, hören wir auf, Knechte der Menschen zu sein. Wenn Christi Joch auf dir liegt, hast du Freiheit das Richtige zu tun, wer auch immer es dir verbieten mag. Von da an würdest du nicht die Unwahrheit reden, selbst wenn du dadurch den Beifall einer ganzen Nation gewinnen könntest, auch nicht die Wahrheit unterdrücken, wenn das ganze Weltall dir drohen würde. Ein Mann in Christus, der vor dem König der Könige das Knie beugt, ist zu idealistisch gesinnt, als dass er sich vor Irrtum oder Sünde verneigte, mögen auch beide mit allem Anschein der Macht bekleidet sein. Er erhebt sich für Recht und Wahrheit, ja, wenn auch der Himmel deshalb einstürzte, er würde aufrecht stehend gefunden werden.

Ein Mann in Christus ist männlich, weil er sich in der Hand seines Herrn geborgen weiß. Wenn er das ist, was ich unter einem Mann in Christus verstehe, so glaubt er, dass alles, was ihm geschehen mag, von seinem großen Herrn und Meister verordnet ist. Wenn sich also etwas ereignet, was ihn überrascht oder vielleicht für einen Augenblick erschreckt, so fühlt er doch bald, dass es weder Zufall noch ein unvorhergesehener Unfall außerhalb der göttlichen Vorsehung war. Er weiß: „Er ist der Herr, dessen Weg in Wetter und Sturm ist; Wolken sind der Staub unter seinen Füßen." (Nah. 1, 3) Er ist sich dessen gewiss, dass der Herr Jesus, der König der Könige, in den Rathäusern der Fürsten sitzt und alle Angelegenheiten der Menschen regiert. Deshalb fürchtet er sich nicht vor schlimmen Nachrichten. „Vor schlimmer Kunde fürchtet er sich nicht; sein Herz hofft unverzagt auf den Herrn." (Ps. 112, 7) Wenn er lebt wie es sich für einen Christen gehört, kann er still sein, wo andere von panischem Schrecken ergriffen werden. Weiß er doch, dass es im Himmel keine Panik gibt und dass alles von oben her sorgfältig eingerichtet und geordnet ist. Wie sollte er also seine momentane Lage nicht den Händen seines Heilands getrost anbefehlen, geduldig warten und still hoffen können! Auf diese Weise ist er im Stande, Herr der Lage zu werden, kühl und ruhig zu sein, wenn andere verwirrt sind. In der Stunde der Angst und Verlegenheit steht er als ein leuchtendes Vorbild da. Da er seine Last von den eigenen Schultern geworfen und sie dem Herrn überlassen hat, kann er mit klarem, getrostem Sinn sein Geschäft verrichten oder je nachdem, ob die Gefahr der Situation es fordert, es auch ruhen lassen. Ein Christ verhält sich wie ein Mann und fürchtet sich nicht, weil er sich der göttlichen Führung anvertraut.

Ferner erweist sich ein Christ als männlich, wenn er auf Widerstand stößt. Er erwartet sogar Widerstand. Wenn ein Christ nie auf Widerstand oder Widerspruch stößt, ist es entweder besonderen Zuständen zuzuschreiben oder der Tatsache, dass er sein Christentum so ziemlich verborgen hält. Denn wo ist es vom ersten Tag des Christentums bis heute nicht vorgekommen, dass „alle, die fromm leben wollen in Christus Jesus, Verfolgung leiden müssen" (2. Tim. 3, 12)? Der Mann in Christus, als wahrer Mann, lässt sich dadurch nicht entmutigen. Wenn man sich über ihn lustig macht, dann weiß er, dass ihm das keinen Knochen zerbricht. Ein Gerede, das sich mehr durch Witz als durch Wahrheit auszeichnet, mag einiges Gelächter, vielleicht auch Spott und hässliche Schmähungen hervorrufen, aber der Christ sah das voraus, als er Christ wurde. Ja, er hat sich nach und nach an den Spott und an den Hohn der Welt gewöhnt. Daher ärgert er sich nicht darüber, wenn es auch seinen Gegnern Vergnügen bereitet, ihn zu verhöhnen und zu reizen. Und wenn ihm hin und wieder ein Stachel ins Herz dringt, so tröstet er sich mit den Worten seines Heilands: „Selig seid ihr, wenn euch die Menschen um meinetwillen schmähen und verfolgen."

So wird er nach und nach ein Mann und es kommt nicht selten vor, dass seine Verfolger und Spötter dahin kommen ihn zu achten und zu schätzen. Die Leute vertrauen ihm, erkennen seine Aufrichtigkeit an und achten ihn für seine Überzeugungstreue. Ist doch sogar in denen, die sich nicht um das Christentum kümmern, ein Etwas, das ihnen Achtung gebietet vor dem Echten, vor dem, der wirklich das ist, was er zu sein vorgibt. Wir haben es so bei anderen gesehen. Möge jeder von uns lange genug leben um es an sich selbst zu erfahren. Lasst nur den Christen leben wie es sich gehört und er wird den Widerspruch niederleben; oder, wenn der Widerstand bleibt, wird er über demselben leben und desto mehr blühen und gedeihen.

Der Mann in Christus ist der menschlichste, der wirklich menschliche Mensch. Hierin folgt er dem Herrn Jesus selbst. Ah, welch ein Mensch war Er! Es gibt keinen, auf den man nicht weisen könnte mit der Bemerkung: „Das ist ein Engländer" oder: „Das ist ein Deutscher" oder: „Das ist ein Jude" oder: „Das ist ein Philosoph" oder: „Das ist ein Geistlicher" oder: Dieser oder jener besondere, hervorragende Mann. Von Jesus von Nazareth als einem Menschen, hätte man nie mehr sagen können, als dass Er ein Mensch, „des Menschen Sohn" war, der edelste, reinste Mensch, der je diese Welt betreten hat, ein Mensch, der allen Nationen, allen Ständen und allen Zeiten angehört. Fällt es euch in seinem Leben nicht auf, wie alles, was mit dem Menschen zu tun hatte, Ihm so nahe am Herzen lag? Ich behaupte, dass Er völliger und vollständiger ein Mann war, als Johannes der Täufer, auch wenn viele diesen für den höchsten Typus der Männlichkeit halten.

„Johannes ist gekommen, aß nicht und trank nicht; so sagen sie: Er ist besessen. Der Menschensohn ist gekommen, isst und trinkt; so sagen sie: Siehe, was ist dieser Mensch für ein Fresser und Weinsäufer..." (Mt. 11, 18–19) Doch war Er ein umso vollkommener Mensch, weil Er ein Mensch unter Menschen war. Er hielt sich nicht in der Wüste auf, sondern wohnte unter Leuten; Er aß nicht Heuschrecken und wilden Honig, sondern nahm teil an einer Hochzeit und aß an den Tischen derer, die Ihn als Gast einluden. Er ging auf alles ein, was Menschen taten, außer auf ihre Sünden. Er war in allen Dingen den Menschen ein wahrer Bruder und Freund. Er war nicht nur ein Prediger und Lehrer, sondern auch ein Arzt, der Heiler leiblicher Krankheiten. Auch der Christ sollte stets ein Helfer sein, in allem, was der Gesundheit und dem Wohlergehen der Leute erforderlich ist. Christus war nicht nur das Brot vom Himmel, sondern auch der Geber des Brotes, dieses Lebens für die Armen und Bedürftigen. Er speiste Tausende mit Brot und Fisch. Wenn alle anderen Hände verschlossen bleiben, sollte die Hand des Christen stets zur Linderung der Not geöffnet sein. Als Mensch ist der Gläubige allen Menschen, Gesunden und Kranken, den Reichen und Armen, ein Bruder. Er sollte deshalb auf jede mögliche Art und

Weise ihr Bestes suchen und stets das Auge auf ihr höchstes Gut, die Rettung ihrer Seele, gerichtet haben.

Ein Mann in Christus ist ferner im besten Sinne des Wortes darin menschlich, dass er in einer wirklichen Welt lebt, nicht in einer idealen Burg der Heiligkeit. Er hat herausgefunden, wie er das Weltliche vergeistlichen soll. Er erhebt und vergeistlicht menschliche Dinge, bis sie göttlich werden. Ihr wisst, dass es sehr leicht ist, göttliche Dinge zu verweltlichen. Es gibt viele, die die Kanzel entweihen und sie auf den niedrigsten denkbaren Standpunkt herabwürdigen; es fehlt aber auch nicht an solchen, die die Hobelbank des Zimmermanns erheben und sie zum „Heiligtum des Herrn" machen. Genau dasselbe tut der Mann in Christus. Er zieht keine Linie und sagt: „So weit geht mein Leben in Christus und nicht weiter. Mein Christentum ist für den Sonntag, aber nicht für den Geldbeutel. 'Alles nun, was ihr wollt, dass euch die Leute tun sollen, das tut ihnen auch' ist zwar eine goldene Regel für unseren häuslichen Kreis, passt aber nicht für unsere Marktwirtschaft! – Wie sollten wir nach solch einem Grundsatz den Lebensunterhalt erwerben?" O nein, der Christ ist viel mehr davon überzeugt, dass der wahre Glaube einen Mann keineswegs zu irgendeinem erlaubten, gesetzmäßigen Beruf untauglich macht. Sein Christentum ist ein Teil seines eigenen Selbst, er trägt es nicht mit sich, sondern in sich. Es ist sozusagen ein Stück von ihm selbst. Ein Mann in Christus schreibt seine Rechnungen mit nicht weniger ernstem, heiligen Gefühl, als mit dem er seine Bibel liest. Er betet nicht nur auf den Knien, sondern redet an allen Orten mit seinem Gott. Sein Gottesdienst beschränkt sich nicht auf das Kämmerlein und auf die Kirchenbank. So fleißig wie er im Geschäft ist, so ist er auch eifrig im Geist und dient in beidem dem Herrn. Alles, was Christen tun, soll als dem Herrn getan werden, nach den Worten des Paulus: „Ob ihr nun esst oder trinkt oder was ihr auch tut, das tut alles zu Gottes Ehre." (1. Kor. 10, 31) Sollte es etwas in dieser Welt geben, was du nicht zur Ehre Gottes tun kannst, so tue es gar nicht. Alles aber, was du als Christ tust, soll im Geist des Glaubens vor den Augen Gottes zur Verherrlichung des Allerhöchsten geschehen. So ist es mit dem Menschen in Christus Jesus.

Ein weiteres Kennzeichen eines Menschen in Christus ist, dass er nicht das Eigene sucht. Natürlich lügt er nicht, wenn er in die Welt geht. Er behauptet nicht etwa: „Ich gehe nicht hin um Geld zu verdienen. Es ist nicht meine Absicht Geschäfte zu machen." Im Gegenteil, eben zu diesem Zweck geht er ja und wäre ein Dummkopf, wenn er nicht ohne solche Vorsätze zur Börse ginge. Wird er Geldwechsler um sein Kapital zu verlieren? Niemand würde seinen Worten Glauben schenken. Er geht aber in die Werkstatt oder ins Büro mit dem Vorsatz: „Ich will keinen anderen berauben, um mich selbst dadurch zu bereichern. Von keinem einzigen Pfennig, den ich erwerbe, soll gesagt werden können, dass ich ihn einer Witwe oder einer Waise entwendet habe oder ihn von einem Mann erpresst habe, der ihn nötiger hatte oder mehr Recht darauf hatte als ich." Die Lehre des Weltlings Horaz: „Mache Geld, wenn du es kannst auf ehrliche Weise, aber auf jeden Fall erwirb es!", ist keine christliche Lehre, sondern eine Lehre des Heidentums in seiner schlimmsten Form.

Der Mann in Christus, obwohl eifrig, ernst, intelligent und keineswegs ein Einfaltspinsel (wer ihn dafür hält, soll es auf einen Versuch ankommen lassen), ist in den Augen mancher Menschen insofern ein Dummkopf, als er, wenn er zu seinem eigenen Nachteil etwas zugesagt oder ausgemacht hat, unbeirrt dabei bleibt. Auch wenn sich ihm eine Gelegenheit dazu bietet, es rückgängig zu machen, so lehnt er sie dennoch in der Furcht des Herrn ab. Er kann und will nicht durch eine ungerechte Handlung einen Fluch auf sich herabziehen. Gerade dadurch wird er in meinen Augen ein umso treuerer Mann; dadurch offenbart sich einer der Charakterzüge, durch die er sich als ein Mann in Christus erweist.

Ihr jungen Leute, lasst es mich euch in aller Aufrichtigkeit sagen, dass ich mich schämen würde von einem Christentum zu euch zu reden, dass euch schlaff, weichlich, weibisch und trübsinnig machen würde, sodass ihr im Geschäft einfach wie Maschinen ohne Geist und Verstand als Beute jedes schlauen Betrügers dastehen würdet. Ich habe den Glauben an Christus erprobt und er hat sich als Mut machend an mir bewährt. Dieser Glaube bringt Geist und Leben in einen Menschen, verleiht ihm Festigkeit, Entschlossenheit und Mut. Wem es zur Gewohnheit geworden ist, mit seinem eigenen Gewissen, mit seiner Bibel und seinem Gott zu reden, der kann auch dem ganzen Weltall, ja, sogar der Welt der Teufel ohne die geringste Furcht ins Angesicht schauen.

Warum sollte sich der Christ auch fürchten? Ist nicht der Ewige auf seiner Seite? Steht nicht der auferstandene, herrliche Christus bei ihm? Ist nicht der Heilige Geist sein Freund? Ja, die Engel Gottes, Gottes Vorsehung, Zeit und Ewigkeit, alle bestehenden Mächte sind seine Verbündeten, ausgenommen Tod und Hölle, die ja sein Herr überwunden und unter seine Füße getreten hat.

Wie gern möchte ich, dass alle jungen Leute früh in die Armee Christi eingezogen würden, denn niemand wird ein so guter Soldat wie der, der anfängt, während er jung ist!

Wie man ein Mann in Christus wird

Das geht so: Wenn du unter dem Einfluss des Heiligen Geistes stehst, siehst du bald, in welcher Lage du dich befindest. Du liebst viele Vergnügungen, aber beim Genuss werden sie dir zum Ekel. Die Welt wird dir alt und fade, an allen Bäumen befinden sich nur verwelkte Blätter, ihre Blumen erbleichen, alle ihre Lichter sind dem Erlöschen nahe. Du fängst an dich umzusehen; aber oben und unten, innen und außen sieht es nicht so aus, wie es dir gefallen würde. Du wirst nachdenklich und je mehr du nachdenkst, desto unruhiger wird dein Herz. Bist du ein Freund des Denkens? Ich weiß, dass viele es scheuen. Wenn ihnen zwei Stunden zum Nachdenken über ihren Zustand festgesetzt würden, so würden sie sich ebenso gerne auspeitschen lassen. Nun, du dachtest über dich und deine Wege nach und kamst zu der Entdeckung, dass du ohne Gott, ohne Christus und ohne Hoffnung bist. Du wusstest, dass du sterben würdest, du hast vor dem Los gezittert, das dich erwartete und eine innere Stimme rief dir warnend zu, du hättest das Schlimmste zu erwarten. Der Geist Gottes ernüchterte dich und das war der Anfang einer segensreichen Veränderung.

Dann hörtest du auf deinem Weg die gute Botschaft, dass Jesus Christus dich retten kann, dass Er alle deine Sünden tilgen und dich von der Macht des Bösen befreien will. Dazu war nur eines erforderlich, nämlich dass du an Christus glaubst, dich Ihm vertrauensvoll übergibst – und du glaubtest an Ihn, vertrautest dich Ihm an! Es brauchte zwar einige Zeit, einzusehen, dass der einfache Glaube an den Heiland solche Wunder verrichten könnte, aber du hast es schließlich eingesehen, du trautest Jesus Christus in allem und fandest deine Sünden vergeben und besiegt. Davor hattest du immer auf dich selbst gebaut, jetzt aber gabst du dich deinem Erlöser hin und durch sein Blut, durch die Kraft des Heiligen Geistes bist du gerettet und selig.

Und was geschieht weiter mit dir, nachdem du gerettet bist? Du bekommst ein neues Leben. Es geschieht ein Wunder an dir. Dir wird ein Leben geschenkt, das du vorher noch nie gehabt hast, ein Leben, das dich so weit über die anderen Menschen erhebt, wie Menschen über die Tiere erhaben sind. Vorher bestandest du aus Leib und Seele, aber jetzt kam der Heilige Geist auf dich hernieder und gab dir dazu einen Geist, ein drittes, höheres Wesen, durch das du in eine geistliche Region erhoben wurdest, sodass du nun als ein geistlicher Mensch lebst. Du findest dich völlig verändert im Vergleich zu deinem früheren Wesen. Was dir vorher lieb war, ist dir jetzt verhasst, was du früher gehasst, das liebst du jetzt. Du siehst, was du nie zuvor gesehen und das, was dich früher so sehr anzog, hat keinen Reiz mehr für dich. Du würdest dein altes Selbst kaum wiedererkennen, wenn du ihm auf der Straße begegnen würdest. Kurz, dein altes Ich und du kamen ein für alle mal auseinander; sie haben den Streit nie aufgehoben oder beigelegt und sie werden es auch nie tun. „Denn ist jemand in Christus, so ist er eine neue Kreatur; das Alte ist vergangen, siehe, es ist alles neu geworden." (2. Kor. 5, 17)

Seit du dieses Lebens teilhaftig geworden bist, musstest du weiter in Christus eindringen. Du hast dich selbst Christus geweiht. Dein heißer Wunsch besteht darin, ein Mann in Christus zu werden, der sich selbst und alles was er hat, aufgibt um Christus, seinem Heiland, zu dienen.

Manche Christen erinnern mich an Kinder, die baden gehen: Ängstlich und zitternd berühren sie das Wasser ein wenig und gehen nicht weiter als bis an die Fußgelenke. Wer aber wirklich in Christus ist, gleicht einem erfahrenen Schwimmer, der sich kopfüber in den Strom stürzt und genügend Wasser zum Schwimmen findet. Er scheut sich nicht vor dem Wasser, das Bad stärkt ihn vielmehr und er erfreut sich daran. Und seht, wie heimisch er in dem Gnadenstrom geworden ist, wie er zu seinem Element geworden ist! Christus ist sein Leben! Er hat sich selbst, alles, was er ist und hat, der Ehre und Verherrlichung Gottes geweiht. Das ist der Mann, der die Glückseligkeit des Christentums in einer Weise versteht, die weit über den Verstand eines halbherzigen Bekenners hinausgeht, der an seinem Glauben nur so viel besitzt, dass er sich dadurch nur elend fühlt.

Ein Amerikaner sagte zu einem Freund: „Ich wünschte, du kämest in meinen Garten um von meinen Äpfeln zu probieren." Er wiederholte seine Einladung zehn bis zwölf Mal, ohne dass sein Freund ihr folgte. Endlich sagte der Obstbauer: „Ich glaube, du hältst meine Äpfel für nichts wert und willst deshalb nicht kommen um sie zu probieren." „Nun, ehrlich gesagt, ich habe sie schon probiert", war die Antwort. „Als ich an deinem Garten vorbeiging, habe ich einen aufgehoben, der über die Mauer gefallen war und habe nie in meinem Leben etwas so Saures gegessen. Deshalb habe ich auch keinen besonderen Wunsch, deine Äpfel zu essen." „Ach!", versetzte der Eigentümer des Gartens. „Dachte ich es mir doch! Weißt du denn nicht, dass die an der Außenseite umherliegenden Äpfel für die Jungen bestimmt sind? Ich bin zehn Meilen weit gegangen um mir die sauersten Sorten auszusuchen. Diese habe ich rund um den Garten gepflanzt, nur damit die Jungen mein Obst nicht als des Stehlens wert ansehen sollten. Wenn du aber in den Garten kommst, wirst du dich überzeugen, dass wir dort ganz andere Sorten anbauen, süß wie Honig."

Seht, ihr jungen Leser, so werdet ihr an der Außenseite des Glaubenslebens eine Anzahl von „du sollst" und „du sollst nicht" vorfinden, dazu Überzeugungen, Schrecken und Alarmrufe. Das sind alles saure, bittere Früchte, durch die dieser wunderbare Garten Eden vor den Heuchlern bewahrt bleiben soll. Wenn du nur an diesen Bitterkeiten vorübergehen könntest um dich ohne Rückhalt Christus hinzugeben und für Ihn zu leben, so würde „dein Friede sein wie ein Wasserstrom, und deine Gerechtigkeit wie Meereswellen." (Jes. 48,18) Du würdest finden, dass die Früchte dieses „Apfelbaumes unter den wilden Bäumen" (Hld. 2, 3) die saftigsten sind, die uns diesseits unseres ewigen Heimes geboten werden können.

Ich empfehle allen, die Christus aus Erfahrung kennen, sich voll und ganz seinem Dienst zu weihen. Möget ihr alle so zu Ihm geführt werden, dass ihr für Ihn begeistert würdet! Die Blüte und Krone wahren Christentums ist Begeisterung für Jesus. Erst wenn der Name Jesus unser Blut wallen lässt, wie der Posaunenschall das Blut der Pferde am Tage der Schlacht erregt, erst wenn wir fühlen, dass wir für Jesus sterben könnten, wenn wir „alles für Schaden achten gegen die überschwengliche Erkenntnis Christi Jesu, auf dass wir Ihn gewinnen und in Ihm erfunden werden" (Phil. 3, 8. 9), wenn wir so begeistert sind, dass unser Christentum versucht die Welt zu erobern, erst dann haben wir die volle, begeisternde Macht des Evangeliums Jesu Christi erkannt.

Frühe Gnade, große Gnade

Das Evangelium Jesu Christi betrifft das ganze Leben. Wenn du den Herrn Jesus aufnimmst, wirst du eines Glaubens teilhaftig, der sich auf dein ganzes Wesen und Sein auswirkt. Wer gerettet wird, während er noch jung ist, wird feststellen, dass das Evangelium ein starkes Schutzmittel gegen die Sünde ist. Was für ein Segen ist es doch nicht mit dem Schlamm Sodoms beschmutzt worden zu sein, noch sich durch ein lasterhaftes Leben die Knochen gebrochen zu haben! Viele allerdings, die vor einem Leben als Verbrecher bewahrt blieben, sind trotzdem ihr Leben lang geistliche Krüppel.

Aus dem Strudel des Lasters herausgerissen worden zu sein ist Grund zu tiefer Dankbarkeit, aber davor bewahrt geblieben zu sein ist noch besser. Es ist ein doppelter Segen, wenn wir von der göttlichen Gnade ergriffen wurden, bevor wir von der Welt und ihren Ausschweifungen beschmutzt worden sind. Vorbeugen ist besser als heilen und die Gnade wirkt beides. Danke Gott, dass du noch jung bist und bete ernsthaft um die Gnade deinen Weg entsprechend dem Wort Gottes rein zu bewahren.

Die Gnade wird sich als Schutzmittel an dir bewähren. Das Gute, das Gott in dich legt, wird dich bewahren. Was mich in meiner Jugend so sehr zum Evangelium hinzog, war seine Kraft vor der Sünde zu bewahren. Ich kenne verschiedene Schulkameraden, die die besten Zeugnisse bekamen und doch, bald nachdem sie das Elternhaus verließen, leichtsinnige junge Leute wurden. Ich hörte traurige Geschichten aus ihren Lehrjahren, die sie in großen Geschäften in London durchmachten und sagte zu mir selbst: „Wenn ich das Elternhaus verlasse, werde ich genauso versucht werden. Ich habe dasselbe Herz, das sie haben, ja, ich bin manchmal schlechter als sie gewesen. Die Möglichkeit steht also offen, dass ich noch tiefer in Sünde falle als sie." Das war für mich ein entsetzlicher Gedanke. Ich konnte den Gedanken nicht ertragen, dass ich meiner Mutter durch meine Ausschweifung Tränen auspressen oder durch ein leichtsinniges Leben das Herz des Vaters brechen würde. Der Gedanke war mir unerträglich. Aber als ich hörte, dass derjenige, der an den Herrn Jesus Christus glaubt, gerettet und selig wird, verstand ich das so, dass dieser von der *Sünde* erlöst wird. Ich ergriff also den Herrn Jesus, damit Er mich vor der Sünde bewahrt und Er hat es getan. Ich empfehle euch jungen Leuten eine Charakterversicherung, und zwar in Form und Gestalt des Glaubens an den Herrn Jesus. Liebe junge Frauen, mögen eure Wangen nie wegen einer Schandtat erröten, möge eure zarte Reinheit des Gefühls nie durch offenbare Sünde verloren gehen! Denkt daran, dass dies der Fall sein könnte, wenn der Herr euch nicht bewahrt! Ich empfehle euch die schützende Macht des Glaubens an den Herrn Jesus, die euch den Heiligen Geist gibt, der in euch wohnen, in euch bleiben und euch heiligen wird. Ich weiß, dass schon der Gedanke an ein Laster viele von euch erschaudern lässt. Ihr, die ihr von christlichen Eltern unter den besten Einflüssen erzogen worden seid, ihr würdet lieber sterben, als Schande auf den Namen eures Vaters zu bringen, ich weiß es. Aber ihr dürft nicht auf euch selbst vertrauen. Wenn nicht eure Natur erneuert wird – und das kann allein der Herr Jesus durch den Heiligen Geist in euch wirken –, dann könnt ihr genauso schlimm werden wie die anderen, ja, sogar noch schlimmer als sie. Wer aber an den Heiland glaubt, ist vom Tod ins Leben hindurch gedrungen. Ein solcher wird nicht in der Sünde leben, sondern wird bis ans Ende bewahrt bleiben.

Noch habt ihr den Kampf des Lebens nicht voll und ganz angetreten. Ihr habt eure Pläne zu machen, euren Beruf und den Lebensweg zu wählen. Ihr Mädchen seid noch unter den elterlichen Flügeln, ihr habt häusliche Pflichten zu erfüllen. So denkt nun daran, wie gut ihr für die Arbeit und den Beruf des Lebens vorbereitet sein werdet, wenn ihr Jesus das Herz gebt. Du, junge Frau, wirst dann weise genug sein, dir als Ehemann keinen eitlen Modefanatiker und keinen Narren zu wählen, sondern einen Mann, der mit dir den Herrn lieb hat und mit dem du voraussichtlich ein glückliches häusliches Leben führen wirst. Du wirst mit ihm eine Quelle der Freude haben, die nie vertrocknet, einen Brunnen des lebendigen Wassers, dem sogar in Leiden und Trauer nicht an Friede, Freude und Trost fehlt. Du wirst auf alles vorbereitet sein, was kommen mag.

Du, junger Mann, wirst – wenn du die Gnade Gottes im Herzen hast – gerade der richtige Mann für eine große Sache werden und der Herr wird dich zum Segen setzen. Ein junger Christ ist sowohl zu einem Kaiser als auch zu einem Bediensteten fähig, zu jeder Aufgabe, die Gott ihm gibt. Wer das beste Material für das Modell eines Fürsten oder das eines Dieners sucht, wird es in einem Kind Gottes finden. Doch eines sollte dabei bemerkt werden, dass ein Kind Gottes voraussichtlich weniger in äußerste Armut versinken wird, weil es vor Verschwendung und Trägheit, den häufigen Ursachen der Armut, bewahrt bleibt. Andererseits ist es höchst unwahrscheinlich, dass Gott einen jungen Mann in eine sehr hohe Stellung versetzt. Nur selten hat Er eins seiner Kinder auf einen so gefährlichen Platz gesetzt. Du wirst auf die Zukunft vorbereitet sein, junger Mann, wenn dein Herz richtig vor Gott steht.

Wenn ich an euch jungen Leute denke und an das, was der Herr vielleicht aus euch machen wird, dann schlägt euch mein Herz mit großer Achtung und herzlicher Liebe entgegen. Ich hoffe, keiner von uns lässt es an der Achtung für das Alter fehlen; das Alter ist ehrwürdig, es soll hoch geachtet und geehrt werden, ich fühle mich aber häufig geneigt auch eurer Jugend hohe Anerkennung zu bringen. Wenn ein berühmter Lehrer ins Schulzimmer trat, pflegte er stets vor seinen Schülern den Hut abzunehmen, weil, wie er sagte, er nicht wüsste, wer von ihnen ein Dichter, ein Bischof, ein Kanzler oder ein Premierminister werden würde. Wenn ich auf junge Männer und Frauen schaue, habe ich ein ähnliches Gefühl. Wer weiß, was aus ihnen einmal wird! Vielleicht rede ich zu einem Livingstone oder Moffat, zu einem John Howard oder einem Milberforce, zu einer Frau Hudson oder Elisabeth Fry. Ich rede vielleicht zu einem, den Gott zu einem großen Licht machen wird, das der Menschheit lange leuchten wird. Du kannst aber nicht leuchten, wenn du nicht angezündet worden bist. Du kannst nicht Gott preisen und den Menschen zum Segen sein, wenn du nicht selbst von Gott gesegnet worden bist. Nicht Wiedergeborene werden nutzlos sein. Wiedergeboren sein, heißt zur Brauchbarkeit geboren sein. Solange du nicht wiedergeboren bist, ist deine Brauchbarkeit zweifelhaft.

Damit soll keineswegs gesagt sein, dass ich von jedem erwarte, berühmt zu werden. Es wäre nicht einmal wünschenswert, berühmt zu werden. Das aber weiß ich, dass jeder, der dem Herrn Jesus das Herz gibt, der Gemeinde so nützlich und unentbehrlich sein wird, dass es der Welt ohne ihn an einem Wohltäter mangeln und die himmlische Gesellschaft ohne ihn unvollständig sein würde.

In Bezug auf dieses Leben soll nun genug gesagt sein. Lasst mich euch jetzt, meine lieben jungen Leute, noch darauf hinweisen, dass derjenige, der Christus sein Herz gegeben hat, nicht vor dem Ende seines Lebens zu zittern braucht. Ihr dürft ihm vielmehr hoffnungsvoll entgegensehen. Es wird kommen – Gott sei dank, es wird kommen! Habt ihr nie gewünscht, wie Elia in einem feurigen Wagen in den Himmel fahren zu dürfen? Ich hatte einmal diesen Wunsch, bis ich es mir überlegte und schließlich einsah, dass ich mich in einem feurigen Wagen mehr fürchten würde, als auf meinem Bett, sodass ich also doch lieber sterben würde. Im Herrn zu sterben, bedeutet schließlich auch, unserem glorreichen Haupt gleichgemacht zu werden.

Ich sehe keine Freude in der Hoffnung dem Tod zu entfliehen. Jesus ist gestorben, so lasst auch mich sterben, damit ich von der Auferstehung reden kann, von der die nicht reden können, die bei der Wiederkunft des Herrn verwandelt werden. Ihr braucht euch nicht davor zu fürchten, „abzuscheiden und bei Christus zu sein, was auch viel besser wäre." (Phil. 1, 23) Wer in Jesus ruht, wird am Ufer des Jordan singen und sich nicht vor dem dunklen, kalten Fluss fürchten.

Das Abschiedslied wird schön sein, aber erst recht die Herrlichkeit! Ich will nicht versuchen sie auszumalen – wie könnte ich das auch! Das Gericht wird kommen, aber ihr zittert nicht davor. Ihr werdet zur Rechten des Richters stehen, denn wer könnte die verdammen, für die Christus gestorben ist? Die Erde wird vom Feuer verzehrt werden, die Elemente werden vor großer Hitze zerschmelzen, ihr aber werdet nicht zittern. Denn ihr werdet zu dem Herrn aufgenommen sein und auf ewig bei Ihm bleiben. Die Ungerechten werden von der Hölle verschlungen werden, sie werden hinunterfahren in den feurigen Pfuhl, aber ihr, die ihr durch das kostbare Blut Jesu Christi erlöst worden seid, zittert auch jetzt nicht. Die Herrlichkeit des Tausendjährigen Reiches, die Herrschaft mit Christus, der Triumph über Tod und Hölle, die Übergabe des Reiches an Gott, den Vater, wenn Gott alles in allem sein wird, die Ewigkeit mit all ihrer unendlichen Herrlichkeit, alles wird euer sein. Wenn man durch die Hölle hindurch müsste um diese Herrlichkeiten zu erlangen, so würde es sich lohnen! Das wird aber von keinem verlangt. Ihr sollt nur an den Herrn Jesus glauben und selbst der Glaube ist ja eine Gnadengabe. „Wendet euch zu mir, so werdet ihr gerettet, aller Welt Enden." (Jes. 45, 22) Das ist das Evangelium.

Warum es sich lohnt, ein ganzer Christ zu werden

Zuerst hat man den Vorteil, dass die größte Last dieses sterblichen Lebens einem von den Schultern genommen ist. Man ist in dem Kampf des Lebens weniger belastet als die Menschen es im gewöhnlichen Leben sind. Ist doch die Hauptlast des Lebens, die Sünde, das Bewusstsein, das Gesetz Gottes übertreten zu haben, das Gefühl, das nicht alles in Ordnung ist – das alles ist ihm abgenommen. Ein Mensch in Christus hat seinem Herrn seine Sünde bekannt und dem, der seine Sünde bekennt und sie lässt, ist ja Vergebung und Gnade zugesagt. Er hat zu Jesus aufgeschaut und hat gesehen, dass seine Sünde auf Ihn, den großen Stellvertreter, gelegt und hinweggetan worden ist. Er hat jetzt, gerechtfertigt durch den Glauben, Frieden mit Gott, durch Jesus Christus, seinen Herrn. Die große Last ist hinweggetan.

O, wer anfängt über sein vergangenes Leben nachzudenken, den mag wohl Zittern und Verzweiflung überfallen, bis er auf den Gekreuzigten schaut, der die Sünde, auch seine Sünde, hinweggetan hat, bis er durch das Zeugnis des Heiligen Geistes dessen gewiss wird, dass durch den Versöhnungstod des Sohnes Gottes auch seine Übertretungen vergeben sind, auch seine Schuld getilgt ist. Dann ist der Alptraum eines erwachten Gewissens verschwunden, die schreckliche Last ist von der Seele gewichen und er ist ein anderer Mensch. Ein Mensch mit einem großartigen, unschätzbaren Vorteil, dass, was für Lasten er sonst auch zu tragen hat, das unerträgliche Gewicht der Sünde für immer gewichen ist.

Er hat ferner den Vorteil, dass er in allen seinen größeren Angelegenheiten vollkommen sicher ist. Er geht ins Geschäft mit dem Bewusstsein, dass bei einer Wendung des Marktes sein ganzes Vermögen auf dem Spiel steht. Aber sein bestes Kapital ist für ihn auf ewig sicher angelegt. Woche für Woche mag alles gegen ihn sein, doch er ist dem „Kleinglauben" gleich, von dem John Bunyan sagt, dass Diebe ihn all seines Geldes beraubten, seine Juwelen aber nicht finden konnten, weil sie in weiter Ferne verborgen waren, wo niemand sie zu erreichen vermochte. Der Christ denkt also: „Ich mag ja alles verlieren, was ich an irdischem Gut besitze, werde aber nie meinen Gott verlieren und während ich meinen Gott und meine Hoffnung besitze, kann ich es mit einem Meer von Trübsalen aufnehmen."

Ich hörte von einem, der, eine ansehnliche Geldsumme in der Jackentasche, mit unverzeihlicher Sorglosigkeit durch die Straßen ging. Während er stehen blieb um sich ein Schaufenster anzusehen, kam ein Dieb und stahl ihm aus der betreffenden Tasche das Taschentuch. Als er dann zu Hause das Taschentuch vermisste, kümmerte ihn der Verlust wenig, weil er entdeckte, dass sein Geld tief unten in der Tasche unberührt geblieben war. „Ich habe das Geld nicht verloren und da mache ich mir um das Taschentuch keine Gedanken!", rief er aus. Bei der Freude darüber, dass sein Geld ihm erhalten blieb, schätzte er den Verlust des Taschentuchs gering. So hält ein Christ alles, was er an irdischem Gut besitzt, für ganz unbedeutend im Vergleich zu dem Schatz seiner Erlösung, den er in der Hand seines Erlösers sicher bewahrt weiß. Sein Schmerz über zeitliche Verluste wird verschlungen durch die Freude, dass seine ewigen Interessen vollkommen gesichert sind.

Was die geringeren Lasten betrifft, so ist der Christ auch darin vor anderen Leuten im Vorteil. Vertraut er doch auch die kleinen Dinge seinem Gott im Glauben an und hofft, dass Gutes daraus erwachsen wird. Er glaubt, dass jedes Übel, das ihn trifft, seines Stachels beraubt ist und ihm zum Segen dienen soll. Er trägt die Unannehmlichkeiten des Lebens nicht nur mit Geduld, sondern auch mit Ergebung in den Willen dessen, der sie bestimmt hat, und tröstet sich mit der Verheißung: „Denen, die Gott lieben, müssen alle Dinge zum Besten dienen, denen, die nach seinem Vorsatz berufen sind." (Röm. 8, 28) Nachdem er von der großen Sündenlast befreit worden ist, sind die kleinen Lasten verwandelt und verklärt, darüber hinaus ist ihm die Zukunft ganz sicher. Ist nicht ein solcher Mann in seinem Lebenslauf mit den wundervollsten Vorteilen begünstigt?

Und noch mehr: Ihm ist auch die Todesfurcht genommen. Gibt es wohl etwas wünschenswerteres, als die Befreiung von der Furcht vor dem Tod und dem, was ihm folgt? Unser Leib liebt den Tod nicht – es wäre nicht normal, wenn das Gegenteil der Fall wäre. Ist uns Menschen doch das Gesetz der Selbsterhaltung aufgedrückt, deshalb hängt uns eine natürliche Angst vor dem Tod an, bis in einer bösen Stunde die Versuchung zum Selbstmord an einen Menschen herantritt. Trotzdem sieht ein Christ nicht selten sehnsuchts- und freudevoll der unvermeidlichen letzten Stunde entgegen und erwartet sie still und getrost. Sagt er doch mit Hiob: „Ich weiß, dass mein Erlöser lebt und als der Letzte wird Er über dem Staube sich erheben. Und nachdem diese meine Haut zerschlagen ist, werde ich ohne mein Fleisch Gott sehen." (Hiob 19, 25. 26) Er geht also freudig dem Tode entgegen. Genießt er dadurch nicht im Vergleich mit der übrigen Menschheit einen großen Vorzug?

Auch hat der Christ in allen Beschwerden und Trübsalen dieses Lebens einen Freund. Ihr wisst, welche gute Stütze es ist und wie vertrauensvoll ihr das Geschäft betreiben könnt, wenn ihr einen wohlhabenden guten Freund im Rücken habt. So manch einem jungen Mann würde sein Geschäft misslungen sein, wenn er nicht einen erfahrenen, reichen Freund zur Seite gehabt hätte! Mitunter schleicht er sich aus dem Büro oder aus dem Lagerhaus um sich mit diesem Freund zu beraten und fühlt von welchem Wert ihm dieser Rat ist. So hat ein Mann in Christus einen Freund. Es ist sein lebendiger, liebevoller Herr und Heiland, der sich herablässt um mit ihm zu reden, von seinen Beschwerden zu hören und ihm Beistand zu leisten. Mancher hier anwesende Christ weiß, was es bedeutet diesen Freund zu suchen und mit Ihm zu reden, vor Ihm das Herz auszuschütten. Würde euch nicht hin und wieder das Herz gebrochen sein, wenn ihr nicht euren Schmerz und alles, was euch drückte, dem väterlichen Herzen hättet ausschütten dürfen und dem anvertrauen, der in allem versucht wurde wie wir und der alle unsere Not stillen kann?

Es ist großartig, wenn jemand auf der Seefahrt des Lebens eine gute Karte hat. Der Christ hat eine. Hat er doch die Bibel, die ihm unter allen Verhältnissen genau sagt, was er zu tun hat. Ich höre den einen oder den anderen sagen: „Nein, das ist nicht so. Das Buch gibt uns wohl einige allgemeine Grundrisse, aber keine speziellen Anweisungen." Aber diese allgemeinen Grundrisse und Grundsätze sind anwendbar auf alle Verhältnisse. Ich behaupte sogar, dass die Bibel mehr tut als das. Nicht selten entsprechen ihre Worte genau unserer Situation, als ob der Schreiber nur diesen einen Fall vor Augen gehabt hätte. Mir sind manchmal Schriftstellen vor die Augen gekommen, die genau für jene Stunde berechnet waren und wörtlich meinem Fall entsprachen. Jeder Gläubige weiß von ähnlichen Erfahrungen zu berichten. Es ist ohne Zweifel das Beste, was einer nur tun kann, wenn er sich den allgemeinen Grundsatz der Bibel, allezeit das Richtige zu tun, immer vor Augen hält. Wenn die Abgeordneten sich in der Ratskammer versammeln, übertrifft derjenige Mann alle anderen, der gar keine Politik betreibt, sondern einfach die Wahrheit spricht. Gewöhnlich verwirrt er seine Gegner derart, dass sie bei ihm einen gut durchdachten Plan wittern. Das Wort Gottes macht auch das einfachste Gemüt weise und vorsichtig, weil es auf den Pfad des Rechts und der Weisheit führt.

Es ist weiterhin zu erwähnen, dass der Christ einen mächtigen Geist in sich wohnen hat. An jedem Christen ist ein Wunder geschehen: Die Natur ist durch ein göttliches Werk überwunden. Der Heilige Geist hat das Herz des Gläubigen zu seiner Wohnung gemacht und erleuchtet nicht nur seinen Weg, sondern treibt ihn auch diesem Weg zu folgen. Er tadelt ihn, wenn er irre geht und gibt ihm zugleich den Mut und Eifer zum Vorwärtsgehen in seiner Lebensaufgabe. Unser eigener Geist ist zwar schwankend und wankend, aber der Geist Gottes ist frei von aller Unvollkommenheit; wo er wohnt ist Kraft, Licht und Freude, von der die Welt keine Ahnung hat.

Ein Mann in Christus hat fernerhin das hohe Vorrecht unter der besonderen Fürsorge Gottes zu stehen. Er und seine Brüder gleichen einem durch ein fremdes Land marschierenden Heer, das einen guten Vorrat an Lebensmitteln im Rücken hat. Mancher Heerführer ist geschlagen worden, weil er zu weit vorgerückt war und die Notwendigkeit von Kriegsvorräten vergessen hatte. Der Christ hingegen weiß, dass geschrieben steht: „Mein Gott aber wird all eurem Mangel abhelfen nach seinem Reichtum in Herrlichkeit in Christus Jesus." (Phil. 4, 19) Er ist fest davon überzeugt, dass denen, die auf den Herrn harren, kein Gutes mangeln wird und, frei von quälenden Sorgen, hat er eine Quelle von Zufriedenheit in der Brust. Er steht darüber hinaus in ständigem Kontakt mit dem Hauptquartier, in dem seine Vorräte aufbewahrt werden. Das Gebet ist sein Telegraf zum Himmel und er darf sich die Verheißung aneignen: „Ehe sie rufen, will ich antworten; wenn sie noch reden, will ich hören." (Jes. 65, 24)

Ein Mann in Christus ist auch seinen Mitmenschen in vielen

Hinsichten weit überlegen. Die Welt kann ihn weder verstehen noch vermag sie ihm zu widerstehen. Er lebt in der Welt und zugleich über derselben. Er geht zwar nicht ohne Trübsal durch die Welt, wie sein Heiland sagte: „In der Welt habt ihr Angst", aber ohne Niederlage, wie derselbe Herr hinzufügt: „Seid getrost, denn ich habe die Welt überwunden." (Joh. 16, 33).

Wenn ich auch nicht nach einem unsterblichen Leben ausschauen würde, sondern erwartete, wie ein Hund zu sterben, so würde ich doch ein Christ sein wollen. Wenn es auch kein Jenseits, weder Himmel noch Hölle gäbe, wenn ich es auch nur mit den Schmerzen, den Kämpfen und den Lasten dieses sterblichen Lebens zu tun hätte, würde ich doch Dich, Du großer Herr Jesus, bitten mich unter Deinem Banner einzuschreiben. Schenkst Du doch Frieden und Ruhe allen, die unter Deine Herrschaft und Führung kommen!

Entschiedenheit

„O Herr, ich bin dein Knecht!" (nach der englischen Über-setzung: „O Herr, ich bin wirklich dein Knecht!"), sprach David (Psalm 116, 16). Wer ein Knecht Gottes sein will, der soll es wirk-lich sein. Gott lässt sich nicht spotten. Es ist der Fluch unserer Gemeinden, dass es so viele Namenschristen darin gibt. Es ist die Plage unseres Zeitalters, dass so viele die Abzeichen Christi tragen ohne auch nur eine Hand für Ihn zu rühren. Wer Gott dient, dem sei es damit ernst! Wer dem Teufel dient, mag irgend-wie dem Teufel dienen, aber wer Gott dient, der soll Gott von ganzem Herzen dienen. Manche sind im Geschäft sehr treu und aktiv, aber nicht im Dienst ihres Gottes.

Vor einigen Jahren war in unserer Gebetsversammlung ein Bruder, der mit einer so leisen Stimme zu beten pflegte, als ob er keine Lungen hätte. Man konnte nur selten verstehen, was er sagte. In der Annahme, der Bruder hätte eine schwache Stimme, forderte ich ihn nicht wieder zum Beten auf. Wie sehr habe ich mich aber gewundert, als ich eines Tages in seinen Laden trat und ihn mit lauter, gebieterischer Stimme rufen hörte: „Johann, hole dieses halbe Hundert!" „O", dachte ich im Stillen, „das ist die Stimme, die er im Geschäft hat. Wenn er aber zum Gottesdienst kommt, ist jenes leise Quieken alles, was er zu bieten vermag!"

Gibt es nicht viel derartige Heuchelei? Gott soll die Überreste von einem Menschen haben und man wirft sie Ihm hin, als ob Er nicht mehr wert wäre. Der Welt dagegen gibt man die Kraft seines Lebens und das Beste seines Wesens. Gott will keine Na-menschristen. „O Herr, ich bin wirklich dein Knecht!", sagt David. Wer nicht beabsichtigt, *wirklich* ein Knecht Gottes zu sein, der sollte nicht vorgeben überhaupt einer zu sein.

Was ich wünsche, ist, dass jeder junge Christ seine Jünger-schaft durch ein öffentliches Bekenntnis bezeugt. Ich will damit sagen, dass auch nicht einer, der dem Herrn Jesus nachfolgt, es auf eine gemeine, versteckte, undeutliche, zweifelhafte Weise tun sollte. Es ist bei vielen Sitte geworden Christ zu sein ohne je ein Wörtchen darüber zu sagen. Das ist unter eurer Würde. Ich bitte euch dringend, ihr wahren Diener Christi, bezeugt euren Glauben, schämt euch seiner nicht, denn wenn je ein mutiges Bekenntnis erforderlich war, so ist das jetzt der Fall.

Du wirst wohl kaum auf dem Scheiterhaufen verbrannt werden, wenn du klar und offen sagst, dass du ein Christ bist, ich bin aber der Meinung, dass die alte Feindschaft gegen Christus noch keineswegs erloschen ist. Ein wahrer Gläubiger wird vielmehr immer wieder aufgefordert sein Kreuz auf sich zu nehmen. In manchem Haus muss auch heute noch ein junger Mann Spießruten laufen, wenn er sich zu Christus bekennt. Nun, so laufe denn Spießruten! Es ist etwas Großes um des Namens Christi willen Verfolgung zu leiden. Du solltest es als ein besonderes Vorrecht ansehen würdig geachtet zu werden, nicht nur an den Herrn Jesus zu glauben, sondern auch um seinetwillen zu leiden.

Heutzutage hat unsere Welt die Entschiedenheit bitter nötig. Jeder bildet sich ein, er könnte glauben, was er will oder auch gar nicht glauben. Er könnte tun, was er will oder auch gar nichts tun, das Endresultat wird für Gläubige wie für Ungläubige dasselbe sein. Das ist aber nicht so. Es ist an der Zeit, dass die entschiedenen Christen hervortreten und sagen: „Ich glaube, darum rede ich. Ich bin ein Christ und während ich euch eure persönliche Freiheit lasse, nehme ich auch mir diese Freiheit heraus und nutze sie, um mich öffentlich auf die Seite Christi und auf die Seite alles dessen zu stellen, was rein, was nüchtern, richtig, wahr und gut ist!"

Verdient Christus das nicht von uns? Wenn Er sich unserer nie geschämt hat, dann sollten auch wir uns seiner nicht schämen! Wenn der Herr des Lebens sich erniedrigt hat um für uns zu sterben, wie könnte es je für uns eine Erniedrigung sein, wenn wir um seinetwillen in den Schlamm rollten oder ins Grab gingen! Unser hoch gelobter Herr hat es verdient, dass wir Ihm als Helden nachfolgen. Jeder Nachfolger des Kreuzträgers Jesus sollte das Gefühl haben, dass es das Einfachste und Natürlichste von der Welt ist sein Kreuz auf sich zu nehmen und Christus nachzufolgen. Er sollte in der Kraft Gottes den Entschluss fassen es zu tun, und diesen Entschluss auch ausführen. Es sollte sein fester Vorsatz sein bei dem Herrn zu bleiben, auch wenn die ganze Welt sich über ihn lustig machen würde. Jedenfalls ist es viel leichter zu leiden, als Zugeständnisse an die Sünde zu machen. Ich habe junge Christen gekannt, die mit dem Vorsatz nach London kamen Gott zu dienen, aber es ganz unbemerkt zu tun.

Sie haben deshalb versucht heimliche Christen zu sein, aber es ist ihnen nicht gelungen.

Wenn du ein aufrichtiger Christ bist, dann wird das ebenso ans Licht kommen, wie es sichtbar ist, dass du ein lebendiger Mensch bist. Das Christentum verbreitet einen Duft, sodass jeder im Hause unwillkürlich fragt: „Was ist das?" Die Gottlosen werden sich zuflüstern, du wärst ein „christlicher junger Mensch", und wenn du nicht von Anfang an entschieden aufgetreten bist, wird es hinterher umso schlimmer sein.

Wenn du vorankommen willst, junger Mensch, dann fange sofort als christlicher Bekenner an. Versteck deine Fahne nicht, versuche nicht unter falschen Farben zu segeln. Wird doch in diesem Fall beides, Gutes und Böses, gegen dich sein. Sobald die Hunde merken, dass du vor ihnen wegläufst, werden sie dich von einem Ort zum anderen hetzen. Tritt verwegen und fest auf und lass sie ihr Schlimmstes an dir versuchen. Führe ein beständiges christliches Leben, dann werden die übrigen jungen Leute bald wissen, woran sie bei dir sind. Sie werden sich vielleicht über dich lustig machen, wenn du aber fest bleibst, werden sie dessen bald müde werden. Und wenn nicht, dann liegt es an dir Geduld mit ihnen zu haben. Sollten sie fortfahren dich zu verfolgen, nun, dann ist es ja nur umso schlimmer für sie selbst. Aber du wirst sie durch ein stilles, gottesfürchtiges Leben fühlen lassen, dass es schwer ist, dem Ruf Gottes zu widerstehen.

Tretet fest und entschieden auf. Manche jungen Männer sind wie die Ratten hinter der Wandverkleidung. Sie kommen zwar am Abend hervor um die Krümel vom Boden aufzusammeln, aber dann verschwinden sie auch wieder. So schließen sich diese jungen Leute den Versammlungen oder Gottesdiensten an, solange es im Büro oder in der Werkstatt nicht bekannt ist, möchten aber um keinen Preis für wirkliche Christen gehalten werden. Sollten echte Christen sich so verhalten?

„Aber ich habe nicht das Bedürfnis, mich einer Gemeinde anzuschließen", sagt jemand. Weißt du denn nicht, dass es sehr bequem und praktisch für einen Soldaten ist eine Uniform zu tragen? Oliver Cromwells mutige Kämpfer waren anfangs in jeder beliebigen Kleidung zu sehen, da es aber im Kampf mit den Kavalieren nicht selten vorkam, dass aus Versehen ein Kamerad vom anderen niedergehauen wurde, ließ der General den Befehl ergehen: „Von jetzt an tragt ihr alle rote Röcke. Wir müssen die Unseren von dem Feind unterscheiden können!"

Es ist in der Schlacht wichtig, dass die Soldaten an ihrer Uniform zu erkennen sind. So dürft auch ihr, die ihr dem Herrn Jesus angehört, nicht herumgehen, als schämtet ihr euch des Dienstes des höchsten Königs. Das heißt: „Tretet als anerkannte Christen hervor! Vereinigt euch mit einer Gemeinde Christi und lasst es euch deutlich anzusehen sein, dass ihr zu Christus gehört!" Wie sollten die Häuser Gottes erhalten bleiben, wenn jeder auf einer Hintertreppe allein in den Himmel gehen wollte? Tritt mutig hervor! Sollte jemand sich darüber lustig machen wollen, dann lass ihn das tun. Sollte jemand dich beleidigen wollen, dich als Heuchler, Baptist oder Methodist bezeichnen, gut, dann lass ihn das tun! Wer einmal fest und mutig aufgetreten ist und sich zu Christus bekannt hat, wird es danach nicht schwer finden um seinetwillen Schmach zu leiden.

Ihr jungen Leute, die ihr um Christi willen verfolgt und gemieden werdet – auf euch wartet eine Belohnung! Lasst mich das in einem Gleichnis sagen. Ein Königssohn begab sich inkognito auf die Reise in ein fremdes Land. In der Fremde wurde er misshandelt, die Bewohner des Landes stellten ihn wegen seines Aussehens und seiner Sprache an den Pranger, der ein uralter Ort des Spottes und der Schande war. Der Pöbel kam und bewarf ihn mit allem möglichen Dreck. Unter den Umherstehenden war allerdings einer, der den Prinzen liebhatte, ihn erkannte, und sich entschloss ihm Gesellschaft zu leisten. Er bestieg den Pranger, stellte sich an seine Seite, wischte ihm den Schmutz aus dem Gesicht und stellte sich vor ihn hin, sodass er den größten Teil des auf den Prinzen geworfenen Drecks abfing und ihn somit davor schützte. – Jahre waren seitdem vergangen. Der Prinz war wieder in seinem Reich, seine Diener standen um seinen Thron herum. Der Mann aber, der in seinem Land ein armer Mann gewesen war, wurde vor den Thron gerufen. Im Palast angekommen, sah ihn der Prinz und sagte zu den Großen seines Reiches: „Tretet zurück und macht diesem Mann Platz! Er stand mir bei, als ich misshandelt und verspottet wurde, jetzt soll er bei mir in der Herrlichkeit euer Haupt sein!"

Ihr kennt die Geschichte von unserem Herrn Jesus, wie Er vom Himmel auf die Erde niederkam, ihr wisst, wieviel Er gelitten hat, wie Er von den Menschen verachtet und verworfen wurde? Junger Mann, bist du der Mann, der sein heiliges Gesicht abwischen und die Schmach des Mannes von Nazareth teilen möchte? Dann wird der Tag kommen, an dem der Vater auf dem Thron dich erkennen und sprechen wird: „Macht Bahn, ihr Engel! Tretet zurück, ihr Seraphim und Cherubim! Macht diesem Mann den Weg frei! Er war bei meinem Sohn in seiner Erniedrigung und soll jetzt bei Ihm in der Herrlichkeit sein!" Wollt ihr dieses Ehrenzeichens teilhaftig werden? Das geschieht nur dann, wenn ihr euch zu Christi Orden bekennt und sprecht: „Ich bin vom heutigen Tag an bis an mein Ende sein Knecht!" Gott wolle euch dazu verhelfen!

Bist du je in Fesseln gewesen? Hast du je die Fessel der Schuld gefühlt? Glaubst du an den Herrn Jesus, dann sind diese Fesseln gelöst, um seinetwillen ist dir die Sünde vergeben und du bist von der Verdammnis befreit. Jetzt, da du völlig von den Fesseln der Schuld und der Verzweiflung erlöst bist, bist du auch errettet von der Macht der Sünde. Die Lüste, von denen du beherrscht wurdest, sind überwunden. Du bist frei! Willst du dich denn nicht an Den binden, der deine Fesseln gelöst hat?

Viele Leute behaupten frei zu sein, trotzdem sind sie gefesselt. Es gibt solche, aus denen der Teufel ein widerliches Gemisch macht – zu solchen, die mir zumindest sehr widerlich sind. Der Teufel sagt zu ihnen: „Trink ein Glas!" und sie tun es. „Trink noch eins!", fährt der Teufel fort, sie tun es. Und wieder sagt der Versucher: „Trink noch eins!", und die unglücklichen Opfer trinken so lange, bis es ihnen im Kopf wirbelt und alles in ihnen glüht. Sind sie nicht in Fesseln?!

Ich kenne andere, die wider besseres Wissen sündigen, obwohl sie sich sagen müssen, dass sie sich dadurch schaden. Solche sind Sklaven im schlimmsten Sinne des Wortes. O, gesegnet ist der Mann, der sagen kann: „Du hast meine Fesseln zerrissen! Keine schlechte Gewohnheit beherrscht mich jetzt mehr, keine Leidenschaft, keine Lust bezaubert mich!" Junger Freund, wenn du aufstehen und sagen kannst: „Ich bin von mir selbst befreit, bin kein Sklave der Sünde mehr", dann bist du ein gesegneter Mensch und magst wohl für Zeit und Ewigkeit ein Knecht des Herrn sein!

Welch eine Gnade ist es, auch von den Fesseln der Menschenfurcht erlöst zu sein! Mancher junge Mann wagt aus Angst vor seinem Vorgesetzten kaum seine Seele sein eigen zu nennen. Noch viel mehr fürchtet er sich vor dem jungen Mann, der neben ihm arbeitet. O, der Arme hat nicht das Herz zu tun, was recht ist! Armes Kindlein, das sogar um Erlaubnis bitten muss ein Gewissen haben zu dürfen! Wenn dieser Ängstliche etwas tun will, dann ist seine erste Frage immer: „Was wird Soundso dazu sagen?" Warum sollte sich aber ein wahrer Mann darum kümmern, was die Welt von ihm denkt!? Ist er nicht aus diesem Stadium herausgewachsen? Oder ist er noch immer ein Leibeigener? „Geht", sagt der Mutige, „denkt was ihr wollt und sagt was ihr wollt. Wenn ich Gott diene, bin ich nicht euer Knecht und werde durch euren Tadel ebenso wenig fallen wie ich durch euer Lob vorwärts komme!" Wenn Gott einen Menschen dazu führt sich selbst zu erkennen und sein Diener zu werden, so nimmt Er ihm auch die sündige Feigheit sich vor einem sterblichen Menschen zu fürchten.

Gott macht ihn auch von den Gebräuchen und Gewohnheiten der Welt frei. Wenn du in einen Beruf eintrittst, junger Mann, wird man dir vorschreiben, wie du zu handeln hast und sagen, das sei so üblich. „Wie?", sagst du erstaunt, „Das ist ja eine Lüge!" Man wird dir antworten, das sei nicht direkt eine Lüge, der Kunde sei daran gewöhnt, dass er achtzig verstehen muss, wenn du hundert sagst und es sich um eine Ware zweiter Klasse handele, wenn du von bester Qualität redest. Es ist mir gesagt worden, dass das halbe Geschäft Londons denen, die nichts davon verstehen, wie Raub und Betrug vorkommen müsste.

Würde alles nicht viel besser laufen, wenn alles auf ehrliche Weise ablaufen würde? Aber trotzdem haben die meisten das Gefühl, dass sie sich anpassen müssen um mit dem Strom mitzukommen. Sklaven! Leibeigene! Seid ehrlich! Wer nicht Herz und Mut hat ehrlich zu sein, ist nicht frei. Darf ich nicht meine Meinung aussprechen? Darf ich nicht im Handel und im Leben Rechtschaffenheit zeigen? Wenn ich es nicht kann, darf ich auch nicht mit David sagen: „Du hast meine Fesseln zerrissen."

Wer will denn ein Knecht des Allerhöchsten sein? Ich kenne junge Leute, die zur gleichen Zeit mit mir den Lebenslauf begannen und jetzt – ich mag nicht aussprechen was sie sind. Es ist mir, als ob ich noch ihre Namen hörte – es waren so feine, prächtige, junge Leute, als sie ins Leben traten – und wo sind sie jetzt? Wenn nicht im Gefängnis, dann im Zuchthaus. Und wie ist das zugegangen?

Der junge Mann schrieb der Mutter, welcher Text am Sonntag dran gewesen ist, hatte aber gar keine Predigt gehört. Er hatte sich vergnügt und einen lustigen Tag gefeiert. Nach und nach stimmten seine Rechnungen nicht so ganz, es fehlte nur eine Kleinigkeit, doch nachdem er erst einmal das Vertrauen verloren hatte, konnte er sich nicht mehr bewähren. Bei einem anderen stimmte zwar die Kasse, aber er führte ein leichtfertiges Leben. Er wurde krank – wen wundert es! Wer mit scharfen Werkzeugen spielt, schneidet sich leicht. Er musste seine Stellung aufgeben und starb nicht lange danach, wie es hieß, infolge seines Lasters. Ach, und so geht es tausend anderen!

Mit dir aber, der du ein Knecht Gottes werden willst, nicht wahr, mit dir wird es nicht so gehen! Auch wenn du weder reich noch berühmt noch angesehen bist – das alles brauchst du ja auch nicht. Alle diese Dinge sind nur zu oft vergoldete Eitelkeiten. Aber ein Mann zu sein in der vollen Kraft, frei zu sein und jedem ohne Erröten ins Gesicht schauen zu können, die Wahrheit zu reden und recht zu tun, ein Mann zu sein und sogar Gott ins Angesicht schauen zu dürfen, weil Christus ihn mit seiner Gerechtigkeit bedeckt – das ist der Geist, den ich in jedem jungen Mann und in jeder jungen Frau entzünden möchte. So kommt denn, neigt euer Haupt und sprecht: „Wir wollen von nun an und bis in alle Ewigkeit Diener, Knechte und Mägde Gottes sein!"

Das Gebet

Rufen

„Ich rufe von ganzem Herzen; erhöre mich, Herr; ich will deine Gebote halten." (Ps. 119, 145)

„Ich rufe von ganzem Herzen" – das Gebet des Psalmisten war ein aufrichtiges, klagendes, natürliches Rufen, wie das eines Menschen, der in Angst und Nöten ist. Wir wissen nicht, ob sein Gebet immer mit der Stimme geschah, aber wir wissen was viel wichtiger ist, dass er mit seinem Herzen rief. Ein Rufen mit dem Herzen ist ein wahres Gebet und so betete er. Seine ganze Seele, sein ganzes Gemüt, all sein Verlangen streckte sich aus nach dem lebendigen Gott. Es ist gut, wenn man das auch von unserem Gebet sagen kann, aber leider gibt es viele, die noch nie in ihrem Leben von ganzem Herzen zu Gott gerufen haben. Ein Gebet braucht nicht in schöne oder auch nur richtig ausgewählte Worte gefasst zu sein. Es braucht keine tiefen Gedanken zu enthalten. Es kann ganz kurz sein, wenn nur das ganze Herz dabei ist, so findet es seinen Weg zum Herzen Gottes.

„Erhöre mich, Herr" – sagt der Psalmist. Ein Beter begnügt sich nicht damit, eine bestimmte Zeit mit Beten zuzubringen und dann zu denken, er hätte seine Pflicht getan. Nein, er betet, weil er von Gott etwas bekommen will. Er weiß, dass Gott sein Gebet hört, denn wenn Gott es nicht hören würde, wäre es ja umsonst. Er bittet aber auch um Erhörung, dass der Herr zu ihm kommt, dass Er mit freundlichem Ohr die Stimme seiner Klage vernimmt und ihm Erbarmung und Hilfe bringt. Der Beter ruft von ganzem Herzen nur zum Herrn, er hat keine andere Hoffnung und Hilfe. In dem „erhöre mich, Herr" sind alle seine Bitten eingeschlossen.

„Ich will deine Gebote halten" – der Psalmist konnte nicht erwarten, dass der Herr seine Gebete erhört, wenn er nicht auch auf den Herrn hörte. Er hätte nicht ehrlich behaupten können, dass er von ganzem Herzen zu Gott ruft, wenn er nicht mit aller Kraft danach streben würde, Gottes Willen zu tun. Er sucht Errettung bei dem Herrn um die Freiheit zu haben nach *seinem* Willen zu leben und *Ihm* zu dienen.

Heilige Vorsätze passen gut zu einem innigen Gebet. Das ganze Herz muss sowohl beim Gebet wie bei diesem Vorsatz sein. Der echte Beter hält die Gebote Gottes im Gedächtnis, er handelt danach und übertritt niemals absichtlich Gottes Gesetz.

Anklopfen

„Klopfet an, so wird euch aufgetan." (Matth. 7, 7)

Wenn unser Vers sagt: „Klopfet an, so wird euch aufgetan", so erkennen wir daraus, dass das Mittel einen Segen zu erlangen sehr einfach und für den gewöhnlichen Menschen erreichbar ist. Wenn ich durch eine fest verschlossene und verriegelte Tür durchgehen will, brauche ich verschiedene Werkzeuge und muss damit umgehen können. Aber wenn man mir nur sagt: „Klopfe!", dann kann ich noch so dumm und ungeschickt sein, das Klopfen bringe ich doch zu Stande. Auch der ungebildete Mensch kann klopfen, wenn man auch sonst nicht viel von ihm verlangt.

Denen, die demütig sind und der Leitung des Heiligen Geistes folgen, ist es ganz leicht gemacht des Himmels Tor zu öffnen, sie brauchen nur gläubig zu bitten, zu suchen, anzuklopfen. Das Heil, das uns Gott geben will, ist nicht so, dass es nur Gelehrte verstehen. Um das Evangelium zu verstehen, das Gott uns verkündigen lässt, braucht man nicht ein halbes Dutzend dicke Erklärungen zu lesen. Es ist nicht nur für die Weisen, Klugen und Starken bestimmt, sondern auch für die Unwissenden, die Unbegabten, die Kranken und Sterbenden. Darum ist es so klar und einfach wie das Anklopfen an einer Tür und es heißt: Glaube, so wirst du leben. Suche Gott von ganzem Herzen, von ganzer Seele und aus allen Kräften durch Jesus Christus, dann wird dir die Tür seiner Gnade aufgetan.

Klopfe mit der Hand des Glaubens. Glaube, dass Gott seine Verheißungen erfüllen wird und klopfe. Glaube, dass Jesus, in dessen Namen du betest, von Gott erhört wird. Du fühlst vielleicht dass deine Hand schwach ist, dann denke daran, dass es heißt: Der Geist hilft unserer Schwachheit auf. Bitte Ihn, dass Er deine Hand stärke, damit du immer stärker klopfen kannst. Klopfe mit aller Kraft und tue es immer wieder. Wenn du einmal gebetet hast, dann bete noch einmal. Wenn du auch schon tausendmal gebetet hast, so halte doch noch immer an im Gebet. Bitte, als ginge es um dein Leben. Klopfe wie einer, dem ein Wolf auf den Fersen ist und der sofort hineinwill. Sage zu dem Herrn: „Ich bitte Dich, sei mir gnädig; ich sterbe wenn Du mir nicht Deine Liebe offenbarst und mich in Dein Haus und an Dein Herz nimmst, damit ich für immer Dein bin."

Vielleicht hast du schon viele Jahre in der Welt gelebt und hast noch nie aufrichtig von Herzen gebetet, aber der Herr hat dir in seiner überströmenden Liebe die Verheißungen gegeben: „Klopfe an, so wird dir aufgetan!" O glaube doch, dass es Ihm ernst ist. Sein Wort steht fest, bis Himmel und Erde vergehen und weder dir noch einem anderen Sünder, der anklopft, wird der Einlass verweigert.

Not lehrt beten

Petrus begann zu sinken und schrie: „Herr, hilf mir!" (Matth. 14, 30)

Für die Diener des Herrn sind die Zeiten des Sinkens Zeiten des Betens. Petrus hatte versäumt zu beten, als er die gefährliche Seefahrt antrat. Aber als er anfing zu sinken, machte ihn die Gefahr zu einem Beter; sein Hilferuf kam zwar spät, aber nicht zu spät. Körperliche Schmerzen oder Ängste der Seele treiben uns zum Gebet, wie die Wellen ein Wrack ans Ufer treiben. Der Fuchs versteckt sich in seinem Bau, der Vogel sucht Schutz im Wald und der erprobte Christ eilt zum Gnadenthron, denn dort weiß er sich in Sicherheit. Der große Zufluchtshafen des Himmels ist das Gebet; schon viele tausend Schiffe haben da im Sturm eine Zuflucht gefunden und wenn wir merken, dass der Sturm kommt, können wir nichts besseres tun, als alle Segel ausspannen und in den Hafen fahren.

Kurze Gebete sind lang genug. Das Gebet des Petrus war kaum mehr als ein Seufzer, aber es genügte. Es drang in das Ohr und das Herz des Herrn. Nicht auf die Länge, sondern auf die Kraft kommt es an. Das Gefühl der Not lehrt uns die Kürze. Wenn unser Gebet nicht so viele Schwanzfedern des Hochmuts hätte und dafür ein kräftiges Paar Flügel, so würde es umso besser aufsteigen. Wortschwall bei der Andacht ist wie Spreu bei dem Weizen. Edelsteine brauchen nur kleine Schmuckkästchen, und den wirklichen Gebetsinhalt in manchem langen und wortreichen Gebet könnte man, wie die Hilferufe des sinkenden Apostels, in drei Worte fassen.

Wo die Not am größten ist, ist Gottes Hilfe am nächsten. Wenn die Gefahr uns einen Angstschrei auspresst, so hört uns Jesus. Was Er hört, dringt Ihm durchs Herz und seine Hand bleibt auch nicht zurück. Auch wenn wir erst im Augenblick der höchsten Not unseren Herrn anrufen – seine Hand ist so schnell, dass sie unser Zögern wieder gutmachen kann. Und wenn wir in den Wogen der Trübsal fast untergegangen sind, so wollen wir doch unsere Herzen zu unserem Heiland erheben; wir dürfen sicher sein, dass Er uns nicht untergehen lässt. Wenn wir nichts mehr können, so vermag Jesus alles. Wenn nur seine allmächtige Hilfe auf unsrer Seite ist, dann ist alles in Ordnung.

Gott sorgt für uns

„Mein Gott aber wird allem euren Mangel abhelfen nach seinem Reichtum in Herrlichkeit in Christus Jesus." (Philipper 4, 19)

Wer ist der Gott, der allem unseren Mangel abhelfen will? Merkt euch: Der Gott des Paulus war und ist der Gott der Vorsehung, ein wunderbarer Gott. Wir tun so, als wären wir ein unheimlich wichtiger Teil des Weltalls, aber was sind wir denn eigentlich? Wie klein sieht unser Vaterland auf der Weltkarte doch aus! Was für ein kleiner Fleck wäre unsere Heimatgemeinde! Aber Gott kümmert sich um die Not der vielen Millionen Menschen. Und wie macht Er das? Er tut seine Hand auf und erfüllt alles, was lebt mit Wohlgefallen. Er tut große Dinge ohne Zahl – wird Er nicht auch dich nähren und kleiden, du Kleingläubiger! Ja, verlass dich darauf, der Gott der Vorsehung wird allem deinen Mangel abhelfen, in diesem Leben und darüber hinaus.

Er ist vor allem der Gott, der seinen Sohn zum Opfer für die Menschen gegeben hat. Komm nach Golgatha und sieh Gottes großes Opfer: das Geschenk seines eingeborenen Sohnes. Und wenn du seine Wunden gesehen hast, wenn du Ihn hast sterben sehen, dann beantworte mir die Frage: „Der auch seinen eigenen Sohn nicht verschont hat, sondern hat Ihn für uns alle dahingegeben, wie sollte Er uns mit Ihm nicht auch alles schenken?" Was wird uns der vorenthalten, der uns sein Liebstes geschenkt hat? Jesus, der keinesgleichen hatte, neigte sein Haupt und starb für uns.

Der Gott und Vater unseres Heilands Jesus Christus spricht: „Ich will allem eurem Mangel abhelfen." Zweifelst du an Ihm? Kannst du an Ihm zweifeln? Wagst du es Ihm nicht zu trauen?

Er gibt nach seinem Reichtum in Herrlichkeit, so reich ist Er im Geben. Er erniedrigt sich nicht durch kleine Geschenke. Er gibt nach seiner Würde und das ist die höchste Würde, die wir uns denken können. Der Herr des Himmels würde nicht reicher, wenn Er uns keine Gaben gäbe. Er wird reicher durchs Geben, denn dadurch wird seine Herrlichkeit geoffenbart und sein Ruhm vermehrt.

Erfüllt Er nicht durch Jesus Christus den Mangel aller Christen? Jawohl. Wenn Er ihnen Jesus gibt, dann gibt Er ihnen alles, denn in Ihm ist alles enthalten. Der Mensch, der Christus hat, hat alles, wie der Apostel sagt: „Alles ist euer, ihr aber seid Christi, Christus aber ist Gottes." Du kannst keinen Mangel im geistlichen Leben haben, der nicht durch Christus gestillt wird. Aber vielleicht hast du noch nicht gelernt dem Herrn zu trauen. Du meinst auch alleine ganz gut fertig zu werden. Nun, dann versuche es und schlage dich selber durchs Leben. Du sagst, du willst deinen Beruf schon ohne Gottes Hilfe ausüben, mit der Frömmelei willst du nichts zu tun haben. Nun, wir werden sehen. „Die Knaben werden müde und matt und die Jünglinge fallen." Auch was noch so gut ausgedacht war, geht manchmal schief und selbst den Klügsten und Weisesten missrät schon mal etwas, was sie so gut berechnet hatten. Die Stolzen kommen leicht zu Fall, damit sich „kein Fleisch rühme". Darum will ich auf meinen Gott vertrauen und vom Glauben an Ihn leben.

Ist es nicht besser, aus der lebendigen, unerschöpflichen Fülle Gottes zu trinken, als immer zu den seichten, löchrigen Brunnen zu laufen, die kein Wasser geben? Selbstvertrauen ist schon gut, aber Gottvertrauen übertrifft es so weit wie die Sonne an Helligkeit die Sterne übertrifft. „Sei still dem Herrn und warte auf Ihn." „Er wird dich mit seinen Fittichen decken und deine Zuversicht wird sein unter seinen Flügeln. Seine Wahrheit ist Schirm und Schild." Es ist ein Gott und die Ihn lieben und Ihm vertrauen und Ihm dienen, wissen, dass Er ein guter Herr ist.

Warum wir nichts bekommen

„Ihr habt nichts, weil ihr nicht bittet." (Jakobus 4, 2)

Ist vielleicht jemand unter euch, der sich jahrelang um etwas geplagt und abgemüht hat, doch scheint ihm sein Ziel schließlich unerreichbarer als je zuvor? Vielleicht liegt der Grund deines Misserfolgs nur darin, dass du nicht um das Gut gebeten hast? Dann brauchst du dich nicht zu wundern, wenn dir dein Wunsch nicht erfüllt wird. Mit einem Hundertstel der aufgewandten Mühe kannst du dein Ziel erreichen, wenn du es dir als eine Gabe aus der Hand des Herrn erbittest. Das gilt auch für die zeitlichen Dinge. Wir müssen natürlich für unser tägliches Brot arbeiten und uns erwerben, was wir zum Leben brauchen, aber für einen Christen sollte alles eine Sache des Gebets sein, denn was das Kind angeht, geht auch den Vater an.

Ein guter Vater nimmt sowohl am Spiel seines Kindes als auch an seinen Schmerzen teil. Manches wäre für den Vater an sich klein und unbedeutend, aber es ist groß für das Kind. Der Vater versetzt sich an die Stelle des Kindes und durch diese Anteilnahme wird ihm das Unbedeutende bedeutend. Ein großer König empfing einmal den Besuch eines Gesandten, als er gerade mit seinem kleinen Sohn auf dem Rücken auf allen Vieren im Zimmer umherkroch. Der König fragte den Gesandten: „Sind Sie ein Vater?" „Ja, Majestät." „Nun, dann kann ich das Spiel mit meinem Kleinen vollenden, denn Sie verstehen mich."

Es war schön, dass der König zeigte, dass er ein Mann mit einem väterlichen Herzen war. So hat auch unser himmlischer Vater ein Interesse für die kleinen Freuden und Leiden und Beschäftigungen seiner Kinder, wenn es nämlich Dinge sind, mit denen sich Gottes Kinder beschäftigen dürfen. Du darfst deinem Gott also alles ganz unbedenklich sagen. Kleine Dinge können uns oft mehr aus der Ruhe bringen als große. Wenn du einen kleinen Splitter in den Finger bekommst, so kann es schlimmere Folgen haben als ein heftiger Schlag oder Stoß und ein kleines Unglück kann dir schweren Kummer machen.

Bring deine alltäglichen Nöte, Wünsche und Bedürfnisse, all dein Streben und Kämpfen vor den Herrn. Soweit es alles richtig und gut ist, musst du es Ihm zu Füßen legen. „Lasst eure Bitten in Gebet und Flehen mit Danksagung vor Gott kundwerden!"

Glaubst du nicht, dass manch ein Wunsch deines Herzens unerfüllt bleibt, manche Last dir nicht abgenommen wird, weil du nicht darum gebeten hast? „Ihr habt nichts, weil ihr nicht bittet." So manch ein junger Mensch, sei es nun ein Student, ein Geschäftsmann oder ein Arbeiter käme im Leben besser vorwärts, wenn er mehr betete. Beschäftigung, Gesundheit, Freunde werden uns oft als Gebetserhörung geschenkt oder vorenthalten, weil wir nicht darum bitten.

Das trifft besonders auf geistliche Dinge zu. Du siehst vielleicht, was für einen fröhlichen Glauben so mancher Christ genießt und möchtest auch gern so glücklich sein. Betest du auch darum? Mit dem bloßen Wünschen ist es nicht getan. Und so ist es mit vielen geistlichen Gaben. Du beneidest andere, du beklagst dich, dass der Herr dir nicht auch solche Gaben gibt und doch liegt das Geheimnis deiner Armut nur darin, dass du nicht betest.

Manchmal betest du nicht, weil dein Anliegen zu klein und manchmal weil es zu groß ist und manchmal weil du überhaupt nicht ans Beten denkst. Du kannst aber überzeugt sein: Etwas, worum ein Christ nicht bitten kann, ist etwas, womit er sich überhaupt nicht befassen darf. Jesus erlaubt uns in seinem Namen zu beten; wie könnten wir in seinem Namen etwas erbitten, was nicht in seinem Sinne ist? Das ist eine gute Regel: Bitte in deinem täglichen Leben nur um das, wozu Jesus seine Zustimmung geben kann. Bete für alles, und wenn du für etwas nicht beten kannst, dann lass die Finger davon.

Du versuchst etwas neues in deinem Geschäft – bete darüber. Im ganz gewöhnlichen Handel und Verkehr würden die Menschen mehr bekommen, wenn sie mehr beteten. Stattdessen verlassen sie sich oft auf nicht ganz ehrliche Kunstgriffe und mancher Geschäftstrick wird so zur Gewohnheit, dass niemand mehr ein schlechtes Gewissen dabei hat. Aber Christen sollten sich niemals auf so etwas einlassen. „Ja", sagt jemand, „aber das würde mir einen großen Verlust eintragen." Schon möglich, aber Gott kann es dir auf tausend Weisen ersetzen, wenn du nur die Kraft des Gebets ausprobieren wolltest. Außerdem gilt auch für geschäftliche Schwierigkeiten das Sprichwort: „Wo ein Wille ist, ist auch ein Weg" und wenn du den Weg noch nicht gefunden hast, dann kann ich nur wieder sagen: „Ihr habt nichts, weil ihr nicht bittet."

Wie schade, wenn du eine geistliche Gabe nicht bekommst, weil du nicht darum bittest. Einen kostbaren Schatz könntest du umsonst haben und du willst nicht darum bitten. Im äußerlichen Leben sind die Menschen nicht so dumm. Keiner wird so schnell ein Geschenk verscherzen, nur weil er nicht darum bitten wollte. Unsere armen Mitmenschen sind schnell bei der Hand mit ihren Bitten, man braucht sie nicht erst dazu zu ermuntern. Und die geistlichen Gaben können wir haben, aber wir bitten nicht darum. Mache deinen Mund richtig weit auf, Bruder, und bitte um richtig viel! Fang an, inbrünstig zu bitten, damit man dir nicht vorwerfen kann, du seist selbst schuld an deiner geistlichen Armut.

Aber wie kommt es denn, dass du nicht von Herzen um die geistlichen Gaben bittest? Der Grund ist wohl der, dass du dich nicht von ganzem Herzen danach sehnst. Dann muss dein Herz eine ganz falsche Haltung haben. Wer keine richtige Lust zum essen hat, ist nicht gesund. Wenn du kein Verlangen nach der Gnade Gottes hast, dann ist deine Seele krank. Gesunde Kinder haben einen großen Appetit und wenn Gottes Kinder gesund sind, so hungern und dürsten sie nach der Gerechtigkeit. Warum begehren wir diese herrlichen Dinge nicht? Sehr oft, weil wir in unsrer hochmütigen Unwissenheit nicht merken was uns fehlt. Du meinst, du bist reich und satt, wenn du dich aber genau ansehen würdest, würdest du merken, dass du elend, jämmerlich, blind und bloß bist. Wie schade, dass du dich um unbezahlbare Güter bringst, weil du dummerweise meinst, du hättest sie schon.

Vielleicht weißt du aber was dir fehlt und sehnst dich nach geistlichen Gaben, aber du bittest nicht, weil du Gott nicht zutraust, dass Er dir deine Bitte gewährt. Seit wann kennst du den Herrn? Nicht lange genug um Vertrauen zu Ihm zu haben? Es gibt Menschen, denen du schon beim ersten Treffen vertraust, manchen könntest du nach einer Bekanntschaft von einigen Stunden die größten Summen anvertrauen. Und Gott kannst du nicht vertrauen? Du wagst es an Ihm zu zweifeln? Es ist eine Sünde dem treuen Gott nicht zu trauen.

Aber vielleicht sind deine Knie steif geworden, du bist im Beten aus der Übung gekommen. Das ist eine schlimme Sache. Wenn das Gebet vernachlässigt wird, kommt alles aus der

Ordnung. Wer oft in eine Wohnung geht, weiß, wie er hineinkommen kann, aber ein Fremder verirrt sich in den Gängen. Ein Kind Gottes muss den Weg zum Gnadenthron gut kennen und sicher finden. Also lerne den Weg kennen und vergiss ihn nie wieder.

Von der Art des wahren Gebets

„Verbirg deine Ohren nicht vor meinem Seufzen und Schreien!"
(Klagelieder 3, 56)

Manche wagen nicht zu beten, weil sie noch nicht beten können wie gestandene Christen, weil sie meinen, sie beten nicht innig und erhörlich. Aber wenn wir nicht beten können, wie wir gerne möchten, so sollen wir doch beten so gut wir können. Vor allen Dingen darf uns körperliche Schwäche nie vom Gebet abhalten. Anstatt im Gebet nachzulassen wenn der Körper leidet, betet ein Christ nur umso eifriger; ja, er redet mit seinem Gott oft viel inniger und vertraulicher als in den Tagen der Gesundheit und Kraft. Wenn wir so schwach sind, dass wir nur still liegen und atmen können, so soll jeder Atemzug ein Gebet sein.

Ein wahrer Christ darf auch dann nicht im Gebet nachlassen, wenn er sehr beunruhigt, besorgt und zerstreut ist. Wir sind manchmal so niedergeschlagen oder haben so viel zu denken und zu sorgen, dass wir, wenn zum Gebet ein frischer Geist und ungetrübte Denkkraft notwendig wären, überhaupt nicht beten könnten. Aber wenn das Gemüt bedrückt ist, dann ist es nicht an der Zeit das Beten zu unterlassen. Im Gegenteil, dann müssen wir mit doppeltem Eifer beten. Als unser Herr bis in den Tod betrübt war, sagte Er nicht: „Ich kann nicht beten!", sondern Er ging hinaus an den Ölberg und betete.

Ein Christ sollte eigentlich immer in der Gebetsstimmung sein; wenn es aber nicht der Fall ist, sollte er beten, bis er wieder in die Stimmung kommt. Einer, der nicht betet, weil er nicht in Stimmung ist, ist wie jemand der sagt: „Ich nehme keine Medizin, denn ich bin krank!" Bete ums Gebet, bete dich mit Hilfe des Heiligen Geistes in die Gebetsstimmung hinein. Vielleicht flüstert dir der Versucher zu: „Bete jetzt lieber nicht, dein Herz ist nicht in der richtigen Verfassung." Aber in die richtige Verfassung zum Beten kommst du nur durch das Gebet. Gott gibt die Bereitschaft zum Gebet und gibt dem Herzen die Sprache. Hinweg mit der Trägheit! Tue Buße für deine Unlust und bete bis du beten kannst.

Aber manchmal sind die äußeren Verhältnisse schwierig. Du hast viele Sorgen. Aber wer hat keine Sorgen! Wenn du mit dem Beten warten willst, bis du keine Sorgen hast, so kommst du nie zum Beten. Wir müssen die Tür unseres Herzens schließen, damit die Sorgen und Zerstreuungen nicht herein können. Dann können Glaube und Gebet ihre Wunder tun und der Herr wird unsere Herzen mit seiner Gnade füllen. Vielleicht bist du von Spöttern umgeben und der Satan selbst will dich am Beten hindern, dann ist deine Lage sehr gefährlich und du kannst das Gebet gar nicht entbehren. Bete zuversichtlich, selbst wenn du deshalb etwas Verfolgung leiden solltest. Denke an Daniel, der in der Fremde die Fenster öffnete und zu seinem Gott betete. Wenn der Gott Daniels dein Gott im Kämmerlein ist, dann wird Er auch in der Löwengrube dein Gott sein. Wenn du nicht reden kannst, dann schreie; wenn du nicht schreien kannst, dann seufze und wenn du auch das nicht kannst, so sei dein Gebet wenigstens ein Atmen – ein lebendiges, aufrichtiges Wünschen und Sehnen, das Ausströmen deines inneren Lebens in seiner schwächsten und einfachsten Form und Gott wird es erhören. Noch einmal: Wenn du nicht beten kannst wie du möchtest, dann bete wie du kannst.

Gute Menschen sind oft unzufrieden mit ihren eigenen Gebeten, eben weil sie es mit dem Gebet ernst nehmen. Wer das Gebet nur als eine Beschäftigung ansieht, kann es sich leicht machen. Er schlägt ein Buch auf und liest die gedruckten Worte oder er sagt ein auswendig gelerntes Gebet auf, damit ist es getan. Solches Beten, ohne dass das Herz dabei ist, hat nicht mehr Wert, als wenn ein Tibetaner Gebetsräder und -mühlen durch Wind oder Wasser in Bewegung setzen lässt. Aber ein lebendiger Christ sagt nicht ein so genanntes schönes Gebet daher, auch denkt er nicht, er könne schön beten. Sein Gebet erscheint ihm unvollkommen und er staunt über die wunderbare Herablassung Gottes, der sein Ohr zu seinem Kind neigt und sein Gebet um Christi willen erhört. Die Wünsche, die wir Gott vortragen, sind oft viel zu eng begrenzt. „Tue deinen Mund weit auf, lass mich ihn füllen!", sagt Gott, aber wir öffnen den Mund nicht, wir sind nicht bereit, Großes zu empfangen. Wir sind eingeengt, nicht durch Gott, sondern durch selbst auferlegte Schranken.

Und wie steht es mit dem Glauben? Beten wir nicht oft, als ob wir Gott nicht zutrauten, dass Er sein Wort halten und seine Verheißung erfüllen wird? Ja, es fehlt uns sehr am Glauben und an der Inbrunst. Wie kalt und schwach ist oft unser Gebet! Wie ein Flämmchen, das am Erlöschen ist.

Auch die Unreinheit unserer Beweggründe schädigt oft unser Gebet. Wir beten z.B. um Segen für unseren Beruf und hoffen daneben im Stillen, dass die Menschen uns wegen unserer eigenen Fähigkeiten bewundern werden. Gott sei Dank, dass es Einen gibt, der unser Gebet rein machen kann!

Wir bleiben auch im Gebet oft noch so fern von Gott. Wir wissen, dass ein Gott ist und glauben dass Er uns erhören kann, aber wir kommen nicht ganz nahe an Ihn heran. Gott lehre uns besser beten!

Es ist wirklich ein Trost, dass die Kraft des Gebets nicht davon abhängig ist, ob wir uns gut ausdrücken können, sonst wäre Redekunst wichtiger als der Gebetsgeist und Wissen und Bildung wichtiger als Heiligung. Das Gebet des Pharisäers wäre dann besser als das des Zöllners. Wenn diese beiden heute zu uns in eine Gebetsstunde kämen, so würde man wahrscheinlich den Pharisäer auffordern zu beten. Er würde es auf jeden Fall erwarten, sich im Notfall sogar anbieten. Den wahren Gotteskindern ist es nicht ganz wohl bei solchen Gebeten, sie fühlen, dass innerlich nicht alles in Ordnung ist; aber gut ausdrücken kann sich der Mann, das muss man ihm lassen. Gott aber erhört das Gebet des Zöllners, nicht das des Pharisäers. Gott fragt nicht nach schönen Worten, sondern die tiefe, innere Erregung der Seele dringt in sein Herz. Uns fehlen manchmal die Worte, selbst wenn wir eine natürliche Gabe zu reden haben. Wenn uns z.B. ein schweres Unglück trifft, können wir oft nur stammeln, aber unser Gebet ist dennoch gut. Oft kann in einem Seufzer mehr wirkliches Gebet sein als auf vielen Blättern eines Gebetsbuches, mehr wahre Andacht in einer Träne, die auf den Kirchenboden fällt, als in allen Liedern und Gebeten, die während des Gottesdienstes gesungen und gesprochen werden.

Du betest schon wenn du nur sagst: „Gott sei mir Sünder gnädig!", ja auch, wenn du dich nur im innersten Herzen nach Gnade, Vergebung und Seligkeit sehnst. Nur dann kannst du wirklich nicht beten, wenn du nicht ernsthaft beten willst, das heißt, wenn du die Sünde noch zu lieb hast und kein Verlangen da ist gerettet zu werden. Wenn du wirklich beten willst, dann kannst du das auch. Der dir den Willen schenkt, gibt auch die Kraft.

Auch das schwächste Gebet ist vom Heiligen Geist eingegeben

und dringt zum Himmel. Die Mutter, die an dem Bettchen ihres kranken Kindes wacht, merkt schon wenn das Kleine nur etwas stärker atmet, dass es trinken möchte und wenn auf der Welt ein armes Herz sich nach Gott sehnt, so merkt das der himmlische Vater wie die Mutter den Wunsch ihres kranken Kindes. Es gibt keinen Wunsch nach dem Guten auf dieser Erde, den der Herr nicht kennt. Wenn du dich nur ein klein wenig nach Vergebung sehnst, wenn du nur eine gute Regung hast, deren du dir vielleicht selbst kaum bewusst bist – ersticke solche Gefühle nicht, sondern komm damit zum Kreuz; komm wie du bist, Gott weist dich nicht zurück.

Auch auf das schwächste Gebet drückt Jesus das Siegel seines teuren Blutes und wie sollte Gott solch ein Gebet nicht erhören? Das Blut, das besser redet als das Blut Abels, spricht für dich und dein Gebet kommt vor Gott mit der Fürbitte des großen Hohenpriesters, der niemals vergeblich bittet.

Darum bleibe nicht ohne Gebet, ohne Gott, ohne Christus. Wenn es keinen Heiland gäbe, so wäre der Sünder zu entschuldigen, der in seiner Sünde bliebe. Aber es ist ja ein offener Brunnen da, warum kommst du nicht und wäschst dich rein? Die Gnade ist umsonst zu haben, wenn du nur darum bittest. Wenn ein zum Tod Verurteilter auf sein Bitten hin begnadigt werden soll, er bittet aber nicht, so verdient er kein Mitleid. Gott segnet jede Seele, die ernstlich um Gnade bittet unter der einzigen Bedingung, dass sie an Jesus glaubt.

Charakterbildung

„Dann werden die Lämmer weiden nach ihrer Weise" (Jes. 5, 17 nach der englischen Übersetzung)

So manche Prediger vergessen, dass sie die Lämmer nicht nur sammeln, sondern sie auch weiden müssen. Die Lämmer selbst vergessen es auch oft genug, bleiben aus Mangel an Nahrung ihr ganzes Leben lang schwache, unreife Christen und machen keine Fortschritte im Leben aus Gott. Manche junge Christen meinen auch, sie könnten gleich anfangen andere zu lehren, während sie doch selbst noch so viel zu lernen haben. Sie wollen versuchen andere auf die Weide zu führen und doch fehlt es ihnen selbst an Nahrung. Arbeiten hat seine Zeit und Essen hat seine Zeit. Die Jugend ist eine Zeit des Lernens und des Wachsens. Darum hört mich, ihr, die ihr eure Bibel und euer eigenes Herz wenig oder gar nicht kennt, setzt euch still zu Jesu Füßen und hört, was Er euch zu sagen hat.

Wie nötig hat unsere Seele die Nahrung und wie wenig suchen wir sie! Womit beschäftigt sich die große Masse der Christen? Von Montag früh bis Samstagabend nimmt der Beruf oder das Geschäft die ganze Zeit in Anspruch. Was liest man? Die Zeitung. Ganz richtig, aber ist das genug? Ist das die Nahrung für die Seele? Was ist deine Seelenspeise? Eine Zeitschrift, in der sich ein christlicher Roman durch ein paar Jahrgänge hinzieht? Ein Roman, der vielleicht besser wird, wenn man das Christliche herausnimmt; und wenn man das Übrige verbrennt, würde das Buch wenigstens etwas Licht geben, was es durch seinen Inhalt nicht tut. Wie ungenügend ist der religiöse Lesestoff vieler Christen und wie wenig tun sie für ihr Inneres abgesehen vom Lesen.

Unsere Väter gingen drei Mal am Tag in ihr Kämmerlein um eine Viertelstunde still nachzudenken. Wer tut das noch? Tut man es auch nur ein Mal am Tag? Wann werden Gottes Kinder begreifen, dass es nicht genug ist ein Leben aus Gott zu haben, sondern dass wir dieses Leben täglich mit dem Himmelsbrot nähren müssen, damit es stärker wird und immer mit seiner Quelle in Verbindung bleibt? Jeder Christ sollte wissen, dass er eine Zeit braucht, in der er seine Seele mit der Speise nährt, die bis ins ewige Leben bleibt. Wie der Körper seine Mahlzeiten braucht, so musst du dich auch an den Tisch deines himmlischen

Vaters setzen, damit Er deinen Mund mit Gutem fülle und deine Kraft erneuert wird wie die des Adlers.

Meine jungen Freunde, ihr müsst auch im Verständnis und in der Erkenntnis wachsen, darum müsst ihr täglich in der Schrift forschen, damit ihr die Lehren des Evangeliums und die Herrlichkeit Christi kennenlernt. Wir sollten mit dem Inhalt unseres Glaubens gut vertraut sein, damit wir von unserem Glauben Rechenschaft geben können, wenn wir von den Feinden unserer Kirche angegriffen werden.

Wichtiger aber als das Erkennen mit dem Verstand ist, dass ihr eine geistliche Erkenntnis von Gottes Wort bekommt und vor allem seht, wie sich alle Wahrheiten auf euch selbst und auf euer Verhältnis zu Gott beziehen. Möge der Heilige Geist euch mit solcher Erkenntnis nähren! Solche Nahrung findet ihr aber auch im Umgang mit Gottes Kindern, indem ihr euch ihre Erfahrungen zu Nutze macht. Dadurch lernt ihr so manches, was ihr sonst nirgends lernen könnt. Es wird euch stärken und trösten, wenn ältere Christen euch von ihren Erfahrungen, ihren Leiden und Freuden erzählen. Sucht euch solche Freunde, von denen ihr etwas lernen könnt, nicht nur solche, die weniger Erfahrung haben als ihr selbst.

Wenn die Wahrheit, die du hörst, dir wirklich eine Speise sein soll, dann musst du richtig darüber nachdenken. Immer nur Predigten zu hören nützt nichts. Da geht, was man hört, zu einem Ohr rein und zum anderen raus und hinterlässt keinen Eindruck. Denke nach, wenn du von dem Gehörten wirklich etwas haben willst! Es gibt aber noch eine höhere geistliche Nahrung, wenn sich die Seele zu dem Herrn erhebt, wenn Gott und der Heiland selbst die Seele speist und tränkt. Ja, lebt aus Ihm, die ihr zu Ihm gekommen seid. Möge der Herr euch einen mächtigen Hunger nach seinem Wort und nach Ihm selbst geben und euch dann auf eine grüne Aue und zum frischen Wasser führen.

Die Lämmer sollen, wie unser Text sagt, nach ihrer Weise weiden. Jeder Christ hat seine besonderen geistlichen Bedürfnisse. Der eine ist mehr erbaut bei diesem Prediger, der andere bei jenem – nicht dass darum ein Prediger besser oder schlechter wäre als der andere, sondern die Art, wie einer Gottes Wort auslegt und anwendet, kommt vielleicht gerade deinem Bedürfnis entgegen, während dein Mitchrist woanders findet, was er braucht. Es muss gar nicht alles gleich und einförmig sein, wenn nur überall derselbe Herr gepredigt wird.

Gott wird dafür sorgen, dass seine Lämmer jederzeit, auch in bösen Zeiten, Nahrung finden. Es kann wieder einmal eine Zeit der Verfolgung kommen, aber hab keine Angst. Christus ist seiner verfolgten Gemeinde besonders nahe. Und wenn du ein klein wenig Verfolgung in deiner Familie oder ein wenig Spott von der bösen Welt zu dulden hast, so fürchte dich nicht. Wenn auch deine Eltern wegen deiner Frömmigkeit ärgerlich sein sollten, wenn dein Bruder dich auslacht und dein Chef dich verspottet – du wirst doch deine geistliche Speise bekommen. Deine Seele wird stark sein in ihrem Gott und alles Böse überwinden.

Ehre Vater und Mutter

„Mein Sohn, bewahre das Gebot deines Vaters und lass nicht fahren die Weisung deiner Mutter. Binde sie dir aufs Herz allezeit und hänge sie um deinen Hals, dass sie dich geleiten, wenn du gehst; dass sie dich bewachen, wenn du dich legst; dass sie zu dir sprechen, wenn du aufwachst. Denn das Gebot ist eine Leuchte und die Weisung ein Licht, und die Vermahnung ist der Weg des Lebens..." (Spr. 6, 20–23)

Wir haben hier den Rat des Königs Salomo, der mit Recht als einer der weisesten Männer angesehen wird. Wer ihn an Weisheit übertreffen wollte, der müsste schon sehr weise sein. Es ist der Mühe wert auf die Worte Salomos zu hören und steht jedem jungen Menschen gut an auf das zu hören, was ein so erfahrener Mann wie Salomo ihm zu sagen hat. Ich muss euch aber daran erinnern, dass die Sprüche von einem größeren als Salomo – dem Heiligen Geist – eingegeben sind. Sie sind nicht nur Juwelen aus irdischen Minen, sondern auch kostbare Schätze aus den himmlischen Höhen. Die Ratschläge, die uns hier gegeben werden, sind also nicht nur die eines weisen Mannes, sondern die der göttlichen Weisheit, die aus dem Wort Gottes zu uns redet. Möchtet ihr Kinder der Weisheit werden? Dann kommt und setzt euch zu den Füßen Salomos. Möchtet ihr geistlich weise werden? Dann kommt und hört, was der Geist Gottes euch durch den weisen Mann zu sagen hat. Ich möchte euch zeigen, wie viele durch das elterliche Vorbild zu wahrem Christentum gelangen.

Leider ist das nicht bei allen der Fall. Es gibt solche, die in ihrer Kindheit ein böses Beispiel vor sich hatten, solche, die von ihren Eltern nie zum Guten angeleitet wurden. Ich bewundere die Souveränität der göttlichen Gnade, dass es viele gibt, die in ihrer Familie als die Ersten dastehen, die sich zu dem Glauben an den Herrn Jesus bekannt haben. Sie wurden geboren und erzogen inmitten all dessen, was der Gottesfurcht entgegen war. Doch sind sie, sie können selbst kaum sagen, wie, aus der Welt herausgeführt worden, wie Abraham aus Ur in Chaldäa herausgeführt wurde. Ihr, bei denen das der Fall ist, habt Ursache, dafür dankbar zu sein. Ihr solltet es aber in euer Tagebuch schreiben, damit nicht eure Kinder denselben Nachteilen preisgegeben werden, an denen ihr selbst zu leiden hattet. Da der Herr euch so viel Liebe erwiesen hat, lasst eure Häuser Orte der Heiligkeit des Herrn werden. Erzieht eure Kinder so, dass ihnen jede nur mögliche Gelegenheit, die eine christliche Erziehung nur bieten kann, gegeben wird um dem Herrn zu dienen.

Es gibt aber auch viele, die das nie genug zu schätzende Vorrecht einer christlichen Erziehung genossen haben. Meiner Meinung nach ist die Erfahrung des Vaters der beste Beweis, den ein junger Mann von der Wahrheit irgendeiner Sache haben kann. Mein Vater würde niemandem etwas Falsches sagen, am allerwenigsten seinem Sohn. Wenn er also, nachdem er fünfzig Jahre dem Herrn gedient hätte, zu der Überzeugung gekommen wäre, dass wahres Christentum auf Irrtum beruhe, er würde – auch wenn er nicht den Mut hätte, es vor der ganzen Welt auszusprechen – das seinem Sohn ins Ohr geflüstert haben: „Mein Sohn, ich habe dich irre geführt. Ich bin zu der Entdeckung gekommen, dass ich mich geirrt habe." Als ich vor kurzem meinen Vater sah, hatte er mir keine solche Nachricht mitzuteilen. Unser Gespräch bezog sich auf die Treue Gottes. Es ist ihm eine Freude von der Treue Gottes zu erzählen, die Gott ihm und seinem Vater, meinem nun heimgegangenen lieben Großvater, bewiesen hat. Wie oft haben beide mir erzählt, wie sie in einer langen Lebenszeit des Prüfens und der Bewährung die Verheißungen alle wahr gefunden haben!

Was mich selbst betrifft, so würde ich nicht so dumm gewesen sein mich darüber zu freuen, dass meine Söhne den gleichen Lebensweg eingeschlagen haben und danach streben mit aller Macht dieselbe Wahrheit zu predigen, deren Verkündigung meine Freude ist, wenn ich herausgefunden hätte, dass ich mich als Christ im Irrtum befinde. Lieber Sohn, wenn du einen gottseligen Vater hast, so glaube, dass die Überzeugung, auf die er seinen Glauben gegründet hat, wahr ist. Er sagt dir, dass dies der Fall ist und ist dir gegenüber jedenfalls ein aufrichtiger, ehrlicher Zeuge. Ich bitte deshalb dringend: Verlass nicht den Gott deines Vaters.

Ich glaube ferner, dass eine der zartesten Bindungen, mit der ein junger Mensch gebunden werden kann, die Liebe einer Mutter ist. Mancher würde sich vielleicht dem Gesetz des Vaters entziehen – aber wer vermag sich der Liebe der Mutter zu entreißen! Die Liebe einer Mutter ist also die beste Beweisführung.

Weißt du noch, wie sie für dich zu beten pflegte? Gehört es nicht zu deinen ersten Erinnerungen, wie sie mit dir und für dich betete? Du hast vielleicht versucht dich vom Glauben abzuwenden, aber der feste Glaube deiner Mutter verhinderte es. Ich habe von einem gehört, der sagte, ohne das Leben und den Tod seiner Mutter wäre er sicherlich in Unglauben verfallen. Ja, solchen Beweisgründen kann man schwer widerstehen und ich hoffe, dass du nie versuchen wirst dich über sie hinwegzusetzen. Du erinnerst dich noch gut an ihre stille Geduld, während im Haus alles dazu angetan war sie zu erregen. Du weißt noch zu gut, wie sanft und mild sie war, wenn du anfingst wild und ungestüm zu werden. Du weißt vielleicht kaum, wie weh ihr das tat, wieviele schlaflose Nächte es ihr verursachte, dass der Sohn nicht den Gott seiner Mutter liebte. Ich fordere dich bei der Liebe die du zu ihr hegst auf: Hast du irgendwelche guten Eindrücke empfangen, so pflege sie und wirf sie nicht von dir! Oder wenn du solche Eindrücke nicht empfangen hast, so lass wenigstens die Aufrichtigkeit deiner Mutter, die dich nie mit einer Lüge hätte hintergehen können und wollen – lass doch dies alles dich überzeugen, dass die Wahrheit in dem Glauben liegt, zu dessen Verachtung du vielleicht jetzt von deinen Kameraden verführt wirst. „Mein Sohn, bewahre das Gebot deines Vaters und lass nicht fahren die Weisung deiner Mutter."

Ich denke, für jeden jungen Mann und für jede junge Frau, die gottesfürchtige Eltern haben, ist der beste Lebensweg, den sie sich erwählen können, der Weg, auf den die Grundsätze der Eltern sie führen können. Natürlich, wir sind den Alten in vielem weit voraus, nicht wahr? Die Jungen sind so frisch und intelligent, dass die Alten sehr weit hinter ihnen zurückstehen. So denkt und spricht mancher Grünschnabel, der nicht mehr so eingebildet ist, wenn er zu etwas mehr Geduld gekommen ist. Wie dem auch sei, ich, der ich eben noch nicht zu den Alten gehöre, mich aber auch nicht mehr zu den Jungen zählen darf, wage zu sagen, dass ich mir nichts sehnlicher wünsche, als die Traditionen meiner Familie beizubehalten. Und ich denke, ihr lieben Freunde, die ihr das gottselige, glückliche Leben eurer Voreltern gesehen habt, werdet weise genug sein und gründlich darüber nachdenken, bevor ihr anfangt Änderungen an den traditionellen Formen vorzunehmen. Ich glaube nicht, dass derjenige seinen Weg unter der Zusicherung des Segens Gottes beginnt, der damit anfängt alles auf den Kopf zu stellen, alles, was seiner gottesfürchtigen Familie eigen war, in den Wind zu schlagen. Gott wolle euch zu der Einsicht verhelfen, dass der beste Weg zu einem edlen Leben der ist, so zu handeln wie die, die euch in der Furcht Gottes erzogen haben!

Salomo fordert uns auf, mit den von unseren Eltern empfangenen Lehren zwei Dinge zu tun. Er sagt zunächst: „Binde sie dir aufs Herz allezeit." Sie sind der liebevollen Anhänglichkeit wert. Zeige, dass du sie liebst, indem du sie auf dein Herz bindest. Das Herz ist der Mittelpunkt des Lebens – lass dort Gottseligkeit liegen, liebe göttliche Dinge. Könnten wir die jungen Leute dahin bringen religiös zu sein, ohne dass sie wirklich die Gottseligkeit lieb haben, so würden wir sie einfach zu Heuchlern machen und das ist nicht unser Anliegen. Wir möchten nicht, dass ihr sagt, ihr glaubt, was ihr nicht glaubt oder dass ihr euch anscheinend freut über etwas, was euch in Wirklichkeit gleichgültig lässt. Aber unser Gebet ist – o, möchte es auch das eurige sein! –, dass euch geholfen werde diese Dinge auf euer Herz zu binden. Sie sind es wert, dass man dafür lebt und stirbt.

Und weil Salomo nicht möchte, dass wir diese Dinge geheim halten, als ob wir uns derselben schämten, fügt er hinzu: „... hänge sie um deinen Hals." Sind sie doch des öffentlichen Vorzeigens wert. Ihr, die ihr wirklich Liebe zu Gott habt, hängt euren Glauben um den Hals. Schämt euch seiner nicht, sondern betrachtet ihn als einen Schmuck. Wenn ihr in die Gesellschaft geht, schämt euch nie des Bekenntnisses, dass ihr Christen seid. Ist es aber eine Gesellschaft, an der ihr als Christen euch nicht beteiligen könnt, nun, so geht gar nicht erst hin. Ein jeder sage zu sich selbst: „Ich will dort nicht sein, wohin ich meinen Herrn und Meister nicht mitnehmen kann." Ein solcher Entschluss wird euch eine Hilfe sein bei der Entscheidung, wohin ihr gehen und wohin ihr nicht gehen sollt. Deshalb noch einmal: „Binde sie dir aufs Herz allezeit und hänge sie um deinen Hals." Dazu verhelfe euch Gott, damit ihr so den euch vorangegangenen gottesfürchtigen Vätern folgt!

Ich hoffe, dass ich nicht zu weich werde, wenn ich wünsche, dass manche von euch durch die Liebe zu ihren Eltern gerührt werden möchten. Ich habe während der Zeit meiner Amtsführung manchen erschütternden Anblick gehabt. Ein liebender Vater, ein aufrichtig gottesfürchtiger Christ – welche Furchen des Kummers lagen auf seinem Gesicht, als er zu mir kam mit der Nachricht, sein Sohn sei im Gefängnis! Ich kannte zwei junge Männer, die in der Stadt einen Arbeitsplatz fanden. Sie wurden zum Stehlen verführt, willigten ein und verloren ihren guten Namen. In anderen Fällen wurde die Schuld gedeckt, die Betreffenden wurden von der Strafe befreit, sind aber leider einer zuchtlosen Frau in die Hände gefallen, wehe ihnen!

Manchmal ist es reine Leichtfertigkeit und Gottlosigkeit, durch die sie zu schändlichen Taten getrieben wurden. Ich möchte solche nicht nur den Jammer sehen lassen, den sie auf sich selbst laden, sondern ihnen auch die Mutter daheim zeigen, wenn es heißt, Hans hat seine Stelle verloren, weil er unehrlich gewesen ist. Könnten sie einen Blick in das Gesicht ihres Vaters werfen! Der arme Mann ist ganz bestürzt und klagt: „Bis dahin ist der Name unserer Familie noch nie besudelt worden!" Hätte die Erde sich unter dem gottesfürchtigen Vater aufgetan oder hätte die gute Mutter direkt ins Grab gehen können, beide hätten es dem Leben der langen Trübsal vorgezogen, mit der sie heimgesucht worden sind. Ich fordere deshalb alle jungen Leute auf, tötet nicht die Eltern, denen ihr das Leben zu verdanken habt, bringt keine Schande auf die, die euch erzogen haben! Ich bitte euch: Sucht den Gott eures Vaters, den Gott eurer Mutter, übergebt euch dem Herrn Jesus Christus und lebt entschieden ganz für Ihn!

Salomo sagt uns ferner, dass wahre Gottseligkeit unter allen Verhältnissen unser Führer ist. Er sagt im 22. Vers, dass es nichts gibt, was uns wie die Gottseligkeit hilft. Es heißt: „dass sie dich geleiten, wenn du gehst." Er sagt weiter, dass es nichts Besseres für unsere Bewahrung gibt: „dass sie dich bewachen, wenn du dich legst." Und wenn wir aufwachen, gibt es nichts, was unser Gemüt mehr erfreuen könnte: „dass sie zu dir sprechen, wenn du aufwachst." Es ist nicht meine Absicht, diese drei Punkte weiter auszuführen, sondern nur einige Worte hinzuzufügen. Wenn du am meisten beschäftigt bist, wird wahre Gottesfurcht dir die beste Hilfe sein. Wenn deine Hände voll mit Arbeit sind und dein Kopf voll mit Gedanken ist, wird dir nichts einen größeren Dienst erweisen, als der Glaube, dass du einen Gott hast, zu dem du gehen kannst, einen Heiland, dem du trauen darfst, einen Himmel, in den du gehen wirst. Und wenn du dich auf dein Bett niederlegst, sei es zum Schlafen oder weil du krank bist, wird dir nichts mehr Ruhe geben, als das Bewusstsein, dass dir durch das kostbare Blut Jesu Christi deine Sünden vergeben sind, dass du in dem Herrn sicher und geborgen bist und in Ihm ewiges Heil hast.

Selbstvertrauen und Gottvertrauen

Selbstvertrauen am richtigen Platz ist etwas Gutes und Notwendiges. Unsere Beobachtung lehrt uns, dass zu großen Leistungen ein gewisses Maß an Selbstvertrauen gehört. Der Mensch, der sich nichts zutraut und selber nicht weiß, was er will, geht mit Zögern und Zittern an die Arbeit und schließlich misslingt ihm alles. Sein Mangel an Selbstvertrauen ist schuld an der Enttäuschung. Wer sich aber etwas zutraut, der macht mit Ruhe und Sicherheit seine Pläne, geht voller Hoffnung an die Arbeit, macht mit Ausdauer weiter und kommt zu seinem Ziel. Sein Glaube an den Sieg hat zum Siegen mitgeholfen. Ein Mensch, der sich etwas zutraut, wird, wenn er überhaupt etwas taugt, bald andere von seinen Fähigkeiten überzeugen. Zuversicht irgendeiner Art ist unentbehrlich, wenn wir unsere Pläne durchführen wollen. Zweifel ist immer und überall eine Quelle der Schwäche, der Glaube aber ist die Triebkraft unseres Lebens.

Wenn wir mit Selbstvertrauen so viel erreichen, wie viel mehr erreichen wir durchs Gottvertrauen. Es ist besser begründet, es entspringt einer edleren Quelle – aus der Demut – es veredelt unseren Charakter noch mehr und wir gehen sicherer dabei. Unsere eigene Kraft reicht nur bis zu einem bestimmten Punkt, wir können nicht bis über die Grenzen hinaus, die uns gesteckt sind. Aber die göttliche Kraft ist ohne Grenzen und unveränderlich. Wer sich auf sie verlässt, der hat immer einen Rückhalt in einer unüberwindlichen Kraft. Die Quelle, aus der er schöpft, ist unerschöpflich. Die größte Kraft muss auf jeden Fall groß genug für uns sein. Sie ist unwandelbar und wir können uns in alle Ewigkeit auf sie verlassen. Ist es nicht herrlich, wenn unsere Zuversicht in einem Boden wurzelt, in dem sie von Tag zu Tag wachsen kann, ohne dass wir fürchten müssen zu vertrauensvoll zu werden!

Und wie herrlich sind die Früchte des Gottvertrauens! Wenn du mit einem aufrichtigen, ungeheuchelten Gottvertrauen ins Leben gehst, so wird dich kein Erfolg arrogant und hochmütig machen, denn du gibst die Ehre Dem, auf den du vertraut hast. Wenn dich aber einmal trotz deines Gottvertrauens ein Unfall trifft, dann braucht dich das Unglück nicht ganz zu Boden zu schlagen. Du weißt ja, dass zuletzt doch das Gottvertrauen den

Sieg davontragen muss. Darum, ob es dir gut oder schlecht geht, lass den Glauben an den lebendigen Gott immer dein Trost und deine Kraft sein.

Unentschiedenheit und Schwäche

Unentschiedenheit und Schwäche sind die Laster unserer Zeit. Mancher junge Mann wäre recht brauchbar, wenn er allein bleiben könnte oder immer durch den Umgang mit christlichen Freunden gestärkt werden würde. Aber sobald er in die Welt hinausgeht, tritt er auf den Weg der Sünder und überlässt sich ihrem Einfluss. Er fürchtet, man könnte ihn für einen Musterknaben oder für einen Frommen halten. Wenn er auf diese Dinge hin geneckt wird, ist es für ihn wie ein heißes Eisen an der Wange oder wie ein Dolch in der Brust. Um nur nicht von Fremden ausgelacht zu werden, benimmt er sich so, dass seine Angehörigen über ihn weinen könnten.

Man kann den jungen Mann doch nicht unter eine Glasglocke setzen, er kann ja auch nicht immer im Kinderzimmer bleiben und seiner Mutter am Rock hängen. Er muss hinaus in die Welt, wo er versucht wird, denn das ist unser aller Schicksal. Der Versucher hat sich sogar ins Paradies eingeschlichen, wie viel mehr wird er überall in unserer verdorbenen Welt zu finden sein. Ein Mensch, der den Versuchungen und Prüfungen, die uns alle erwarten, aus dem Weg gehen könnte, würde zu einer schwächlichen Treibhauspflanze heranwachsen; niemals würde sich bei ihm ein kräftiger, männlicher Charakter entwickeln. Wenn ein junger Mensch nach Gottes Willen die Erfahrungen machen und die Versuchungen bestehen soll, wie sie uns allen zugedacht sind und er zeigt sich schwach und unentschieden, so wird er nicht ein charakterstarker, sondern ein charakterloser Mensch. Ist er aber gewissenhaft, hat er feste, ehrenhafte Grundsätze, dann kann er der lockenden Sünde widerstehen und für das Edle und die Unsterblichkeit leben.

Früher waren die Menschen eher zu stur und einseitig in ihren Überzeugungen. Wenn einer einmal einen Weg eingeschlagen hatte, so verlangte er, dass alle anderen denselben Weg gingen. Wenn einer etwas glaubte, dann glaubte er es fest und entschieden – das war gut; aber er verachtete und verabscheute alle, die nicht ganz in derselben Weise glaubten wie er – das war unrecht. Er hatte die gute Absicht andere zu bekehren, aber sein Eifer und seine vermeintliche Unfehlbarkeit verleiteten ihn dazu, solche, die sich nicht gewinnen ließen zu verfolgen oder über sie zu lästern und sie zu hassen. Die besten Christen trennten sich voneinander und schlossen sich zu getrennten Gemeinschaften zusammen, weil sie in ganz unwesentlichen Dingen verschiedener Ansicht waren. Die Menschen kämpften mit Eifer für den Glauben, aber in der Hitze des Kampfes wurde zu oft die Liebe vergessen.

Dieser Fanatismus, ein Auswuchs aus dem Baum des echten Glaubenseifers, ist abgeschnitten worden, aber dabei hat man leider den ganzen Baum ausgerissen. Von Anfang an haben die Menschen von ganzem Herzen, von ganzer Seele und aus allen Kräften geglaubt; sie haben die Wahrheit gegen alle Angriffe verteidigt, wie die Spartaner den Engpass von Thermophylä. Sie haben jeden Lebensgenuss, ihre Ehre und alles andere aus Gehorsam gegen Gott hingegeben. Darum waren sie so gewaltige Menschen. Bei all ihren Fehlern sollten sie uns als ein nachahmenswertes, nicht als ein abschreckendes Beispiel dienen. Wollte Gott, wir hätten zehntausend solcher Männer in unserer Zeit der Achselträger! Vor allem bedarf unsere Gemeinde einer Schar tapferer, feuriger Krieger.

Wenn wir heute den Fanatismus abgelegt haben, so haben wir uns dafür einen Fehler angeeignet, der mindestens ebenso schlimm und jedenfalls viel gefährlicher ist. Wie viele glauben eigentlich gar nichts, um nur nicht für zu streng gläubig gehalten zu werden, nur damit sie mit den Genossen jeder Glaubensrichtung gute Kameradschaft erhalten können. Sie wollen gerne als liberal gelten, darum setzen sie sich über jede Schranke hinweg. Sie sind untreu gegen Gott um dadurch in den Ruf der Menschenfreundlichkeit zu kommen. Ihr innerer Mensch hat kein Rückgrat, keinen festen Knochenbau. Sie sind so weich wie Wachs und lassen sich in jede Form modellieren.

Es gibt Prediger, die ihre Ansichten so unklar ausdrücken, dass die Zuhörer nicht wissen, was sie von ihnen zu halten haben. Es gibt aber auch Zuhörer, die jeden Prediger bewundern, wenn er nur interessant reden kann. Ob er gottesfürchtig und eifrig ist, ob man von seinen Predigten wirklich etwas hat, ob er überhaupt richtig glaubt – danach fragt man gar nicht oder nur in zweiter Linie. Wenn er nur geistreich ist und eine gute Rhetorik hat, dann ist er der Mann des Tages, mag seine Lehre auch noch so sehr von der Heiligen Schrift abweichen – er hat ja, so heißt es, doch noch das Wesen des Glaubens, wenn er auch die veralteten Formen und Ausdrücke verlassen hat. Wenn sich aber ein Mann entschieden gegen solche Mattherzigkeit und Gleichgültigkeit ausspricht, so heißt es, er sei lieblos; wenn er den Irrtum an den Pranger stellt, so muss er sich als engstirnig beschimpfen lassen. Die Angst vor solchem Tadel hält viele davon ab, für die Wahrheit zu zeugen.

Wie kann unserer mattherzigen, schwachen, unentschiedenen Generation abgeholfen werden? Strenge äußerliche Kirchlichkeit, verschiedene Regeln und Gesetze helfen dagegen nicht. Die Erneuerung muss von innen anfangen. Gottes Gnade muss den Schwachen einen neuen, festen Geist geben. Ein tiefes Sündenbewusstsein, ein Erleben des Gesetzes im Gewissen, ein Einblick in die Torheit und Schwäche der menschlichen Natur – das sind die Grundlagen für einen brauchbaren Charakter. Wenn unsere Buße gründlicher wäre, so wäre unser Glaube einfältiger, dann wären wir auch klarer und sicherer in unseren Ansichten.

Ein demütiges Gefühl unserer Sündhaftigkeit und der Allmacht der göttlichen Gnade, ein Anteil an dem erneuernden Werk des Heiligen Geistes, ein häufiges Erleben der geistlichen und ewigen Wahrheiten – wer diese Dinge besitzt, der hat das Zeug zu einem gläubigen Christen. Er sitzt zu Jesu Füßen und lernt von Ihm. Dann bezeugt er Ihn auch mutig vor Menschen und sie erkennen, von wem er gelernt hat. Sein Herr ist ihm dann so wichtig, dass er nicht mehr nach dem Lob der Menschen jagt. Er hält die Wahrheit so stark fest, dass sie ihm nicht zum Spielball der Tagesmeinung werden kann. Er ist nicht schwach und mattherzig, sondern fest und unbeweglich und nimmt immer zu in dem Werk des Herrn. Das macht ihn aber nicht lieblos und hart gegen die Irrenden. Er weiß ja, dass es nur unverdiente Gnade ist, die ihn erleuchtet hat; wie sollte er denen böse sein, die noch in der Finsternis sitzen?

Festhalten an der Wahrheit braucht uns nicht engherzig und lieblos zu machen, im Gegenteil: Wahrheit und Liebe, Wahrheit und Barmherzigkeit gehören zusammen. Es ist vielleicht schwer, den Irrtum von Herzen zu hassen und den Irrenden von Herzen zu lieben, aber der Heilige Geist kann es uns beibringen. Es wird dann bei uns nicht mehr heißen: schwach und unentschieden, sondern: entschieden, aber weitherzig.

Mangel an Eifer

In einer Sonntagsschule in Amerika fragte man einen kleinen Jungen, ob sein Vater ein Christ sei. „Ja, aber er strengt sich nicht besonders an", antwortete der Kleine.

Das kann man leider von so manchem Christen wirklich sagen, denn viele haben den Namen, dass sie leben und sind doch tot; und bei vielen anderen ist die Liebe erkaltet. Sie bekennen sich zum Christentum, aber sie leben es nicht. Wenn aber irgendein Beruf tatkräftiges Handeln erfordert und ohne Fleiß und Eifer gar nicht zu bewältigen ist, dann ist es das Christsein.

Ein Bauer, ein Kaufmann, ein Handwerker, ja sogar ein Bettler bringt nichts zu Stande, wenn er seinem Geschäft nicht mit Eifer und Ausdauer nachgeht. Ein Faulpelz erstrebt nichts und hat nichts, welchen Beruf er auch immer hat. Was kann aber der zu bekommen hoffen, der sich Christ nennt und doch nichts von Christus als seinem Lehrer lernt, der Ihm als seinem Herrn nicht gehorcht, Ihm als seinem König nicht dient.

Wir können uns die Seligkeit sicher nicht durch unseren Ernst und Einsatz verdienen, aber wer diese Tugenden nicht hat, darf sich wohl fragen, ob er überhaupt ein Christ ist. Wer meint, er erfüllt seine Christenpflicht, wenn er jeden Sonntag in die Kirche geht, wer weder Zeit noch Geld für das Werk des Herrn daheim und in der Heidenwelt übrig hat, wer keine Hausandacht hat, niemals ein Wort für den Herrn sagt, nicht für die Verlorenen betet, von dem kann man dasselbe sagen: „Er strengt sich nicht an." Vielleicht fühlt er, dass mit seinem Christentum tatsächlich nicht viel anzufangen ist.

Jemand sagte einmal: „Mein Glaube kostet mich keine Mark jährlich." Ein Freund antwortete ihm: „Er ist auch keine Mark wert." Ja, der Glaube eines Menschen, der sich nicht anstrengt, ist sehr kläglich.

Unser Herr zeigt uns das Christenleben nicht als ein Leben süßer Ruhe, sondern als einen Krieg und Kampf. „Ringet danach, dass ihr durch die enge Pforte eingeht", sagt Er uns. Wir wissen auch, dass wir nicht zu seiner Ruhe eingehen können, wenn wir sein Joch nicht tragen wollen. Wir werden wohl durch den Glauben selig, aber der Glaube muss in der Liebe aktiv sein. Der Herr schenkt uns die Seligkeit und wirkt in uns beides, das

Wollen und das Vollbringen, aber es heißt doch auch: „Schaffet, dass ihr selig werdet mit Furcht und Zittern." Das wollen wir mit Gottes Hilfe tun.

Vom Lesen und Lernen

Nicht jeder ist in der Lage sich viele Bücher zu kaufen. Wer nur wenige kaufen kann, der kaufe sich die allerbesten. Kaufe nicht Bücher, in denen ein Körnchen Wahrheit breitgeschlagen ist, bis es einen großen Umfang hat, sondern Bücher, die im kleinen Umfang viel enthalten. Selbst wenn man viele Bücher besitzt, hat man doch nur ein paar, zu denen man immer wieder zurückkehren kann.

Mit den Büchern, die du hast solltest du gut vertraut werden, sodass du dich darin wie zu Hause fühlen kannst. Lies sie gründlich und immer wieder, kaue und verdaue sie, bis sie ein Teil deines Wesens werden. Ein gutes Buch soll man öfter lesen und es ist eine gute Übung, wenn man sich Bemerkungen dazu macht oder den Gedankengang aufschreibt. Ein Buch, das wir gründlich lesen, das uns ins Blut übergeht, hat viel mehr Einfluss auf unsere Bildung und unser ganzes Wesen, als zwanzig Bücher, die wir nur überfliegen. Ein oberflächliches Lesen erzeugt nur Einbildung, aber gibt kein wirkliches Wissen. Viele Leute verlernen das Denken, weil sie vor lauter Lesen nicht dazu kommen. Eine gut ausgestattete Bücherei macht dich noch nicht zum Gelehrten. Ein römischer Schriftsteller sagt von dem, der Bücher kauft und damit nicht umgehen kann: „Du hast kein Haar und kaufst dir einen Kamm, du bist blind und kaufst dir einen Spiegel, du bist taub und kaufst dir eine Flöte." Im Bezug aufs Lesen sei dein Motto: „Vieles, nicht viele." Denke ebenso viel wie du liest, dann schadet es nicht, wenn du nicht viele Bücher hast.

Wenn dein eigener Vorrat nicht reicht, so hast du ja noch gute Freunde, die dir Bücher leihen, aber vergiss nicht die entliehenen Bücher wieder zurückzugeben.

Ein Buch steht dir jedenfalls immer zur Verfügung. Keiner leidet Mangel an geistlicher Speise, solange er die Bibel hat. Sie gibt dir immer Stoff zum Denken. Du musst sie sehr gründlich kennenlernen: den allgemeinen Gedankengang, den Inhalt jedes einzelnen Buches, die einzelnen Erzählungen, die Lehren, die Gebote. Ein Mann, der die Bibel gut kennt, nicht nur die Buchstaben, sondern auch ihren Geist, ist kein schlechter Mann, was er sonst auch für Mängel haben mag.

Außerdem, wie schon gesagt, ist es besser viel zu denken als viel zu lesen. Das Denken ist eine Übung des Geistes, die seine Kräfte entwickelt und schult. Wenn man seine Augen offen hat, kann man auch vieles lernen, was nicht in den Büchern steht. Das Stück Weltgeschichte, das wir selbst miterleben, Ereignisse, die sich vor unseren Augen abspielen, Zeitungsberichte, Gegenstände des allgemeinen Gesprächs – aus allem können wir lernen.

Es ist merkwürdig, welchen Unterschied es macht, ob einer seine Augen gebraucht oder nicht. Wenn du sie offen hast, siehst du überall etwas, was der Beobachtung wert ist. Kannst du nicht aus der Natur lernen? Jede Blume möchte dich etwas lehren und überhaupt ist jedes lebende Wesen bereit, dich zu unterrichten. Es ist eine Stimme in jedem Windhauch und in jedem Stäubchen, das der Wind verweht. Jeder Grashalm, der des Morgens im Tau glänzt, jedes dürre Blatt, das im Herbst vom Baum fällt, ist eine Predigt. Ein Wald ist eine ganze Bücherei, ein Kornfeld ein Buch voller Weltweisheit, der Fels ein Stück Weltgeschichte und der Fluss zu deinen Füßen ein Gedicht. Geh hin, wenn deine Augen offen sind und finde überall Lehren der Weisheit, droben am Himmel und unten auf der Erde und in den Wassern unter der Erde. Von Menschen geschriebene Bücher sind arm im Vergleich zu dem Buch der Natur.

Menschenlob

Ein junger Mann, der in seinen Beruf eintritt, wird schnell über-
mütig, wenn man ihn ein bisschen lobt. Trotzdem gibt es unver-
ständige Leute genug, die jeden hoffnungsvollen Anfänger mit
Lob überschütten. Es lässt sich gar nicht berechnen, wie viel
Schaden durch solchen Unverstand schon angerichtet worden
ist. Mein lieber Freund, der Beifall derer, die dich ins Gesicht
loben, ist nicht viel wert. Sie sind meistens töricht und dazu noch
unehrlich. Sie sind oft wie die falschen Katzen, die vorne lecken
und hinten kratzen. Wenn mir einer ins Gesicht sehr freundlich
tut, dann weiß ich, dass ich mich vor ihm in Acht nehmen muss.
Hüte dich vor dem Netz des Schmeichlers und der Lockpfeife
des Schönredners. Das Urteil der Menschen ist veränderlich und
im besten Fall aus gut und böse gemischt, sodass in Wirklichkeit
nicht viel davon zu halten ist. Wir wissen alle, wie die Männer
von Lystra Paulus zuerst anbeten wollten und wie sie ihn eine
Stunde später steinigten. Wer möchte nach einem Kranz streben,
der schon verwelkt, während er sich um unsere Stirn windet?
Das Aufschäumen einer Welle, das Leuchten einer Sternschnup-
pe ist nicht flüchtiger als der Beifall der Menge.

Wenn eine Hälfte der Menschen uns rühmt, dann verachtet
uns die andere Hälfte und so wiegt das eine das andere auf. Ein
bekannter Prediger hörte auf der Straße hinter sich jemanden sagen: „Wenn es überhaupt einen guten Menschen auf der Erde
gibt, dann geht hier einer!" Das war sehr schmeichelhaft, aber als
er in die nächste Straße kam, hörte er von einem der Umherstehenden die Worte: „Wenn überhaupt jemand verdient, dass
man ihn hängt, dann verdient es der da. Er macht die Leute ver-
rückt mit seinen Predigten." Wenn man dir in einem Zimmer
schmeichelt, dann höre, was man im nächsten über dich sagt,
das wird deinen Übermut dämpfen. Es ist nie auf der gleichen
Welt zugleich Sommer und niemand wird überall gleich geachtet. Es ist gut für die Wahrheit, dass übermäßiges Lob auf der
einen Seite durch übermäßigen Tadel auf der anderen aufgewo-
gen wird. Das Lob verweichlicht uns. Wenn wir uns seiner ange-
nehmen Wirkung aussetzen, werden wir viel empfindlicher für
die scharfen Stiche des Tadels. Da wir nun ganz sicher manchmal
beschimpft und verlästert werden, ist es viel besser wenn wir

eine dicke Haut haben. Das Lob aber macht unsere Haut empfindlich und beraubt uns des Panzers, den wir um unsere Seele legen sollten. Wenn wir uns durch das silberne Läuten des Lobs bezaubern lassen, so wird uns der rauhe Ton des Tadels erschrecken. Wenn wir gegen die Wirkung des Tadels geschützt sein wollen, müssen wir uns auch gegen das Lob wappnen.

Wer von der guten Meinung anderer abhängig ist, kann keine große Achtung genießen, denn man kann doch einen Menschen nicht achten, der immer darauf aus ist, ein Lob zu hören. Nach der Achtung der Menschen zu jagen ist das sicherste Mittel sie zu verlieren. Wenn wir bedenken, wie unsicher eine menschliche Hand die Waage hält, kann es uns nicht so wichtig sein, wie wir von unseren Mitmenschen gewogen werden. Wir wollen lieber daran denken, wie unendlich wichtig das Urteil Gottes für uns ist und wollen so leben, dass Er uns loben kann, dann werden wir nicht geknechtet nach der Menschengunst streben. Der Apostel Paulus sagt: „Mir aber ists ein geringes, dass ich von euch gerichtet werde oder von einem menschlichen Gericht; auch richte ich mich selbst nicht. Ich bin mir zwar nichts bewusst, aber darin bin ich nicht gerechtfertigt; der Herr ists aber, der mich richtet." (1. Kor. 4, 3. 4)

Es gibt Leute, die merkwürdig viel Lob vertragen können, ja die niemals damit zu sättigen sind. Ich würde tauben Ohren predigen, wenn ich ihnen sagen wollte, sie sollen nicht auf Lob und Schmeichelei hören. Es gibt einzelne ganz ausgezeichnete Menschen, die doch mit dieser lächerlichen Eitelkeit befallen sind, aber sie sind eine Ausnahme. Im Allgemeinen sind die lobsüchtigen Menschen nicht viel wert.

Große Worte

Die Kunst des Übertreibens ist momentan sehr verbreitet. Manche Menschen schauen immer nach Sensationen aus; wenn sie dennoch keine sehen, dann denken sie sich welche aus. Jeden Tag hören sie eine merkwürdige Geschichte, alle ihre Maulwurfshügel sind Berge und ihre Hühner legen lauter Eier mit zwei Dottern. Das Wunderbarste aber ist der Mann selbst. Wenn man ihn hört, so meint man, niemand sei es wert ihm die Schuhriemen zu lösen. Ist er ein Kaufmann, so ist es ganz verwunderlich, welche Summen er jährlich umsetzt, obwohl er die Waren unter dem Selbstkostenpreis hergibt. Wenn er das Geschäft aufgibt, dann geschieht das aus Rücksicht auf einen Geschäftsfreund. Wenn er einen Bauernhof übernimmt, so ist es nur, damit er seinen Spaß daran hat und damit er den Bauern zeigen kann, wie man ein Gut bewirtschaften muss.

Wenn ein Mensch sich einmal das Übertreiben und Prahlen angewöhnt hat, dann mag er reden was er will, er gebraucht immer den Superlativ – im Guten und im Bösen. Er malt mit dem Besen und nimmt immer das große Messer zum Aufschneiden. Alle seine Sachen sind besser und schöner als die der anderen Leute. Ein Wunder ist nur, dass der gute Mann nicht sieht, wie ihn jedermann für einen Dummkopf hält. Das Prahlen hat ihn blind gemacht.

Mancher reißt seinen Mund auf wie ein Scheunentor und verkündet was er tun würde, wenn er der und der wäre. Wäre er im Reichstag, er würde alle Steuern abschaffen, würde die Armenhäuser in Paläste umwandeln, würde machen, dass den Leuten gebratene Tauben in den Mund fliegen. Ja, mein lieber Prahlhans, wenn das Wörtchen „wenn" nicht wäre!

Der Prahlhans hat nicht nur selber im Handumdrehen sein Glück gemacht, sondern auch alle, die seinen guten Rat befolgt haben, sind reich geworden. (Leider sind Menschen undankbar und kehren dem, dem sie ihr Glück verdanken, den Rücken.)

Ich möchte lieber gar kein Mittagessen, als am Tisch die Reden eines Prahlers hören. Man weiß, dass man seine Worte gewöhnlich nicht auf die Goldwaage legen darf, darum glaubt man ihm nicht, auch wenn er einmal zufällig die reine Wahrheit spricht. Der Prahlhans ist ein Lügner, aber er weiß es nicht.

Er redet sich in seine Übertreibungen hinein, bis er sie selber glaubt.

Wir müssen uns bemühen, die Wahrheit zu sagen, die volle Wahrheit und nichts als die Wahrheit. Wer es sich einmal erlaubt, ein Kalb eine Kuh zu nennen, der wird bald aus der Mücke einen Elefanten machen. Wenn du einmal anfängst zu übertreiben, so kommt es auf etwas mehr oder weniger nicht an. Wenn du den geraden Weg der Wahrheit verlässt, so weißt du nicht, wohin der krumme Weg der Lüge dich führen kann. Wer sich eine kleine Lüge erlaubt, wird sich bald auch eine große erlauben. Wenn es anfängt zu tropfen, dann kommt gewöhnlich ein Regenguss hinterher und eine kleine Unwahrheit kann zu einem ganzen Regen von Unwahrheit führen.

Durch Eigenlob empfiehlt sich niemand, Lob aus dem Mund des anderen duftet, aber Eigenlob stinkt. Hinter einem Prahler darf man nie viel suchen. Lange Zunge, kurze Hand; großer Redner, kleiner Täter; Sagen und Tun sind zwei verschiedene Sachen. Gute Menschen kennen sich zu gut, als dass sie sich selber ihr Lob singen. Es ist auch nicht nötig, denn wenn sie wirklich gut sind, so merken es die Leute schon mit der Zeit, ohne dass man es ihnen auf die Nase bindet. Ein unwissender Mensch kann nichts besseres tun als still sein, denn durch das Schweigen verrät sich niemand. Wenn er aber seine eigene Unwissenheit und Dummheit ausposaunt, so wissen die Leute bald, was sie von ihm zu denken haben.

Jähzorn

Ein Zorniger ist wie ein Reiter, mit dem das Pferd durchgeht. Wenn der Zorn mit einem Menschen durchgeht, wer weiß, wo er ihn hinträgt! Wenn ein Reiter die Kontrolle über sein Pferd verloren hat, rennt es mit ihm über Hecken und Gräben und zuletzt stürzt er vielleicht in einen Abgrund und bricht sich den Hals. Du kannst niemals, wenn du ruhig bist, sagen, wozu du im Zorn fähig bist, darum ist es besser, du vermeidest die Gefahr. Wenn du merkst, dass du hitzig wirst, dann steh lieber auf und geh hinaus, bis du dich abgekühlt hast. Wenn du Schießpulver in der Tasche hast, darfst du nicht an einen Ort gehen, an dem Funken umherfliegen. Wenn du reizbar bist, entferne dich, wenn man dich necken will. Lass dich lieber in keinen Streit ein.

Durch Zorn wird nichts gebessert; im Gegenteil, Zorn ist schädlich, sogar für die Gesundheit des Körpers. In Jähzorn geraten ist fast so schlimm wie Krämpfe bekommen. Eine Beleidigung oder ein Unrecht ruhig hinnehmen ist lange nicht so schädlich wie sich darüber aufzuregen. Der Zorn verkürzt das Leben und raubt den Frieden.

Wenn du dich einmal vom Zorn besiegen lässt, maßt der Zorn sich die Herrschaft an und sein Sieg wird ihm immer leichter. Wer sich wegen einer Kleinigkeit ärgert, wird bald wegen eines Nichts aufbrausen. Bei einem Gewitter wird die Milch sauer und der Jähzorn verfärbt das Herz und verdirbt den Charakter.

Der Zornige verschließt die Augen und öffnet den Mund, und bevor er es merkt sagt er etwas, was ihm später Leid tut. Besser du beißt dir auf die Lippen, als dass du etwas sagst, was du in deinem ganzen Leben nicht wieder gutmachen kannst. Es ist leichter, einen Ochsen gar nicht erst in einen Glasladen hineinzulassen, als ihn hinauszujagen, wenn er einmal drin ist.

Der Zornige trägt einen Mörder in sich, darum, je schneller er sich abkühlt, desto besser ist es für ihn und für die anderen. Er muss einst nicht nur für seine Worte und Taten, sondern auch für seine Gefühle Rechenschaft geben und diese Rechenschaft kann ihn viele Tränen kosten.

Es ist grausam hitzige Leute zu reizen. Dir mag es zwar Spaß machen, aber für sie ist es der Tod, jedenfalls der Tod ihres Seelenfriedens und es kann noch zu Schlimmerem führen. Wir wissen, wer gesagt hat: „Wehe dem Menschen, durch den Ärgernis kommt."

Einem Wütenden geh aus dem Weg wie einem tollwütigen Hund, aber tue es auf freundliche Weise, sonst machst du ihn noch zorniger. Wenn du weißt, dass einer ärgerlich ist, dann ärgere ihn nicht noch mehr. Wenn ein Mensch ärgerlich ist, ärgert ihn die Fliege an der Wand, darum behandle ihn mit Vorsicht. Und wenn du ihm still aus dem Weg gehst, dann bete für ihn, denn ein Mensch im Jähzorn ist ein trauriger Anblick. Es ist, als würde man das Nachbarhaus brennen sehen und hätte kein Wasser zum Löschen.

Wir wollen hoffen, dass der Mann auf dem wilden Pferd in einen weichen Graben fällt und das nächste Mal schlauer ist, und nicht das wilde Pferd besteigt.

Du Elender

Ein fröhlicher Christ hat einmal gesagt, im Leben eines wahren Christen geht es immer nach dem Motto: gut, besser, am besten. Das stimmt einerseits, aber wenn wir unser eigenes Herz erforschen, so müssen wir unserer fleischlichen Natur ganz andere Eigenschaftswörter zuweisen. Es ist uns oft als müssten wir sagen: schlimm, schlimmer, am schlimmsten. In dem Herrn ist lauter Licht, in uns ist lauter Dunkelheit. In dem Herrn haben wir Gerechtigkeit und Stärke, in uns selbst nur Sünde und Schwachheit.

Ein Freund von mir hatte einen redefreudigen Papagei, der durch sein Geschrei einen alten nebenan wohnenden Pfarrer oft ganz unglücklich machte. Er schrie nämlich durchgehend: „Du Elender!", und der alte Mann fühlte sich von diesem immer wiederkehrenden Ton so getroffen, dass er zuletzt ganz mutlos wurde und den Nachbar bat den Papagei zu entfernen. Mir geht es anders. Als ich diese Geschichte hörte, dachte ich, es wäre gar nicht übel, wenn ein solcher Papagei bei mir im Studierzimmer wäre. Aber vielleicht tut mir das Vögelchen in meiner Brust denselben Dienst. Es singt mir oft die Worte ins Ohr: „Ich elender Mensch!" Ich finde, dass es ganz recht hat und mein Herz singt die Melodie nach. Der Schatten meiner Schwachheit schwebt immer über mir. Ich wage nicht den Kopf hoch zu tragen, denn ich fühle die Sünde in meinem Inneren. Ich wünsche auch gar nicht, dieses Gefühl von Beschämung loszuwerden, denn ich kann am besten beten, wenn ich den schmerzlichen Ton der Selbstanklage höre. Ich liebe Jesus dann am meisten, wenn ich am meisten sein reinigendes Blut brauche. In der Geistlichen Wanderschaft ist mein Schritt am schnellsten, wenn mein Herz ruft: „Gott sei mir Sünder gnädig!" Diejenigen, die sich vor dem Sturm fürchten, beeilen sich am meisten nach Hause zu kommen. „Wohl dem, der Gott allewege fürchtet!" (Spr. 28, 14) Die, die am wenigsten Eigenes haben, besitzen am meisten von Christus, darum heißt es: „Selig sind, die da geistlich arm sind." Ich will mir einmal meinen Text von einem Papagei geben lassen und eine kleine Predigt halten über das Wort: „O du Elender".

Die Worte passen zu mancher Zeit und an manchem Ort genau zu uns. Zum Beispiel: Unser Herr ist sehr gnädig gegen uns gewesen, Er hat ungezählte Male unsere Gebete erhört und seine Verheißungen erfüllt, Er hat uns aus sechs Trübsalen errettet und in der siebten hat uns kein Übel berührt, wir sind durch Feuer und Wasser gegangen und der Herr hat uns vor allem Übel bewahrt. Wenn wir in der nächsten Trübsal ungläubig und verzagt werden, was haben wir dann für eine Entschuldigung? Wenn wir dann unserem Gott nicht alles Gute zutrauen, so mag unser Gewissen wohl mit Recht sagen: „O du Elender, du Elender!" Wir sind doch ziemlich elende, erbärmliche Menschen, weil wir Gott nicht alles Gute zutrauen, dass wir an seiner Liebe und an der Wahrheit seiner Worte zweifeln, dass wir meinen, seine Treue könnte wanken, Er könnte die Seinen vergessen. Wir sollten sagen: „Weg mit dir, Unglaube! Ich glaube an Gottes Verheißung!"

Nichts erniedrigt uns so wie der Unglaube und über keine Sünde sollten wir so ernstlich Buße tun, wie über den Mangel an Gottvertrauen. Es ist eine große und schwere Sünde, Dem, der nicht lügen kann zuzutrauen, dass Er sein Wort nicht hält. Welche Quellen des Bösen müssen in mir sein, wenn solche Ströme des Unglaubens und Misstrauens aus meinem Inneren kommen!

Ein anderes Übel ist, dass wir uns während des Tages so oft im Herzen von Gott entfernen. Unsere Liebe hängt sich an irdische Dinge und wir stellen Götzenbilder neben das Bild des Geliebten unserer Seele auf. Dagon wird dicht neben der Bundeslade aufgerichtet. Wenn uns die Gnade nicht hielte, so würden wir unseren Herrn verlassen, denn wir sind sehr oft nahe daran. Die Abgötterei tritt beinahe an die Stelle unseres Gottesdienstes. Unsere Liebe zum Geschöpf verleitet uns des Schöpfers Güte zu unterschätzen, ja, uns zu beklagen, wenn uns der Gegenstand einer zu zärtlichen Liebe genommen wird. Dann können wir mit uns schimpfen: „Ich Elender, wie kann ich in der Jagd nach falschen Freuden so vom Ziel abirren?" Die Bäche irdischer Freude sind uns schon so oft versiegt – warum fliehen wir immer wieder zu ihnen? Wir sind so oft zu den löchrigen Brunnen gegangen und haben kein Wasser darin gefunden, warum vertrauen wir ihnen immer wieder und verlassen die lebendige Quelle?

Unser Gewissen könnte auch so manch einem von uns ein Wörtchen darüber sagen, dass er sich im Ärger zu einem bösen Wort verleiten ließ. Nicht alle unterliegen dieser Versuchung, aber bei manchen ist es geradezu die Lieblingssünde. Manche

Christen verlieren aus Versehen ihr inneres Gleichgewicht, reden scharfe, lieblose Worte und haben sehr unheilige Gedanken. Dann ruft das Gewissen laut und scharf: „O du Elender!" Christus hat dir alle Sünden vergeben, und du wirst noch so leicht zornig, du findest es so schwer deinem Bruder, der gegen dich sündigt, zu vergeben? Der große Gläubiger hat dir von sich aus zehntausend Pfund erlassen und du findest es schwer deinem Bruder die hundert Groschen zu erlassen. Sieh doch ein, wie gefährlich der Jähzorn ist und wie abscheulich es von uns ist, dass wir uns ihm hingeben. Der Heilige Geist lehre dich Geduld und Sanftmut in der Nachfolge deines sanftmütigen Herrn.

Unzählig oft im Laufe eines Tages könnten wir die Mahnung brauchen, die jener Vogel so ahnungslos vor sich her sprach. Wenn unser Herz nur weich genug wäre sie immer wieder zu empfinden! Wenn wir bedenken, was wir von uns selbst aus sind, müssen wir uns wie Staub zu den Füßen des Heilands vorkommen. Was ist denn Liebenswertes an uns? Und dennoch liebt Er uns. Wir sind nur elende Menschen in uns selbst, wie der Apostel sagt, aber so ungeheuer groß und reich ist die Liebe und Gnade Gottes, dass wir für Jesus so wertvoll sind, als wären wir vollkommen, dass Er uns so liebt, als hätten wir nie gesündigt.

Wir müssen in unserem Herzen immer ein tiefes Gefühl der demütigenden Wahrheit haben, dass wir selbst nur Staub und Asche wären, Sünde und Unreinheit, elende, erbärmliche Wesen im schlimmsten Sinn des Wortes, wenn die Gnade nicht wäre. Wenn ein Mensch anfängt so über sich selbst zu denken: „Nun, etwas Gutes ist am Ende doch in meinem Fleisch", so kannst du überzeugt sein, dass er nichts von wahrem Wert in sich hat. Wenn wir uns einmal dem Betrug hingeben, die innewohnende Sünde hätte keine Macht mehr über uns, dann sind wir ganz in ihre Netze verstrickt. Wenn wir meinen, wir könnten uns in den Strahlen unserer Tugend sonnen, dann sind wir ganz mit Schmutz bespritzt und überzogen. Die Lobreden, die wir über uns selbst halten, sind ein sicheres Zeichen geistlicher Krankheit. Alles Vertrauen auf unsere eigene Erfahrung oder Weisheit ist eine Grundlage aus unzuverlässigem Sand. Kein bodenloser Sumpf, kein verborgenes Glatteis ist trügerischer als eine schmeichelnde Überschätzung der menschlichen Natur.

Ein alter Schriftsteller sagt: „Wenn ein Mensch dem anderen ins Herz sehen könnte, so wäre kein Verkehr unter den Menschen, kein Verkauf und Kauf. Sie würden sich zerstreuen und jeder für sich selbst leben." Der Dichter sagt uns nicht, was der Mensch tun würde, wenn er sein eigenes Inneres unverhüllt im Spiegel sehen könnte. Es ist nicht zu viel gesagt, wenn ich behaupte, es würde ihn wahnsinnig machen. Sooft wir tadelsüchtig ausrufen: „Schau mal, wie sich diese Menschen aufführen! Wenn ich an ihrer Stelle wäre, wie viel besser würde ich mich benehmen", sind wir schon sehr nahe daran zu stolpern. Ach, wir kennen uns selbst nicht, sonst würden wir, anstatt uns über das Lob der Menschen zu freuen, oft erschrecken, wenn eine leise Stimme uns zuflüstert: „O du Elender!"

Wenn du einen Vogel hast, der dir zuruft: „O du Guter!", so dreh ihm den Hals um, aber wenn er schreit: „Du Elender", so danke Gott, dass dir doch jemand die Wahrheit sagt, wenn es dein Herz oder dein Nebenmensch schon nicht tut.

Der Herr erhalte uns stets leer von uns selbst und voll von Ihm, damit, wenn wir auch mit Asaf traurig bekennen müssen: „Da war ich ein Narr und wusste nichts, ich war wie ein Tier vor Dir", wir auch wie Asaf fortfahren können: „Dennoch bleibe ich stets an Dir; denn Du hältst mich bei meiner rechten Hand." (Psalm 73, 22. 23)

Warnung vor gefälschten Nachahmungen

Man liest oft in Zeitungen solche Anzeigen und ihr könnt nichts besseres tun, als sie euch zu merken. Hütet euch vor falschen Nachahmungen des Evangeliums und zwar ganz besonders vor der katholischen Fälschung, bei der anstelle Christi der Priester tritt, bei der gelehrt wird, anstatt an das Blut der Versöhnung an den Priester zu glauben. Man braucht nur etwas genauer hinzusehen und man entdeckt schon die Fälschung.

Hütet euch vor der falschen Weisheit, die so oft in Gestalt der so genannten Wissenschaft auftritt. Man stellt Vermutungen auf und zeigt zu ihrer Bekräftigung vermeintliche Tatsachen. Eine Zeit lang schwören die Gelehrten auf die neue Ansicht und man sagt euch, ihr dürft euch nicht dem Fortschritt der Wissenschaft und dem Geist der Zeit entgegenstellen. Aber noch ist nicht viel Zeit vergangen, da wird die neue Ansicht durch eine noch neuere vom Thron gestoßen, die Weisheit von gestern erweist sich als Torheit und sie dient der unfehlbaren Weisheit von heute als Hintergrund, die aber bald demselben Schicksal verfällt wie ihre Vorgängerin. Wenn die Wissenschaft eine sichere Entdeckung gemacht hat, dann wollen wir uns gerne von ihr belehren lassen. Wir wollen die Erkenntnis ganz bestimmt nicht verachten, sondern nach ihr suchen wie nach einem verborgenen Schatz. Aber wir wollen uns nicht durch unbegründete Vermutungen für Narren halten lassen. Wir freuen uns über alles, was der Verstand der Weisen über die herrlichen Werke Gottes entdeckt, aber wir hüten uns vor gefälschten Nachahmungen. Manche Leute halten eine Behauptung schon für einen Beweis, vor solchen hütet euch. „Da sie sich für weise hielten, sind sie zu Narren geworden." Dieses Geschlecht ist noch nicht ausgestorben.

Hütet euch vor falscher Frömmigkeit, einer Frömmigkeit, die den Kampf gegen die Sünde aufgegeben hat, die nichts von dem inneren Verderben weiß, die keine Übertretungen zu bekennen hat und sich keine Sorgen um das Seelenheil zu machen braucht. Es ist leicht ein Scheinvermögen anzusammeln, wenn man Papiere kauft, die nur einen Scheinwert besitzen und es ist leicht in den Ruf großer Frömmigkeit zu kommen, wenn man vorübergehende Regungen für Tatsachen und Einbildungen für Wirklichkeit hält. Wachset in der Gnade, strebt nach der Heiligkeit, wachet und betet, demütigt euch vor dem Herrn. Trachtet danach vollkommen zu sein, wie euer Vater im Himmel vollkommen ist, aber hütet euch vor gefälschten Nachahmungen.

Hütet euch vor Fälschungen der christlichen Tugenden. Es gibt einen Glauben, der sich nicht auf Gottes Wort gründet, sondern auf die Einbildung, nicht auf das Zeugnis des Höchsten, sondern auf augenblickliche Rührungen. Solcher Glaube macht aufgeblasen und anmaßend, er baut nicht das Werk des Heiligen Geistes auf. Nur der Glaube, der allein auf Gott sieht, wie Er sich in Jesus Christus offenbart, ist der selig machende Glaube. Träume, Aufregungen, Visionen, grundlose Versicherungen sind Fälschungen, vor denen wir uns in Acht nehmen müssen.

Es gibt auch eine falsche Hoffnung. Es gibt eine unechte Liebe, eine Anhänglichkeit an Jesus um der Fische und der Brote willen, die er austeilt. Leichtsinn kann aussehen wie Mut, Verdrossenheit wie Geduld, Zudringlichkeit wie Treue und frommes Geschwätz wie wahre Heiligkeit.

Hütet euch vor der falschen Offenbarung. Es gibt ja zur Zeit viele Leute, die behaupten, sie haben Beziehungen zu der Geisterwelt und uns verkünden, was ihnen Wesen aus dem Land der Abgeschiedenen mitgeteilt haben. Auch Christen lassen sich auf so etwas ein, obwohl der Herr seinem Volk verboten hat sich mit Totenbeschwörern einzulassen. Glauben, was ein Geist gesagt haben soll, heißt eine Scheinoffenbarung annehmen. Sie beruht aber auf vollständigem Betrug und ist nicht einmal das, wofür sie sich ausgibt. Wenn die Menschen nicht so dumm wären an Gott zu zweifeln, würden sie nie so tief sinken an den Spiritismus zu glauben.

Und schließlich: Hütet euch vor jeder Unwahrheit im Glauben. Wir wollen uns nicht zu denen zählen, die die Form der Frömmigkeit haben, aber ihre Kraft verleugnen. Wir wollen nicht heuchlerische Gebete darbringen wie die, von denen Jesaja schreibt: „Dieses Volk naht sich mir mit seinem Mund und ehrt mich mit seinen Lippen, aber ihr Herz ist fern von mir und sie fürchten mich nur nach Menschengeboten, die man sie lehrt." (Jes. 29, 13)

Hüten wir uns vor falschem Hören, damit wir nicht denen gleich werden, von denen es in Hesekiel heißt: „Und sie werden zu dir kommen in die Versammlung und vor dir sitzen als mein

Volk und werden Deine Worte hören, aber nicht danach tun; sondern sie werden sie gern in ihrem Mund haben und gleichzeitig weiter nach ihrem Gesetz leben." (Hes. 33,31)

Es gibt falsche Gebete, wie das des Pharisäers. Er tat, als würde er Gott loben, während er in Wirklichkeit nur sich selbst lobte.

Nur die Wahrheit ist dem Höchsten angenehm. Nur echtes Christentum besteht die Probe der Zeit und das Feuer des künftigen Gerichts. Holz, Heu und Stoppeln werden jetzt in solche Formen gebracht, dass sie festen Ziegelsteinen ähnlich sehen, darum müssen wir alle gut aufpassen, damit wir nicht Schaden erleiden an dem Tag, da der Herr erscheint. O, möge der Heilige Geist uns immer das Echte von dem Unechten, das Wahre von dem Falschen unterscheiden lehren.

Der himmlische
und
der irdische Beruf

Der Herr bedarf deiner

Wenn ein junger Mann im Begriff steht sich für einen Lebensberuf zu entscheiden, so ist er geneigt ältere Leute nach ihren Erfahrungen zu fragen. Er fragt ungefähr folgendermaßen: „Ich möchte den und den Beruf erlernen, können Sie mir den empfehlen? Sie sind jahrelang darin tätig, wie gefällt Ihnen die Arbeit?" Der eine wird ihn warnen und ihm antworten, der Berufszweig würde sich zurückentwickeln, ein anderer wird sagen, die Tätigkeit sei sehr anstrengend, so sehr, dass er sie gern so schnell wie möglich aufgeben würde. Ein Dritter wird in Bezug auf seinen Beruf antworten: „Mir gefiel mein Beruf gut. Ich kann nur Gutes berichten, war ich doch durch ihn in der Lage meinen Lebensunterhalt zu verdienen und kann einen Versuch empfehlen."

Wenn ich von meiner eigenen Erfahrung rede, so möchte ich im Blick auf den Dienst des Herrn sagen, dass es mich nie gereut hat in denselben getreten zu sein. Sicherlich hätte ich in dieser Zeit das Übel entdecken müssen, wenn es im Glauben an den Herrn Jesus überhaupt ein Unrecht geben würde. Zu dem einen oder dem anderen Zeitpunkt würde ich herausgefunden haben, dass ich einen Fehlgriff gemacht habe und mich geirrt habe, aber das ist nie der Fall gewesen. Ich habe manches, was ich getan habe, bereut, aber nicht, dass ich dem Herrn Jesus mein Herz gegeben und sein Diener geworden bin. In Zeiten tiefer Niedergeschlagenheit – und ich habe solche nicht selten durchgemacht – habe ich dieses und jenes befürchtet, habe aber nie Misstrauen gegen meinen Herrn und Meister, gegen seine Lehren oder die Vortrefflichkeit seines Dienstes gehabt. Ich habe nie den Wunsch gehabt, zurück in den Dienst des Teufels und der Sünde zu treten. Wenn ich mich nach dem Land zurückgesehnt hätte, aus dem ich herausgezogen bin, es hätte nicht an Gelegenheit zur Umkehr gefehlt. Verlockungen aller Art haben mich bestürmt, Sirenenstimmen versuchten mich an die Felsenklippen zu locken, aber nie, nie von dem Tag an, da ich mich Christus zur Verfügung gestellt habe, habe ich zu mir gesagt: „Es tut mir Leid, dass ich ein Christ geworden bin. Ich bereue es, dass ich dem Herrn diene." Ich glaube deshalb, dass ich ehrlich und aufrichtig aus Erfahrung auch den Dienst empfehlen darf, der mir so gut gefällt. Mag ich auch ein schlechter Knecht gewesen sein, so darf ich doch behaupten, dass niemand einen so liebenswürdigen Herrn und einen so gesegneten Dienst gehabt hat.

Ich möchte zu diesem Zeugnis noch hinzufügen, dass der Dienst Gottes ein so gesegneter ist, dass ich in demselben sterben möchte. Wenn ich durch körperliche Schmerzen nicht im Stande war zu predigen, habe ich die Feder zum Schreiben genommen, und es war mir eine Freude, so meinem Herrn dienen zu dürfen. Wenn aber meine Hand nicht im Stande war, die Feder zu führen, habe ich versucht mit jemandem über meinen Meister zu reden. Ich habe gehört, dass David Brainerd, als er sehr krank war und den Indianern nicht predigen konnte, eines Tages im Bett saß und versuchte einem Indianerjungen das Alphabet beizubringen, damit er lernte die Bibel zu lesen. „Wenn ich nicht auf diese Weise Gott dienen kann, so tue ich das auf eine andere", hörte man ihn sagen. „Ich will niemals diesen gesegneten Dienst aufgeben." Dies ist auch mein persönlicher Entschluss, ein Entschluss, in dem durchaus nichts Verdienliches meinerseits liegt. Ist doch der Dienst des Herrn so schön, denn es ist eine große Freude etwas für unseren großen Vater und Freund zu tun. Deshalb empfehle ich dir, lieber Leser, zu deinem eigenen Besten, den Dienst Gottes aufs dringlichste.

Gott dienen ist das Vernünftigste auf der Welt. Er hat dich geschaffen – sollten deine Dienste nicht deinem Schöpfer geweiht sein? Er ist es, der dich versorgt und am Leben erhält – sollte dieses Leben nicht seiner Verherrlichung geweiht sein? Stell dir mal vor du hast einen Hund, der nie mit dem Schwanz vor dir wedelte, der statt von dir Notiz zu nehmen, jedem anderen auf die Fersen folgt – würdest du nicht bald eines solchen Geschöpfes müde werden, dass dich so wenig als seinen Herrn anerkennt? Wer würde sich eine Maschine bauen oder ausdenken, wenn er nicht erwartete, dass sie ihm Nutzen bringt? So hat Gott dich geschaffen und dein Körper ist wirklich ein wundervoller Mechanismus, auch deine Seele ist etwas Wunderbares. Und du wolltest Ihm nicht gehorchen und nicht an Ihn denken?

Das ist die eigene Klage Gottes: „Höret, ihr Himmel, und Erde, nimm zu Ohren, denn der Herr redet! Ich habe Kinder großgezogen und hochgebracht und sie sind von mir abgefallen! Ein Ochse kennt seinen Herrn und ein Esel die Krippe seines Herrn; aber Israel kennt's nicht, und mein Volk versteht's nicht." (Jes. 1, 2. 3)

Zwanzig Jahre ohne Gott zu leben ist eine entsetzliche Räuberei, wie hast du das nur fertig bringen können! Dreißig oder vierzig Jahre gelebt zu haben ohne Dem Ehrfurcht gebracht zu haben, Der dir den Atem gegeben hat, ohne den du schon längst im Grab gelegen hättest und verzweifelt wärst, ist eine gemeine Übertretung, wie könntest du es wagen darin zu verharren! So lange hast du gelebt, dabei hast du Gott oft beleidigt, gegen Ihn geredet, seinen Tag entheiligt, sein Buch vernachlässigt, dem Sohn seiner Liebe den Rücken zugekehrt, ist das nicht ein volles Maß der Anklage gegen dich? Wird es nicht Zeit, dass du Ihm deinen vernünftigen Gottesdienst weihst? Da Er uns erschaffen, erlöst und bewahrt hat, kann Er es einfach fordern, dass wir seine Knechte sein sollen.

Dieser Dienst ist der ehrenvollste Dienst, den es geben kann. Hast du gesagt: „Herr, ich bin Dein Knecht"? Dann sehe ich wie einen Blitz vom Himmel eine leuchtende Gestalt herniederkommen und meine Fantasie verwirklicht seine Anwesenheit. Dort steht er, eine lebendige Flamme. Es ist ein Seraph, direkt vom Thron Gottes her und was sagt er? „O Herr, ich bin Dein Knecht!" Freust du dich nicht, dass du in solche Gesellschaft treten darfst? Wenn Cherubim und Seraphim es sich zur Ehre anrechnen Diener Gottes zu sein, wer von uns wollte es dann als einen niedrigen Dienst ansehen! Ein Fürst, ein Kaiser, wenn er vor Gott ein Sünder ist, ist im Vergleich mit dem Christen, der in Mühe und Armut Gott dient, nur ein Küchenjunge. Es gibt keinen höheren Dienst unter dem Himmel, als den Dienst Gottes. Ritter des Roten Adlerordens – oder woran ihr sonst hinaufseht – verlieren ihre Herrlichkeit im Vergleich mit dem, den Gott bei der Erscheinung unseres Herrn und Heilands, Jesus Christus, seinen Diener nennen wird. Wenn du ein Knecht Gottes bist, bist du in großartiger Gesellschaft, mein junger Freund.

Lasst mich ferner bemerken, dass dieser Dienst ein Dienst voller Wohltätigkeit ist. Wenn ich ein Geschäft zu übernehmen hätte, würde es mir lieb sein, meine Zeit und Kraft einem Zweck widmen zu dürfen, bei welchem ich niemanden verletzen, sondern vielmehr vielen wohltun könnte. Ich glaube nicht, dass ich mit tödlichen Waffen handeln möchte, schon gar nicht mit geistigen Getränken. Lieber würde ich hungern, als durch den Verkauf von etwas, das meine Mitmenschen unter das Vieh erniedrigt, mein Brot zu erwerben. Es ist meiner Meinung nach etwas Großes, wenn ein junger Mann einen Beruf wählt, mit dem er sich selbst und anderen zum Segen werden kann. Das ist etwas, wofür es sich zu leben lohnt. Wer ein Knecht Gottes wird, tut überall Gutes. Gibt es doch im Dienst des Herrn keinen Teil, der irgendjemandem Schaden zufügen könnte. Der Dienst des Herrn ist lauter Güte, er ist gut für euch selbst und gut für eure Mitmenschen. Denn was verlangt Gott in seinem Dienst anderes, als dass wir Ihn von ganzem Herzen lieben und unseren Nächsten wie uns selbst!

Es ist ferner das Gewinn bringendste Werk unter dem Himmel. „Nicht immer!", wirft jemand ein, trotzdem wage ich es zu behaupten: „Doch immer!" Gott dienen ist jetzt einträglich. Wieso? Sicherlich nicht in barer Münze, aber ein ruhiges Gewissen ist besser als Gold. Das Bewusstsein Gutes zu tun, ist angenehmer als zu wissen, dass man reich und berühmt wird. Haben nicht die meisten unter uns lange genug gelebt um zu wissen, dass der größte Teil der Dinge dieser Welt nur wie der Schaum auf dem Becher ist, den man lieber wegblasen als behalten sollte? Die Hauptfreude des Lebens besteht darin richtig mit sich selbst, mit seinem Nächsten und seinem Gott zu stehen. Und wer mit Gott ins Reine kommt, was bliebe dem noch zu wünschen übrig? Für alles, was er um der Sache Gottes willen zu dulden hat, findet er in dem Frieden des Herzens reichen Lohn.

In der Schweiz stand einst ein Märtyrer barfuß auf dem Scheiterhaufen um verbrannt zu werden. Das ist wirklich kein angenehmer Platz. Er rief den Magistratsbeamten zu sich, der die Hinrichtung zu beaufsichtigen hatte und bat ihn: „Wollt Ihr, bitte, die Hand auf mein Herz legen? Der Feuertod steht mir ganz nahe bevor. Legt Eure Hand auf mein Herz. Sollte es schneller als gewöhnlich schlagen, so glaubt nicht an meinen Glauben." Der Beamte legte zitternd die Hand auf des Märtyrers Brust und fand, dass diese so ruhig war, als ob er sich auf ein Bett zur Ruhe niederlegen wollte. Das ist etwas Großes! Das Blümlein der Seelenruhe im Knopfloch, den Juwel der Zufriedenheit an der Brust tragen zu dürfen, das ist der Himmel auf Erden.

Es ist mir, als hörte ich jemanden sagen: „Ich will kein Knecht sein!" Aber mein Freund, du kannst nicht anders, du musst jemandes Knecht sein. „Nun, dann will ich mir selbst dienen", sagt jemand. Entschuldige, du Mutiger, wenn ich dir ins Ohr flüstere: „Wenn du dir selbst dienst, dienst du einem Dummkopf!" Wer sein eigener Diener ist, der ist der Sklave eines Sklaven. Du willst sicherlich jemandem dienen. Du wirst auch Fesseln tragen, wenn du dem Meister dienst, den die meisten Menschen sich erwählen. Gibt es einen denkenden Menschen in Ketten gleich dem, der sich „freidenkend" nennt? Gibt es einen Menschen, der so leichtgläubig ist wie der, der nicht an die Bibel glauben will? Er verschluckt eine Tonne voll Schwierigkeiten, während er sich beklagt, dass wir ein Gramm davon verschluckt haben. Eine gewisse Sorte von Menschen braucht viel mehr Glauben als wir ihn haben. Hat doch der Unglaube es mit viel schwereren Problemen zu tun als der Glaube.

Und sieh dir den an, der seinen freien Gedanken nach lebt, welch eine Knechtschaft ist sein Leben! „Wo ist Weh? Wo ist Leid? Wo ist Zank? Wo ist Klagen? Wo sind Wunden ohne jeden Grund? Wo sind trübe Augen? – Wo man lange beim Wein sitzt und kommt auszusaufen, was eingeschenkt ist." (Spr. 23, 29. 30) Wer anders hat Eiter in den Knochen, wenn nicht der, der seinen Leidenschaften frönt? Der elendste Galeerensklave und der bedauernswerteste Leibeigene ist nicht halb so geknechtet, wie der junge Mann, der, von seinen Lüsten geleitet, wie ein Ochse zur Schlachtbank, seinem eigenen Verderben entgegengeht, indem er sich zum Opfer seiner Leidenschaften macht. Wenn ich ein Sklave sein müsste, wollte ich lieber der Sklave eines Wilden als mein eigener Sklave sein. Das wäre der tiefste Abgrund der Erniedrigung. Du musst irgendjemandes Diener sein, anders kommt man nicht durch die Welt, doch es ist das Schrecklichste, sein eigener Sklave zu sein. „So erwählt euch denn heute, wem ihr dienen wollt" (Jos. 24, 16), denn dienen müsst ihr nun einmal. Jedem Menschen ist seine Aufgabe zugeteilt, mag er nun ein Fürst oder ein armer Mann, ein Millionär oder ein Bettler sein. Je höher ein Mensch steigt, desto mehr hat er seinen Mitmenschen zu dienen. Du musst dienen, o, dass du in den Dienst Gottes treten wolltest!

Es ist noch Platz für dich. Andere Stellen sind überfüllt. Hunderte von jungen Leuten gehen von einer Firma zur anderen und bitten um Beschäftigung um sich ihren Lebensunterhalt zu erwerben. Ich bedaure es sehr, dass sie in vielen Fällen vergeblich bitten. Manche laufen sich die Schuhe von den Füßen um Arbeit zu bekommen, wie herzlich wünsche ich ihnen, dass sie finden mögen, was sie suchen! Im Dienst Gottes ist Platz für alle und er ist willig sie anzunehmen. Und lass mich dir sagen, dass wenn du dich in seinen Dienst begibst, Er dir in allem helfen wird, was dir in dieser Welt befohlen ist.

Man sagt, der Christ sei ein Dummkopf. O, ihr stolzen Widersacher, auch wenn wir diesen Namen nicht über euch aussprechen, so könnten wir euch mit Recht für solche halten! Ich kenne viele Gläubige, bei denen es sehr gefährlich sein würde, sie zu behandeln, als wären sie dumm, wer es dennoch tun wollte, würde bald herausgefunden haben, dass er sich sehr geirrt hat. Mir gefällt ein Christ, weil er in jeder Hinsicht besser ist, eben weil er Christ ist. Er sollte sowohl ein besserer Arbeiter und Angestellter, als auch ein besserer Meister, ein besserer Geschäftsmann und Handwerker sein. Das, worin du jetzt tüchtig und geschickt sein magst, würdest du als Diener Gottes mit Sicherheit noch besser verrichten können.

Die Arbeit im Weinberg

Gebt mir Messer und Gabel und etwas zu essen, sagt der Hungrige. Er braucht keine weitere Ausrüstung, sobald er die Möglichkeit bekommt etwas zu essen, geht er frisch ans Werk. Einem Menschen, der Hunger danach hat etwas Gutes zu tun, geht es da genauso. Wer ernsthaft für Gott und das Wohl der Menschen wirken möchte, sagt nur: Gebt mir Gelegenheit und die Möglichkeit sie zu benutzen, mehr brauche ich nicht.

Manche Menschen verwenden einen großen Teil ihres Lebens darauf einen Wirkungskreis zu suchen und den Rest ihres Lebens verbringen sie dann hauptsächlich damit sich nach einem größeren Wirkungskreis umzusehen. Sie brauchen die 12 Stunden des Tages um zu sehen, in welchem Teil des Weinbergs sie am besten arbeiten können. Wenn sie gleich an die Arbeit gingen, anstatt so lange zu überlegen, so würde dabei auch etwas heraus kommen. Würden sie danach streben in einem Beruf erfolgreich zu werden, so würden sie auch zur rechten Zeit den Beruf finden. Und wenn sie dann neben der Erfüllung des Berufs immer an sich arbeiteten und gewissenhaft alle Gelegenheiten benutzten, so würden sie etwas zu Stande bringen und mit der Zeit wahrscheinlich auch einen größeren Wirkungskreis finden. Wo man seine Wirksamkeit beginnt, darauf kommt es nicht an.

Wenn ein Mensch von Gott zum Predigtamt berufen ist, so braucht er nichts weiter als eine Kanzel und einen überdachten Ort, an dem die Zuhörer vor Wind und Regen geschützt sind. Wenn uns gleich am Anfang alle Wege geebnet und alle Schwierigkeiten weggeräumt sind und wir schnellen Erfolg haben, so sind wir viel mehr in Gefahr uns gehen zu lassen und nicht mehr an uns zu arbeiten. Wenn wir unsere Arbeit aber unter ganz ungünstigen Verhältnissen anfangen, wenn alles gegen uns ist, wenn unsere Vorgänger im Kampf mit den Widerwärtigkeiten unterlegen sind und wenn wir dann schließlich doch Erfolg haben, dann werden wir gleichzeitig auch Weisheit und Kraft erhalten, was für uns persönlich noch wertvoller ist als der Erfolg.

Viele großen Männer verdanken ihre Größe den schrecklichen Schwierigkeiten, die sie überwinden mussten. Der harte Fels, den sie gebrochen haben, trägt ihren Namen und hat sie unsterblich gemacht. Oberlin war ein berühmter Pfarrer; aber wenn er gleich in eine Stadt gekommen wäre um jeden Sonntag einer Gemeinde von reichen Straßburger Bürgern zu predigen, dann hätte die Welt vielleicht nie von ihm gehört. Aber gerade weil das Steintal so unfruchtbar, so abgelegen, so unzivilisiert war, konnte er an seiner Gebirgsgemeinde die bildende und veredelnde Macht des Evangeliums erweisen. Das rauhe, abgelegene Steintal wurde durch ihn die Wohnung einer edlen, erleuchteten Gemeinde.

Aber wir müssen auch wissen wozu wir berufen sind, damit es uns nicht so ergeht, wie dem Prediger, der vorher ein Schuhmacher war. Einer aus seiner Gemeinde fragte einen anderen: „Wie gefällt dir unser neuer Pfarrer?" „Ich glaube, dass er vor vier Jahren mehr geleistet hat." „Aber damals hat er ja gar nicht gepredigt; da war er noch ein Schuhmacher." „Das meine ich eben. Seine Schuhe waren viel besser als seine Predigten."

Zuerst müssen wir Gefäße werden, die unser Herr brauchen kann. Wenn das durch die belebende und heiligende Kraft des Heiligen Geistes geschehen ist, so müssen wir auf den Herrn warten und zu Ihm sprechen: „Zeige mir, was ich tun soll." Wenn dann nicht gleich eine Aufgabe bereit liegt, so müssen wir gehorsam warten; natürlich nicht mit geschlossenen Augen, aber ebenso wenig mit einer Hast und Aufregung, infolge deren wir unvernünftig auf eine Arbeit losstürzen um vielleicht genausoschnell davon wegzustürzen. Es ist nicht unsere Aufgabe, Türen aufzubrechen, aber wenn die Tür offen steht, müssen wir gleich eintreten. Wenn wir laufen, bevor wir gesandt worden sind, kehren wir vielleicht bald mit gesenktem Haupt und langsamen Schrittes wieder zurück. Aber wenn wir mit aufmerksamem Ohr auf den Ruf warten, können wir, wenn er kommt, mutig und sicher vorwärts gehen. Wir müssen aber ehrlich und von ganzem Herzen auf den Ruf Gottes warten, nicht nur so tun als würden wir darauf warten. Wir müssen nicht nach dem ausschauen, was uns gefällt, sondern nach dem, was uns angewiesen ist. Wir müssen gehen, wohin Gott uns schickt, nicht wohin es uns beliebt. Wenn wir wählerisch sind und nur nach dem ausschauen, was wir uns ausgedacht haben und was unserem Ich zusagt, werden wir zu keiner ordentlichen Arbeit kommen. Eigensinnige Menschen versäumen manche gute Gelegenheit, nach der sie sich später zurücksehnen. Manch ein Jona ginge jetzt gerne nach Ninive, wenn der Herr ihn nur schicken würde. „Es ist auch Ebbe und Flut im Menschenleben. Wenn wir die Flut benutzen, trägt sie uns zum Glück." Und in den Dingen des ewigen Lebens, im Dienst unseres Gottes, gibt es auch eine Flut, die uns zu einer gesegneten Wirksamkeit trägt. Wenn wir sie aber verpassen, so liegt unser Schifflein vielleicht für immer im Hafen und uns bleibt nur die Reue über die versäumte Gelegenheit.

„Alles, was dir vor die Hände kommt, es zu tun mit deiner Kraft, das tu." (Prediger 9, 10) O Diener des Herrn, arbeite für Ihn, wie du Gelegenheit findest. Das Nächstbeste, was dir vor die Hände kommt, ist vielleicht nichts großes, aber es ist gut für den Anfang. Arbeite mit Eifer und mit deinem ganzen Herzen und glaube, dass dein Herr für das augenblickliche Bedürfnis auch augenblickliche Hilfe bereit hat. Gib dich dem hin, was Gott dir aufgibt und dein Herr und die Seinen werden sehen, was du leistest. Wenn dir eine höhere Stelle gebührt, so wird dich der Herr des Hauses bald höher rücken lassen. Christus braucht jetzt ebenso wie früher Menschen, die Ihm von ganzem Herzen und von ganzer Seele und mit ganzer Kraft dienen und solche Menschen werden nicht lange müßig stehen. Der Mensch muss nicht lange warten, bis der Ruf an ihn kommt, aber mancher Ruf ergeht und es ist niemand, der ihn hört.

Diene nur zuerst als einfacher Fußsoldat in dem Heer des Herrn. Du musst von unten anfangen zu dienen, dann wird dich die Gnade des höchsten Königs zum Lohn für den Dienst, den du getan hast, für die Beschwerden, die du ertragen hast, zu einer höheren Stelle befördern. Wer hinauf kommen will, muss zuerst hinabsteigen. Wer auf dem Weg der Selbstverleugnung abwärts geht, der hat schon die Bergspitze der Ehre erreicht. Wer sich für den Geringsten hält, ist schon der Größte. Bescheidenes Dienen, freundliche Nachsicht, einfühlsame Teilnahme, vollkommene Aufopferung, tiefe Demut – das sind Dinge, die uns für einen höheren Platz fähig machen und die wir alle üben müssen. Ohne sie wäre eine angesehene Stellung eine gefährliche Ehre.

Bleibe an deinem Posten

„Der rundeste Zapfen passt selten in ein rundes Loch, man muss ihn vorher schleifen", hat ein weiser Mann gesagt. Es gibt keine Stellung im Leben, in der es einem nicht zuerst unbehaglich ist. Ich weiß noch gut, wie unglücklich ich am ersten Abend in einer Schule war, in der ich mich später sehr glücklich fühlte. Und wie schwer wurden mir die ersten Monate meiner Wirksamkeit in London, in der ich jetzt mein höchstes Glück finde! Darum lasse sich keiner entmutigen, wenn es ihm in neuen Verhältnissen zunächst nicht gefällt.

Es ist ganz natürlich, dass uns eine neue Aufgabe anfangs schwer vorkommt. Die Last passt noch nicht zu der Schulter und die Schulter nicht zu der Last. Es wäre aber eine große Dummheit deswegen die Last abzuwerfen. Warte eine Weile, die Zeit tut Wunder. Was dir jetzt eine Quelle des Unbehagens ist, macht dir später vielleicht die größte Freude. Du kannst nichts dümmeres tun als weglaufen und dir etwas neues suchen, denn das Neue bringt zuerst wieder Prüfungen in neuer Gestalt und du hast wieder die Unannehmlichkeit des Umgewöhnens, die du schon bald hinter dir hättest. Die Zeit, die du auf deiner ersten Stelle verbracht hast, ist verloren. Die ersten Sprossen der Leiter, die am schwierigsten sind, musst du noch einmal erklimmen. Und wer weiß, ob du nicht vom Regen in die Traufe kommst.

Für manche Menschen hat die Veränderung allerdings einen großen Reiz, aber trotzdem finden sie oft Dornen unter den Rosen. Oft sind gerade die Schwierigkeiten und Unebenheiten deines Weges ein Beweis, dass es der Weg ist, auf den dich die Vorsehung geführt hat, denn der Weg der Pflicht ist selten ganz glatt und eben.

Und so ist es nicht nur mit deinem eigentlichen Beruf, sondern auch mit mancher Arbeit, die du freiwillig übernommen hast. Du bist vielleicht ein Sonntagsschullehrer geworden und findest die Arbeit lange nicht so anziehend wie du gehofft hattest. Die Kinder sind unartig und unaufmerksam und du bist nicht so begabt wie du glaubtest. Wenn du deshalb die Arbeit aufgibst, dann gehörst du zu denen, die die Hand an den Pflug legen und dann zurückschauen. Gib dir lieber doppelte Mühe und du wirst bald Freude an der Arbeit haben. Aller Anfang ist schwer, aber mach mutig weiter, das Eis ist bald gebrochen und dann geht alles gut.

Jeder Beruf hat seine Schattenseiten. Wenn wir immer auf der Suche nach etwas besserem sind, haben wir ständig Unruhe und jede Veränderung bringt uns dieselben oder noch größere Widerwärtigkeiten. Es geht uns dann wie jener Familie aus einem Märchen, die die Schuld an allem Unglück ihres Hauses einem Kobold zuschrieb, der bei ihnen wohnte. Die Leute wussten sich schließlich nicht mehr zu helfen, denn nichts gelang, weder im Haus noch auf dem Feld. Sie beschlossen darum einen anderen Wohnort zu suchen, packten alle ihre Habe auf einen Wagen und machten sich auf den Weg. Aber kaum hatten sie das Haus verlassen, da rief eins von den Kindern: „Der Kobold ist im Butterfass, der Kobold zieht mit uns!"

Das, was unseren Erfolg hindert, ist gewöhnlich in uns selbst, und geht mit uns, wenn wir unsere Stelle verlassen. Und wenn wir nicht selbst einen Kobold mitnehmen, dann wartet bestimmt einer auf uns an dem neuen Ort. Jeder Weg hat unebene Stellen und auf jedem Meer gibt es hin und wieder einen Sturm. Es ist weiser das gegenwärtige Übel zu ertragen, als zu einem zu fliehen, das man nicht kennt. Wahrscheinlich ist unsere augenblickliche Lage die beste für uns.

Welches Recht haben wir der Weisheit und Güte Gottes, der uns an diese Stelle gesetzt hat, zu misstrauen? Wir würden besser daran tun unserem eigenen Urteil zu misstrauen, wenn es uns zum Murren und zur Unzufriedenheit verleitet. Es kann ja Fälle geben, in denen wir unsere Stelle verlassen oder eine Arbeit für das Reich Gottes aufgeben müssen, aber das erfordert viel Nachdenken und Gebet. Wir dürfen nur an das denken, was zu Gottes Ehre dient, nicht an das, was uns selbst angenehm ist. Ein Baum, der oft verpflanzt wird, kann nicht viel Frucht tragen. Wer es mit jeder Arbeit ein Weilchen versucht, wird ein Tausendkünstler, der nichts richtig kann. Größere geistliche Kraft, die wir durch innige Gemeinschaft mit Gott erhalten und ein festerer Entschluss zu seiner Ehre zu leben hilft uns, Schwierigkeiten zu überwinden und einen guten Erfolg zu erreichen. Nichts ist so hart, dass es nicht von etwas härterem zerschnitten werden könnte. Selbst der Diamant muss sich schleifen lassen. Doppelte Kraft macht leicht, was unmöglich schien. Darum ändere nicht deine Stelle, ändere dich selbst. Erst wenn du das getan hast, wenn du wirklich innerlich gewachsen bist, darfst du an eine Änderung deiner äußeren Verhältnisse denken.

Ich rede so, weil ich weiß, dass manch ein junger Mensch sich am Anfang seiner Laufbahn entmutigen lässt. Wenn er aber schon am Anfang das Ende sehen könnte, wäre er glücklich und dankbar. Mut, lieber Freund, du hast einen großen Helfer, hoffe auf Stärke von dem Starken. Warum soll denn alles glatt und eben sein? Bist du denn ein solches Kind im Glauben, dass du nur die allerleichteste Arbeit tun kannst? Sei ein Mann und benimm dich wie ein Mann. Nimm dir vor, jetzt und an dem Posten, an dem du stehst, die Fahne hochzuhalten und die Stellung zu halten.

So manch einer ist unter allen erdenklichen Schwierigkeiten in seinen Beruf eingetreten. Monate und Jahre vergingen und es schien immer, als würde er umsonst arbeiten. Schließlich aber gelang es ihm doch und er pries Gott, der ihn genau auf den richtigen Posten hingestellt hatte. Es wäre das größte Unglück für ihn gewesen, wenn er in einem Anfall der Verzagtheit die Flinte ins Korn geworfen und seinem Arbeitsplatz den Rücken gekehrt hätte. Wenn wir uns nur unserer Stelle anpassen, dann passt sich die Stelle an uns an. Wenn wir uns unter dem Druck des Augenblicks zur Flucht wenden, handeln wir vielleicht unser ganzes Leben lang immer unter dem Druck der Feigheit. Aber wenn wir der ersten Schwierigkeit fest ins Auge sehen, dann können wir hoffen, dass wir am Anfang einer segensreichen und auch ehrenvollen Wirksamkeit stehen.

Reichtum

Wenn du Lust hast dir eine ungewöhnlich große Birne zu kaufen, so lass es entweder bleiben oder mach dich auf eine Enttäuschung gefasst, denn die Birne ist wahrscheinlich geschmacklos und mehlig. Übermäßig große, unnatürlich getriebene Früchte haben nie den zarten Geschmack der natürlichen Früchte. Was man an Menge gewinnt, verliert man an der Qualität. Genauso geht es auch oft mit großem Reichtum, mit großer Ehre und gehobener Stellung. Es ist nicht so viel dahinter wie man bei oberflächlicher Betrachtung meint, denn zum einen wachsen die Sorgen und Versuchungen im selben Maß wie Reichtum und Ansehen und zum anderen bewirkt jeder übermäßige Genuss bald Übersättigung, sodass keine Freude mehr dabei ist.

Ein mäßiges, sicheres Einkommen macht glücklicher als ungeheurer Reichtum. Die Achtung weniger erfreut mehr als die Anerkennung vor der großen Menge. Stilles Wirken in bescheidenen Verhältnissen befriedigt mehr als eine hohe, glänzende Stellung. Genug schmeckt besser als zu viel. Salomo sagt: „Besser ein Gericht aus Kraut mit Liebe als ein gemästeter Ochse mit Hass." (Spr. 15, 17) Die Wahrheit dieses Wortes ist uns besonders einleuchtend wenn wir daran denken, wie oft ein „gemästeter Ochse", das heißt etwas besonders wertvolles, der Anlass zu Zank und Streit wird, während man keinen um sein „Gericht aus Kraut" beneidet. Auch das andere Wort ist weise: „Armut und Reichtum gib mir nicht." Wer so denkt, nimmt die kleinere aber die süßere Birne. Am Besten ist es aber, wenn wir gar nicht selbst wählen, sondern alles unserem himmlischen Vater überlassen.

Trachtet zuerst

Ein alter Geschäftsmann sagte einst zu seinem Sohn: „Wilhelm, ich freue mich ja, dass du so gläubig bist, aber nimm meinen Rat an und sei vernünftig. Ich bin jetzt vierzig Jahre im Geschäft gewesen und mein Rat ist: kümmere dich um dein Unternehmen, verdiene Geld und erst dann achte auf deinen Glauben."
Wie junge Leute nun mal sind, so hatte auch dieser junge Mann angefangen für sich selbst zu denken und seine Gedanken hatten die richtige Richtung eingeschlagen. Er antwortete dementsprechend: „Vater, ich bin dir immer dankbar für deine guten Ratschläge gewesen, aber diesmal kann ich deinen Rat nicht befolgen. Heißt es nicht in der Schrift: 'Trachtet zuerst nach dem Reich Gottes und nach seiner Gerechtigkeit'? Ich kann mich deshalb nicht zuerst aufs Geldverdienen konzentrieren, sondern muss sofort Gott dienen, hoffe aber, dass ich trotzdem nicht weniger aufmerksam und fleißig im Geschäft sein werde."
Es ist eine gute Regel, so anzufangen, wie man fortfahren will. Dieser Sohn übertraf seinen Vater an Weisheit. Wahre Gottseligkeit ist zu allen Dingen nützlich, sowohl für dieses als auch für das zukünftige Leben. Wenn ich auch sterben müsste wie ein Hund, so möchte ich doch ein Christ sein. Stelle in deiner Prioritätenliste das Christentum, die echte Gottesfurcht des Herzens, an die oberste Stelle. Fange jede Woche damit an, dass du den ersten Tag der Ruhe und der Anbetung Gottes weihst. Fange jeden Tag damit an den Morgen zum Umgang mit Gott auszunutzen. Fange dein eheliches Leben mit Gebet um den Segen des himmlischen Vaters an, wähle dir eine Lebensgefährtin, die in der Furcht Gottes mit dir eins ist. Bei der Eröffnung eines Geschäfts heilige das Unternehmen durch gemeinsames Gebet mit gläubigen Freunden und lass dich bei jedem neuen Unternehmen von Gott leiten. Wenn wir mit Gott anfangen, fortfahren und enden, wird unser Weg voller Segen sein.
Trachte auch aus dem Grund zuerst nach dem Reich Gottes und nach seiner Gerechtigkeit, weil es vorgezogen zu werden verdient. Sollte es je zur Wahl zwischen Gott und dem Mammon kommen, dann zögere nicht einen Moment. Wenn Reichtum und Gerechtigkeit miteinander um den Vorrang ringen wollen, so lass das Geld fahren und halte fest an der Gerechtigkeit. Folge

Christus, wie teuer es dich auch zu stehen kommt. Gesegnet ist der Mensch, der nie überlegt und zögert, sondern wie Mose erwählt „viel lieber mit dem Volk Gottes zusammen misshandelt zu werden als eine Zeit lang den Genuss der Sünde zu haben" (Hebr. 11, 25). Gesegnet ist der Mensch, der keine Politik kennt, als die der völligen Übergabe an Gott und seine Gerechtigkeit, der entschieden und freudig sagen kann:

„Reicher kann ich nirgends werden,
Als ich schon in Jesus bin.
Alle Schätze dieser Erde
Sind ein schnöder Angstgewinn."

„Das wäre ja alles schön und gut", wendet jemand ein, „aber man muss doch auch leben!" Ich bin mir dessen nicht so sicher. Es gibt vielmehr Fälle, in denen es besser wäre nicht zu leben. Ein altes Motto sagt: „Lieber tot als untreu im Glauben!" Über eine andere Notwendigkeit bin ich mir allerdings im Klaren, nämlich, dass wir sterben müssen. Wir sollten darum vielmehr dieses Muss in Erwägung ziehen und nicht ganz so oft die Redewendung „Man muss doch leben!" wiederholen.

Aber wir sollen leben, leben, ohne die Armen zu übervorteilen, ohne zweifelhafte Geschäfte zu treiben und die Leute zu betrügen. Wir sollen leben ohne Unehre. Nimm deinen Standpunkt an und bleibe dabei. Sprich: „Mit Gottes Hilfe will ich das Richtige tun!" Sei nie ein Feigling! Auch wenn doch keiner von uns danach fragen würde, ob er durch gewissenhaftes Tun und Handeln den Menschen gefällt oder nicht. Lasst uns ohne nach rechts oder links zu sehen, einfach leben nach dem Wort: „Trachtet zuerst nach dem Reich Gottes!"

Unsere Gottseligkeit soll sich zuerst in unserem Eifer zeigen. Es ist sehr zu befürchten, dass viele ihre besten Kräften den weltlichen Absichten opfern und für das Reich Gottes nur noch ihre Schwachheit übriglassen. An der Börse sind „alle da", aber zur Gebetsversammlung sind nicht „alle da". Das erinnert mich an einen Bruder, dessen Stimme in der Gebetsstunde so leise war, dass man ihn kaum verstehen konnte, in seinem Laden dagegen konnte man ihn fast zu gut hören. Ist es richtig, dass unser eigenes Ich unsere volle Tatkraft und der Herr Jesus nur unser lauwarmes Wesen hat? Wenn wir je eifrig und begeistert werden, sollte es für die edelste Sache, im Dienst des besten Herrn und

Meisters sein. In seinem Werk können wir es nie zu ernst nehmen. Doch leider, wie selten trifft man jemanden, dessen Eifer in der Sache des Herrn an Übertreibung grenzt? Für Ihn, der uns mit seinem kostbaren Blut erkauft hat, können wir nie zu viel tun. Wir beklagen es von Herzen, dass wir nicht genug tun können. Manche Leute haben ein sehr großes Hauptbuch und eine sehr kleine Bibel. Das ist symbolisch – sie haben so viel Herz für das Geschäft und so wenig Herz für das Reich Gottes. Das ist nicht richtig! Ich beanspruche für göttliche Dinge einen anderen Platz! Räume dem Wichtigsten auch den ersten Platz ein! Lass deine ganze Seele in der Liebe und dem Dienst des Herrn aufgehen!

„Ist dieser oder jener ein Christ?", fragt man manchmal und erhält vielleicht die Antwort: „Ja, ich glaube schon, aber er hat in letzter Zeit nicht viel als solcher getan." O, werdet wach, ihr Schläfer! Es ist höchste Zeit, vom Schlaf aufzustehen!

„Trachtet zuerst nach dem Reich Gottes und nach seiner Gerechtigkeit" auch dadurch, dass ihr der echten Gottseligkeit die Oberherrschaft über euer Leben einräumt. Das Steuer des Lebensschiffes ist in der Hand Gottes. Die Verherrlichung Gottes sollte unser größtes Verlangen sein. Sei zuerst ein Mann Gottes, ein wahrhaftiger Christ, dann erst ein Kaufmann, ein Handwerker oder Arbeiter. Es ist mir eine Freude zu sehen, dass unsere ersten Männer zuerst Christen sind, dann erst Briten, Konservative, Liberale oder Radikale, je nach ihrer Überzeugung. In jedem Fall soll ein Mann zunächst ein Mensch Gottes sein. O, wenn doch unsere Politik, unser Handel, unsere Literatur und Kunst voll von dieser einen Idee wären: „zuerst Christ"! Dann würde auch der zweite Charakter edler werden. Wissenschaft, soziale Gesetzgebung, Unternehmensführung, häusliches Leben, alles ließe sich unter der Herrschaft eines lebendigen Christentums besser gestalten. Die Gottesfurcht sollte der Grund- und Eckstein des sozialen Baus sein.

„Zuerst Christus" und dann alles andere in seiner entsprechenden Ordnung. Vor und über allem lasst die Über- und die Hingabe an Gott leuchten, wie in der Wüste die Feuersäule das ganze Lager Israels hell beleuchtete. Fragt noch jemand: „Was wird aus unserem Geschäft und Handwerk, wenn wir die Gottseligkeit voranstellen?" Die Antwort ist: „so wird euch alles andere zufallen." (Matth. 6, 33) Wird ein junger Mann vorankommen, der mit dem Entschluss ins Leben tritt alles in der Furcht Gottes zu tun, der fest entschlossen ist mit Gottes Hilfe nichts zu tun, was gegen den Willen des Herrn Jesus wäre? Mit Sicherheit so weit, dass es ihm nicht an der nötigen Nahrung und Kleidung, an allem, was er für dieses Leben braucht, fehlen wird, denn alles das „wird ihm zufallen".

„Ach", seufzt einer, „ich habe meine Stelle verloren und weiß nicht, wie ich mich ernähren soll!" Bist du sicher, dass dir diese Prüfung ohne dein eigenes Verschulden geschieht? Dann versinke nicht in Kummer und Zweifel. Hat doch der Herr verheißen, dass Er allem „deinem Mangel abhelfen wird" (Phil. 4, 19). Davids Erfahrung war die: „Ich bin jung gewesen und alt geworden und habe noch nie den Gerechten verlassen gesehen und seine Kinder um Brot betteln." (Ps. 37, 25) Der Trunkenbold, der Leichtsinnige, der Faule, der Betrüger, sie mögen Hunger leiden und es wäre gut, wenn sie sich durch diese Zucht zur Besserung bewegen ließen – dem Gerechten geht aber immer wieder ein Licht in der Finsternis auf. Diejenigen, die Gott aufrichtig dienen, werden sich nicht beklagen können, dass Er sie verlassen hätte. Während der Regierung der Königin Elisabeth I. wurde ein gewisser Herr von ihrer Majestät aufgefordert in Staatsangelegenheiten ins Ausland zu reisen. Er entschuldigte sich, sein eigenes Geschäft würde darunter leiden, worauf die Königin antwortete: „Sir, wenn Ihr Euch meines Geschäfts annehmt, so will ich mich des Eurigen annehmen." Seid dessen versichert, dass Gott für euch sorgen wird, wenn sein Dienst eure Freude ist. „Alles andere wird euch zufallen!"

Die Segnungen dieses Lebens fallen dem Frommen in der besten Form und Gestalt zu, denn sie kommen entsprechend der göttlichen Verheißung. Angenommen, es wäre jetzt jedem möglich reich zu werden, so würden sich bestimmt viele beeilen, die Gelegenheit zu nutzen. Wäre es aber nicht sehr fraglich, ob der Besitz des Reichtums nicht manchem eine drückende Last sein würde? Es ist sehr fraglich, ob gewisse Leute, die jetzt prächtig ihre Stellung ausfüllen, auch nur halb so gut oder auch nur um ein Jota glücklicher wären, wenn sie in eine höhere Stellung befördert würden. Ich habe gesehen, wie Helden im Luxus zu Narren wurden. Es ist manchmal viel besser für uns Verluste und Enttäuschungen hinzunehmen, als Gewinn und Wohlergehen zu bekommen. Als der Diener Gottes, Gilpin, verhaftet wurde, um sich wegen der Verkündigung des Evangeliums in London vor Gericht zu verantworten, machten sich seine Häscher lustig über seine sich stets wiederholende Äußerung: „Alles zum Besten." Und als er vom Pferd fiel und sich ein Bein brach, goss das erst recht Öl ins Feuer. Der gottesfürchtige Knecht Gottes machte aber nur die Bemerkung: „Ich bezweifle nicht, dass sogar dieser schmerzliche Unfall sich als ein Segen erweisen wird."

Und so geschah es wirklich. Da er nicht schnell reiten konnte, dauerte seine Reise länger, sodass bei seiner Ankunft in London bessere Tage angebrochen waren. Im Stadttor angekommen hörte man von der Stadt her fröhliches Glockengeläute. Auf die Frage, was das zu bedeuten habe, hieß es, die Königin Maria sei gestorben und es würden hinfort keine Scheiterhaufen mehr für Protestanten aufgerichtet werden. „Ach!", rief Gilpin aus, „Seht ihr nun, wie alles zum Besten gedient hat?" – Es ist ein Segen sich ein Bein zu brechen, wenn dadurch das Leben gerettet wird.

Wie oft sind unsere Unfälle nur Schutzmittel! Ein geringes Übel dient vielleicht dazu einem größeren vorzubeugen. Mancher hätte vielleicht längst in den Wolken der Dummheit geschwebt, wenn man ihm nicht rechtzeitig die Flügel beschnitten hätte. Besser, ums Dasein kämpfen und ehrlich sein, als durch entehrendes Tun reich zu werden. Das Gebet: „Armut und Reichtum gib mir nicht" war ja ein sehr weises, aber das Gebet unseres Herrn: „Nicht wie ich will, sondern wie Du willst!" ist ein viel besseres.

„Alles andere wird euch zufallen." Das Maß dieses Zufallenden wird nach unermesslicher Weisheit eingerichtet werden. Zeitliche Dinge werden dir in dem Verhältnis zukommen, wie du sie dir wünschen würdest, wenn du im Stande wärst alles zu wissen und zu begreifen um dir ein der unendlichen Weisheit entsprechendes Urteil bilden zu können. Würdest du nicht ein vom Herrn bestimmtes Schicksal einem selbst erwählten vorziehen? Singst du nicht lieber mit dem Psalmisten: „Du erwählst mir mein Erbteil" (Ps. 47, 4)?

Die Verheißung schließt auch ein, dass dem Gläubigen das Notwendige ohne ermüdende Sorgen und aufreibende Arbeit zukommen wird. Während andere bekümmert sind, kann er singen. Während andere beim Aufwachen ausrufen: „Wie sollen wir den Tag durchleben?", erwachst du in der Gewissheit, dass es dir an nichts mangeln wird. „Der wird in der Höhe wohnen, und Felsen werden seine Feste und Schutz sein. Sein Brot wird ihm gegeben, sein Wasser hat er gewiss." (Jes. 33, 16) Zufriedenheit mit deinem Los und Vertrauen auf Gott werden dich friedvoll und glücklich machen. Ein Krautgericht mit Zufriedenheit genossen wird der Speise einen Geschmack geben, die denen unbekannt ist, die einen gemästeten Ochsen verspeisen. Es ist besser glücklich zu sein als reich. Das Glück ruht mehr im Herzen als im Beutel. Nicht was der Mensch hat, sondern was er ist entscheidet für diese und die zukünftige Welt über sein Wohl und sein Weh. O ja, wenn Gott selbst euch, während ihr Ihm dient, die Dinge dieses Lebens zufallen lässt, so ist euch „das Los gefallen auf liebliches Land, ein schönes Erbteil ist euch gegeben" (siehe Ps. 16, 6).

„Alles andere wird euch zufallen." Das erinnert mich daran, dass durch das Zugefallene, durch das, was dem Vermögen hinzugetan wird, der Mensch eigentlich manchmal mehr ab- als zunimmt. Habt ihr nicht schon mal so einen Menschen gesehen, der deutlich kleiner wurde, als sein Reichtum sich vermehrte? Es ist ein beklagenswerter Anblick, der mich manchmal sehr betrübt hat. Ich habe gesehen, wie ein Mann zugleich Schmied seines eigenen Glücks und seines Verderbens wurde. Er hat auf den Ruinen seiner eigenen Männlichkeit ein palastähnliches Gebäude aufgebaut. Wie schade, was für ein Jammer ist das, wenn ein Mann sich mit seinem wachsenden Gewinn einmauert! Seht ihr das Loch in der Mauer? Darin steht der Unglückliche und schreit nach Steinen und Mörtel. Er muss goldene Steine und silbernen Mörtel haben. Man bringt ihm was er wünscht aber er schreit ständig nach mehr. Er ist nicht zufrieden bis er sich selbst eingemauert hat. Die Mauer, die ihn von seinen Mitmenschen sowie vom Licht des Friedens und der wahren Freude abgeschlossen hat, erhebt sich Monat für Monat, Jahr für Jahr, immer höher. Seine Gefühle und sein Charakter sind ummauert, bis er endlich, begraben unter seinen begrabenen Schätzen, durch seine Anhäufungen aller Menschlichkeit beraubt, ganz eingemauert ist!

Haushalterschaft

Schulden

Ich war noch ein kleiner Junge, trug eine Schürze und ging in die erste Klasse. Ich hatte meinen Griffel verloren und hatte kein Geld mir einen zu kaufen. Zu Hause wollte ich das nicht sagen, ich fürchtete ausgeschimpft zu werden, denn ich war ein unordentlicher Schlingel, der immer seine Griffel verlor. Was sollte ich armes Hänschen tun? Im Dorf gab es ein gemischtes Warengeschäft, in dem eine alte Frau Nüsse und Kreisel, Backwaren und Bälle verkaufte und ich hatte gesehen, wie die Alte den Kindern manchmal etwas auf Kredit gab. Ich überlegte mir, dass Weihnachten nahe sei und dass da wahrscheinlich ein Zehner oder gar eine halbe Mark in meine Spardose kommen würde. Ich wagte es also und obwohl mir nicht ganz wohl dabei war, ließ ich mir von der Verkäuferin einen Griffel auf Kredit geben. Ich wurde aber meines Einkaufs nicht froh, denn ich hatte das drückende Gefühl mich in Schulden gestürzt zu haben.

Ich weiß nicht, welcher Vogel meinem Vater etwas davon ins Ohr gepfiffen hat. Kurz, er erfuhr von meiner Tat und hielt mir eine ernste Strafpredigt über das Schuldenmachen und wohin es führe und wie einer, der klein anfängt, später wahrscheinlich große Schulden macht und die Seinen ins Unglück bringt. Es war eine gründliche Lektion und sie klingt mir noch in den Ohren. Dann führte mich mein Vater in den Laden. Ich weinte auf dem ganzen Weg und meinte, jeder müsste mir ansehen, dass ich Schulden habe. Die zwei Pfennige wurden bezahlt mit der ernsten Ermahnung an mich nicht wieder Schulden zu machen. Dann wurde der arme Schuldner frei gelassen und es war mir wie einem, dem eine große Last abgenommen ist. Seitdem hasse ich die Schulden wie Luther den Papst und es ist mir auch gelungen sie durch Fleiß und Ehrlichkeit von meinem Haus fernzuhalten.

Schulden haben ist etwas Erniedrigendes, wenn ich jemandem nur zehn Pfennig schuldete, würde ich lieber ein paar Stunden mitten im Winter gehen und meine Schuld abzahlen, als sie länger auf mir liegen zu lassen. Ich möchte ebenso gerne Erbsen in den Schuhen haben oder einen Igel in meinem Bett, wie unbezahlte Bäcker- und Schneiderrechnungen in meiner Schublade. Armut ist schlimm, aber Schulden sind noch viel schlimmer. Man kann arm sein und doch achtungswert, aber ein Mensch der Schulden hat, kann nicht einmal sich selber achten. Manchen Leuten ist es ganz wohl, wenn sie Schulden haben, aber ein ehrlicher Mann will lieber einen leeren Beutel als einen, der mit anderer Leute Geld gefüllt ist. Man merkt es bald, wenn einer sich mit fremden Federn schmückt.

Leider ist es jetzt Mode, dass die Leute mehr brauchen als sie haben, dass sie sich über ihre Verhältnisse kleiden und ihnen die einfache Kost unserer Väter nicht mehr schmeckt. Hunderte hätten niemals den Mangel kennengelernt, wenn sie keine Verschwender gewesen wären. Brot und Butter war ihnen nicht genug, darum kam es so weit, dass sie ihren Hunger mit ein paar gestohlenen Rüben stillen mussten.

Schuldenmacher sind meistens auch Lügner, denn sie versprechen zu bezahlen, während sie doch wissen, dass sie das nicht können. Dann machen sie einen Haufen schlechter Ausreden und versprechen wieder zu bezahlen, halten aber das zweite Versprechen so wenig wie das erste. Wenn das Schuldenmachen zum Lügen verleitet, dann kann doch niemand bestreiten, dass es eine schlimme Sache ist. Es gibt natürlich Ausnahmen, z.B. kann ein ehrlicher Mann durch Krankheit oder Unglück in die Verlegenheit kommen, dass er sich nur durch ein Darlehen zu helfen weiß. Aber die Regel bleibt deswegen doch bestehen: Die Schulden sind wie ein Sumpf oder wie ein Schmutzloch. Glücklich der, der nachdem er hineingefallen ist, wieder herauskommt, aber glücklicher der, den Gottes Güte vor dem Hineinfallen bewahrt. Gib dem Teufel einen Finger und er nimmt die ganze Hand, mach einmal Schulden und du gerätst bald tiefer hinein. Wer A sagt muss auch B sagen. Leihe eine Mark aus und du wirst bald 20 ausleihen müssen, aber bleibe nie einen Pfennig schuldig, dann schuldest du auch nie eine Mark.

Wenn du gut schlafen willst, dann kaufe dir das Bett eines Schuldenmachers. Es muss sehr weich sein, sonst könnte er bestimmt nicht ruhig darauf schlafen. Borgen macht Sorgen; ohne Schulden, ohne Sorgen; frei von Schuld, frei von Gefahr.

Mein Wahlspruch ist: Alles gleich bezahlen. Eine kurze Rechnung ist bald bereinigt. Zahle was du schuldest und du weißt wie viel du hast. Lieber mit leerem Bauch zu Bett gehen als mit Schulden aufwachen. Sünden und Schulden sind immer größer als wir glauben. Kleine unnötige Ausgaben machen den Beutel leer. Der Verschwender kauft etwas billiges, was er nicht braucht und denkt, er hätte ein Schnäppchen gemacht. Aber noch bevor er es merkt, muss er verkaufen, was er braucht und dann freut er sich nicht mehr über das Schnäppchen. Er hofft immer, es wird sich etwas ergeben, das ihm aus der Klemme hilft, aber mit „Hoffen und Harren wird mancher zum Narren." Er geht mit leeren Taschen zum Markt und muss kaufen, wo man ihm leiht, aber das Doppelte vom gewöhnlichen Preis fordert. Dann fängt er an Pläne zu machen und verlässt sich auf irgendwelche Tricks und unehrliche Künste. Aber du kannst ebenso deine Schuhe mit Backpapier oder eine zerbrochene Scheibe mit Eis flicken, wie ein Geschäft oder ein Vermögen, mit dem es bergab geht, durch windige Pläne und Kniffe wieder hochbringen. Wenn du frei werden willst, musst du die Ausgaben einschränken und die Einnahmen zurücklegen. Spare es dir vom Mund ab, wenn der Beutel leer ist. Glaube nicht, dass du die Schulden anders als durch bares Geld tilgen kannst. Mit Versprechungen zahlt man keine Schulden, denn versprechen und halten ist zweierlei. Ein guter Mann sollte sich durch ein Wort genauso gebunden halten wie durch einen Eid.

Vielleicht habe ich in den Wind geredet. Bei den Leuten, die schon gewöhnt sind anderer Leute Geld zu verbrauchen, werden meine Worte zu einem Ohr hinein und zum anderen hinaus gehen. Nun, wer nicht hören will, muss fühlen und wer keinen billigen Rat haben will, wird bald die Reue teuer bezahlen müssen. Aber für junge Leute, die erst ins Leben eintreten, kann ein gutes Wort Gold wert sein. Sie befolgen vielleicht meinen Rat, der sich in die kurzen Worte zusammenfasst: „Verbrauche immer etwas weniger Geld als du einnimmst und mache niemals Schulden."

Vom Zu-spät-Kommen

Genauigkeit im Einhalten der Zeit ist eine der bescheideneren Tugenden, aber eine Tugend, die jeder junge Mensch sorgfältig pflegen sollte. Gerade weil es eine so kleine Tugend ist, ist die gegenteilige Untugend umso unverzeihlicher. Wenn du dich einmal daran gewöhnt hast, wirst du es ebenso leicht finden rechtzeitig zu kommen, wie fünf Minuten zu spät. Also gewöhne es dir um jeden Preis an und gewöhne es dir nie wieder ab. An den fünf Minuten liegt es oft, ob der Mensch neben dir sich wohlfühlt oder ob ihm unbehaglich ist und so etwas muss jedem Christen wichtig sein.

Wir dürfen nicht anderen Ärger und Unannehmlichkeiten bereiten, wenn wir es durch ein klein wenig Rücksicht vermeiden können. Wenn ich zu zwölf Uhr bestellt bin, habe ich kein Recht, erst um fünf nach zwölf zu kommen und es hat auch niemand etwas davon. Diese fünf Minuten können im Gegenteil mir selbst den ganzen Tag in unangenehmer Weise nachgehen. Wer morgens nur ein klein wenig zu spät anfängt, hat den ganzen Tag Stress und es muss schon alles sehr gut laufen, wenn er es bis zum späten Abend schafft, das Versäumte wieder einzuholen. Wer aber morgens zeitig aufsteht, kann ruhig und ohne Aufregung seinem Beruf nachgehen, rechtzeitig Feierabend machen und noch ein Mußestündchen genießen. Morgens spät dran zu sein bedeutet oft, dass man den ganzen Tag rennen und keuchen muss, aber wer zeitig anfängt, kann mit ruhigen Schritten gehen. Viel Übel kommt wegen unbedachtsamer Eile und die ist die Tochter der Unpünktlichkeit.

Es muss dir eine Gewissenssache sein anderen Leuten nicht die Zeit zu stehlen. Ein Herr, der Mitglied eines Ausschusses war, kam eine Viertelstunde nach der bestimmten Zeit angerannt und entschuldigte sich kaum wegen der kleinen Verspätung. Die Mitglieder aber waren ohne ihn nicht beschlussfähig und so konnte die Besprechung nicht begonnen werden. Einer der Herren sagte deshalb zu ihm: „Freund, du hast eine ganze Stunde vertrödelt, denn es handelt sich nicht nur um deine eigene Viertelstunde, sondern auch um die Viertelstunde von den drei anderen und die Stunden sind nicht so im Überfluss vorhanden, als dass man sie verlieren darf." Mancher würde lieber ein paar Mark bezahlen als eine Stunde auf unpünktliche Leute zu warten.

Wenn mir einmal etwas gestohlen werden soll, so ist es mir lieber, man stiehlt mir mein Geld als meine Zeit. Einen viel beschäftigten Mann warten lassen ist ein frecher Diebstahl und ist auch eine Beleidigung, wenn auch vielleicht eine unbeabsichtigte. Wenn du deinen Freund wirklich achtest und ihn rücksichtsvoll behandeln willst, dann kennst du auch den Wert einer Zeit und wirst ihn nicht darum betrügen wollen. Tust du es doch, dann ist es so, als würdest du sagen: „Der kann ruhig warten, was brauche ich mich seinetwegen so zu beeilen." Wer unpünktlich ist, ist genau genommen auch ein Lügner. Du versprichst um eine bestimmte Zeit zu kommen, aber hältst dein Wort nicht. Das sieht dem Lügen so ähnlich wie ein Ei dem anderen.

Auf unserer Erde hängen alle Dinge so zusammen, dass man nicht an einer Stelle Unordnung machen kann, ohne dass es an einer anderen Verwirrung gibt. Wenn ein Ding nicht zur rechten Zeit geschieht, gibt es auch bei anderen Verspätung. Als ich neulich an die Riviera reiste, hatte der Zug von Paris nach Marseilles eineinhalb Stunden Verspätung. Mit den eineinhalb Stunden war es aber nicht getan. Als wir ankamen, war der Schnellzug fort. Wir mussten lange warten und schließlich mit einem Bummelzug fahren, sodass wir mit sechs Stunden Verspätung an unserem Bestimmungsort ankamen.

Ein Kaufmann sagte mir einmal: „Müller wäre ein recht brauchbarer Junge, aber er arbeitet so langsam, dass ich ihn nicht behalten kann. Meine jungen Leute arbeiten einander in die Hände und da er nie rechtzeitig fertig wird, hält er alle auf und es gibt unerträgliche Unordnungen. Er bricht Stockungen in die ganze Einrichtung; er sollte an einen Ort gehen, an dem er alleine arbeiten kann." Aber leider kenne ich keinen Ort, an dem unpünktliche Leute ganz für sich allein arbeiten könnten. Wenn sie für sich selber kochen würden, den Tisch selber decken und auch allein essen würden, dann könnten sie nach Belieben kommen, wenn alles kalt wäre. Wenn sie sich selber predigen würden, könnten sie ruhig jedesmal zehn Minuten zu spät anfangen, aber leider können wir die Unpünktlichen nicht loswerden und sie uns auch nicht. So müssen wir uns eben geduldig damit abfinden, aber sie sollen wissen, dass sie eine Geißel der Menschheit sind und auch oft eine Ursache der Sünde, denn sie reizen die zum Zorn, die keine Zeit zu verlieren haben.

Wenn du dich von meinen Worten getroffen fühlst, dann versuche es einmal und komm immer fünf Minuten früher als du bestellt bist, dann erwirbst du mit der Zeit vielleicht eine große Tugend der Pünktlichkeit. Es ist nicht berechenbar, wie viel sündhafter Zorn und Ärger ausbliebe und wie viel Zeit erspart bleiben würde, wenn niemand mehr zu spät käme.

Ein Wort für die Tiere

Wie oft berichten Zeitungen von schrecklichen Tierquälereien, die ein mitleidiges Herz tief betrüben und wie oft bleibt der Übeltäter ungestraft oder kommt mit einer leichten Strafe davon. Jeder barmherzige Mensch sollte der Tierquälerei entgegentreten. Schon die Kinder müssen angehalten werden alles zu unterlassen, was an Tierquälerei streift. Wenn die Jungen Vogelnester zerstören, mit Steinen nach Vögeln werfen, die Hühner durcheinander jagen, sollten sie gescholten oder bestraft werden, anstatt dass man sie, wie es manchmal geschieht, zu solchen Heldentaten antreibt. Überhaupt sollte man keine Mühe scheuen, kein Mittel unversucht lassen, bis die Tierquälerei ganz ausgerottet ist oder wenigstens bis die Tierquäler von jedermann verachtet werden.

Nicht nur um des armen gequälten Tieres willen, sondern auch um dessen willen, der es quält, müssen wir um Mitleid bitten. Die Grausamkeit verhärtet das Herz und stumpft das Gewissen ab und zerstört die feineren Regungen des Gemüts. Geistig sehr hoch stehende Menschen zeigen dagegen großen Respekt gegen alles Lebende.

Ein Dichter sagt, dass derjenige am besten betet, der Mensch und Tier am meisten liebt. Sollte das nicht stimmen, so ist jedenfalls soviel wahr, dass der Mensch, der seinen Schöpfer wirklich liebt, ein mitleidiges Herz für alle Geschöpfe seines Herrn hat. Auch in der Freundlichkeit und Barmherzigkeit gegen die Tiere ist unser Erlöser unser Vorbild. Er wollte die Eselin, auf der Er in Jerusalem einritt, nicht von ihrem Füllen trennen. Er sagt uns, dass sogar der Sperling – der allergewöhnlichste Vogel – unter der Obhut des Vaters steht. Seine besten Nachfolger sind freundlich gegen alle lebenden und fühlenden Wesen. Der Geist hat sie gelehrt, niemals, um ihrem Vergnügen zu frönen dem geringsten Tierchen Schmerzen zu verursachen. Ein gottesfürchtiger Mensch versteht den Dichter Cowper, wenn er sagt, ein Mensch, der grundlos einen Wurm zertritt, kann nicht sein Freund sein. Er gibt dem Mann Recht, der sagte: „Es ist schändlich auch das kleinste Insekt unnötig zu quälen."

In dem Maße wie die Menschen von dem Ideal eines edlen Charakters herabsinken, wird ihr Mitgefühl abgestumpft. Sie verlieren Zartheit und Mitleid, sie werden immer selbstsüchtiger, immer hartherziger, immer rücksichtsloser. Wer in Gott wohnt, der hat ein weites Herz, das die ganze Schöpfung umfasst. Er fühlt sich verwandt und eins mit allem Leben, er freut sich über alle wahre Freude und leidet mit allem Leid. Der Mensch, dessen Herz gegen Gott tot ist, hat auch ein hartes Herz gegen Gottes Geschöpfe und soweit er sie nicht für seine Zwecke brauchen kann, sind sie ihm gleichgültig. Dem Kaiser Domitian machte es Vergnügen Fliegen mit Nadeln zu durchstechen; das war ein Zeichen dafür, dass sein Herz gegen den gütigen Gott verhärtet war. Hahnenkämpfe und Stiergefechte sind abscheulich, nicht nur weil sie lebendigen Wesen Qualen bereiten, sondern auch weil sie die, die sich daran erfreuen, verderben, schlecht machen und für den ewigen Tod vorbereiten.

Ich habe einmal folgende Geschichte gelesen: Zwei Geschwister, ein Junge und ein Mädchen, fanden auf dem Spaziergang ein Nest mit jungen Kaninchen. Die Schwester freute sich an den kleinen Tierchen, aber der Junge packte, trotz der Bitten seiner Schwester, eins nach dem anderen und warf es in die Luft, bis es tot auf die Erde fiel. Zehn Jahre später saß die Schwester wieder weinend neben ihrem Bruder. Er saß in Ketten und war zum Tod verurteilt, weil er einen Bauern, der ihn beim Wildern ertappte, erschossen hatte. „Schwester", sagte der Unglückliche, weißt du noch, wie wir vor zehn Jahren die Kaninchen fanden und du mich mit Tränen batest ihnen nichts anzutun und wie ich dich auslachte? Ich glaube, von dem Tag an hat sich Gott von mir abgewandt und hat mich meine eigenen Wege gehen lassen. Hätte ich mich damals durch deine Tränen erbitten lassen, so würden wir jetzt nicht diese bitteren Tränen weinen!"

Es liegt wahrscheinlich sehr viel Wahrheit in diesem reuigen Bekenntnis. So viel ist jedenfalls wahr: Niemand, der für seine Sünden wirklich Buße tut, kann grausam sein; niemand, in dessen Herz die Liebe Gottes wohnt, kann Freude daran haben, anderen Geschöpfen Schmerzen zu machen. Und außerdem: Tierquälerei ist oft die Tat, die das Herz endgültig verhärtet, sodass es für alle Mahnungen des Gesetzes und des Evangeliums unzugänglich bleibt.

Wir fördern die Barmherzigkeit gegen die Tiere wohl dadurch am meisten, dass wir selbst ein gutes Beispiel geben. Ein Heiliger aus alten Zeiten behauptete, die Vögel und die Vierfüßer seien seine Geschwister. Nun, so weit wollen wir nicht gehen. Aber die Tiere sind Geschöpfe unseres Vaters und um seinetwillen wollen wir sie gut behandeln und sie als unsere Freunde betrachten. Es ist für uns Menschen keine Ehre, dass jedes Lebewesen vor uns flieht, sobald wir erscheinen, als ob wir immer bereit wären ihm Böses anzutun. Mir war es schon oft so, als müsste ich den Vögeln sagen, dass sie mich falsch verstehen, dass es nicht böse gemeint ist, dass ich gerne ihr Freund sein will und nähere Bekanntschaft wünsche. Ich möchte zu jedem Spätzchen sagen: „Pick doch ruhig die Krümel auf, auch wenn ich gerade vorbeigehe; ich mache auch gerne einen Umweg um dich nicht zu stören."

Wie schade, dass die Menschen bei Gottes reizendsten Geschöpfen so schlechten Ruf haben. Lange Jahre der Grausamkeit haben es zu Stande gebracht, dass alle Tiere sich vor uns fürchten. Nur Hunde und Katzen trauen uns, wahrscheinlich weil sie sich durch Beißen und Kratzen wehren können; aber die wehrlosen Tiere wissen, dass sie gegen uns den Kürzeren ziehen müssen und fliehen. Können wir nicht unseren guten Ruf wieder erlangen und unsere Freunde im Pelz- und Federmantel lehren, uns zu trauen?

Im Garten des Luxemburg in Paris sah ich einmal, wie sich ein junges Mädchen auf eine Bank setzte und gleich von Vögeln aller Art umgeben war. Sie flogen um sie her und pickten ihr die Krümel aus der Hand, von den Schultern und den Lippen. Sie schnappten nach Brotbröckchen, die sie in die Luft warf, sie setzten sich auf ihren Hut und auf den Finger. Es war ein sehr schöner, aber leider auch ein sehr seltener Anblick. Doch könnten wir ihn häufiger genießen, wenn wir, wie jenes Mädchen, unseren gefiederten Freunden jeden Tag ihre bescheidene Nahrung geben und dadurch ihre Liebe gewinnen würden.

Ich selbst erfahre es täglich, wie derartige Freundlichkeit Vertrauen und Dankbarkeit erwirbt. Ich erlaube nicht, dass in meinem Garten geschossen wird. Wenn ich auch ein paar Kirschen weniger bekomme, so habe ich dafür viel schönen Gesang. Auf meinem Rasen ist jetzt eine ganz ansehnliche Gesellschaft von Drosseln, Amseln und Staren und dazu ein Heer von Spatzen, Buchfinken, Rotkehlchen und anderen kleinen Propheten. In meiner Laube nistet ein Schwalbenpärchen, das fähig ist, eine große Katze zu verjagen. Die Vögelchen fliegen ihr, eins hinter dem anderen, schnell über den Kopf hinweg, bis ihr ganz schwindlig wird und sie davon rennt.

Im Winter versammeln sich alle Stämme der Vogelwelt auf dem Balkon meines Studierzimmers. Im Sommer deckt die Königin meines kleinen Reiches den Tisch in dem großen grünen Saal, den gewöhnliche Menschen „Rasen" nennen. Er liegt gerade vor dem Wohnzimmerfenster, die Gäste kommen pünktlich und lassen es sich schmecken, während die Wirtin ihnen fröhlich zuschaut. Manche sind jetzt so zahm, dass sie sich vor ihr so wenig zieren wie ein Kind vor dem Diener, der das Essen serviert. Wenn ich an einem einsamen Ort wohnen würde und mehr Zeit hätte, könnte ich die wilden Geschöpfe so zahm und zutraulich machen, wie sie gegen Robinson auf der einsamen Insel waren. Die Menschen könnten es bald so weit bringen, dass die Vögel besser von ihnen denken und nicht bei jeder Annäherung davonfliegen würden.

Wenn Eltern, Kinder und Gäste den Frieden hielten, so könnte es um das Haus eines guten Mannes her wie im Paradies vor dem Sündenfall aussehen und von Mann und Frau könnte es dann heißen, wie Milton in seinem „Verlorenen Paradies" von Adam und Eva sagt:

„Und um sie hüpfend spielten
Die Tiere all der Erde, jeder Art,
Die wild geworden, jetzt in Wäldern, Höhlen, Wüsten leben."

Umgang mit anderen

Die Leute im Palast des Hohenpriesters und ihre Nachahmer

„Es standen aber Knechte und Diener und hatten ein Kohlenfeuer gemacht, denn es war kalt und sie wärmten sich. Aber auch Petrus stand bei ihnen und wärmte sich." (Joh. 18, 18)

Es war wahrscheinlich eine große dunkle Halle, in der die Kriegsknechte, die Priester und der Pöbel versammelt waren. An dem Ende des Saales, in dem Christus vor seinen Richtern stand, mochten ein paar Lampen brennen, aber der größte Teil des Raumes war nur durch die Flammen des Kohlenfeuers erleuchtet, an dem sich die Häscher und Diener wärmten. Die Menschen in der Halle sind ein Bild für die allgemeine Menschheit und ihre Stellung zu dem Herrn. Jesus wurde verhört. Einige Menschen waren daran beteiligt und waren voller Wut und Bosheit, aber den meisten war alles einerlei. Der Heiland wurde verworfen und misshandelt – sie wärmten sich gleichgültig die Hände. Was ging es sie an, ob Er freigesprochen oder verurteilt wurde – es war kalt und sie wärmten sich die Hände.

In einem Land wie dem unseren, in dem Jesus Christus gepredigt wird, gibt es ja leider auch Menschen, die Ihm und seinem Evangelium feindlich gesinnt sind. Da ist der Ungläubige, der dem Evangelium alle Wahrheit abspricht, der Abergläubische, der sich einen eigenen Weg zur Seligkeit zurechtbastelt, der Verfolger, der gegen Jesus und die Seinen wütet. Aber von solchen offensichtlichen Feinden gibt es nur wenige, die große Masse derer, die das Evangelium hören, sind nicht offene Gegner, sondern sie sind gleichgültig. Sie wissen etwas von Jesus und seinem Heil, aber die Botschaft lässt sie kalt. „Was werden wir essen? Was werden wir trinken?" – das ist der Inhalt ihres Katechismus. Aber wer der große Dulder ist, warum Er sterben musste, welche Güter Er uns durch sein kostbares Blut erworben hat – das rührt sie nicht. Sie vergessen und verachten die große Seligkeit und auch den, der sie uns erworben hat. Sie beschäftigen sich damit ihre Hände zu wärmen. Der Tod Jesu mag für Pfarrer und Theologen von Bedeutung sein, sie aber geht er nichts an, sie haben anderes zu tun. Sie wärmen sich die Hände wie die Diener des Hohenpriesters, das heißt, sie lassen es sich gut gehen und wenn sie das nicht können, beklagen sie sich. Was geht sie der Tod Jesu an. Eine Lohnerhöhung oder eine Preissenkung, ein Ereignis an der Börse wäre ihnen viel wichtiger.

Ist das nicht sehr schmerzlich? Jesus kommt auf die Welt um die Menschen zu retten und es ist ihnen nicht der Mühe wert Ihn anzuschauen! Er nimmt ihre Natur an und sie wundern sich nicht einmal darüber. Er stirbt, damit die Menschen nicht ins Verderben müssen, aber seine große Liebe ist ihnen vollkommen gleichgültig. Der eine geht hin zu seinem Acker, der andere an seine Werkbank. Sie wollen nur das Brot, das vergänglich ist, nicht die Speise, die da bleibt bis ins ewige Leben. Jesus steht vor seinen Richtern und sie wärmen sich die Hände. Bedenkt es doch, ihr, die ihr noch gleichgültig seid gegen die großen Tatsachen der Erlösung. Seht doch, gegen was und gegen wen ihr so gleichgültig seid. Es ist der Sohn Gottes, der Erlöser der Menschen, von dem ihr nichts wissen wollt.

Könnt ihr es machen wie die, die in der Gegenwart des sterbenden Heilands mit den Würfeln rasselten, deren Herz hart blieb, wenn sein Blut auf sie tropfte, während sie das Los um sein Gewand warfen? O, wie viele suchen Wohlergehen und Vergnügen angesichts des leidenden Gottessohns seit dreißig, vierzig, sechzig Jahren; wenn die allmächtige Gnade Gottes sie nicht zur Umkehr bringt, dann machen sie weiter so. Der Heiland stirbt, Er wird begraben, Er ersteht aus dem Grab in Herrlichkeit – Engel kommen und verkündigen dieses große Ereignis, aber die Menschen trinken, essen und schlafen, als ob es keinen auferstandenen Christus gäbe. Das Tierische im Menschen hat das Geistige überwunden. Der Körper, der an der Erde klebt, der schlechtere Teil des Menschen, ist stärker geworden als die Seele. Daher ist der Mensch in der Gegenwart des Auferstandenen gleichgültig.

Christus ist gen Himmel gefahren und sitzt nun als der König aller Könige zur Rechten des Vaters. Wenn wir eine Bitte an einen irdischen König haben, so kommen wir zu ihm mit Ehrfurcht. Sollte unsere Seele nicht bewegt sein bei dem Gedanken an den himmlischen König, der Tag und Nacht für uns bittet? Aber nein! Die große Menge wärmt sich die Hände und bleibt gleichgültig – gleichgültig gegen seine Erlöserliebe. Sie lebt dahin ohne Gott und Christus.

Der Herr Jesus wird wiederkommen, den Erdboden mit Gerechtigkeit zu richten und wir müssen alle vor Ihm erscheinen.

O, wie kannst du immer nur Geld zusammenhäufen, dem Vergnügen nachgehen, es dir gut gehen lassen, nur für diese Welt leben, – leben um dein Auskommen zu finden, ehrbar nach der Meinung dieser Welt – in Wirklichkeit dahinleben wie ein Tier? Denkst du nicht an den Richter und an den Tag, da Er erscheinen wird? Soll unser unsterblicher Geist angesichts jenes großen und schrecklichen Tages seine ganze Kraft an vergängliche Dinge aufwenden? O, der Ernst des Gerichts sollte uns zwingen an Wichtigeres zu denken.

Es war ja nicht falsch, dass die Leute im Palast sich wärmten und es ist nicht falsch, wenn wir uns um die Dinge dieses Lebens kümmern. Es ist sogar unsere Pflicht das zu tun und es richtig zu tun. Aber wir haben noch eine andere und höhere Berufung, als nur uns selbst zu dienen und so schrecklich wie es war, dass die Menschen sich in Gegenwart des leidenden Jesus so hartherzig zeigten, so ist auch die weit verbreitete Gleichgültigkeit der Sünder etwas Schreckliches. O möchten doch alle gleichgültigen, gedankenlosen Hörer des Evangeliums aufgeschreckt werden von ihrer Sorge um das Irdische und sich fragen: „Was ist dieser Jesus von Nazareth für mich? Hat mich sein Blut von meiner Sünde gereinigt? Darf ich durch Ihn auf die Seligkeit hoffen?" Denkt über diese Dinge nach und gebt Antwort auf die Frage eures Gewissens.

Sehr merkwürdig und unbegreiflich ist es, wenn auch ein Diener Christi angesichts seines leidenden Heilands hauptsächlich an sein eigenes Wohlbefinden denkt. Dass die Diener des Hohenpriesters in der kalten Nacht ein Feuer machten und sich wärmten ist ja nicht verwunderlich, denn sie wussten nicht sehr viel von Jesus. Aber unbegreiflich ist, dass Petrus bei ihnen stand und sich wärmte. Warum tat er das? Gleichgültig war er doch nicht gegen seinen Herrn, er war Ihm nachgefolgt bis an die Tür des Saales und hatte dort gewartet, bis Johannes ihn hereinließ. Er ging ans Feuer, weil er dachte, er müsste es machen wie die anderen, er dürfte nicht auffallen, kein Aufsehen erregen. Es sollte aussehen, als gehörte er zu den Leuten dazu.

Aber das Licht des Feuers schien ihm ins Gesicht, einer von den Umherstehenden erkannte ihn und sagte: „Du bist auch einer von seinen Jüngern!" Petrus ging in einen anderen Teil des Saales, wo es wahrscheinlich etwas dunkler war. Die Leute schwatzten und er konnte es nicht lassen mitzumachen, er wollte ja schließlich nicht auffallen. Da sagte einer: „Du bist auch aus Galiläa, deine Sprache verrät dich!" Nun ging er in die Nähe der Tür, aber auch hier erkannte man ihn. Es wurde ihm angst und bange. So schwach sein Glaube auch war, er liebte seinen Herrn und wollte Ihn nicht verlassen, hatte aber nicht den Mut sich zu Ihm zu bekennen. Er ging zum Feuer und wärmte sich. Niemand würde ja denken, ein Anhänger Jesu könnte sich behaglich die Hände wärmen, während sein Herr mit Hohn und Spott überschüttet wird.

Passt das zu einem Jünger des Herrn, dass sein eigenes Wohlergehen für ihn die Hauptsache ist? Der Herr hatte nicht, wo Er sein Haupt hinlegen sollte, Er war reich und wurde arm um unseretwillen. Darf ein Christ es sich zum Lebensberuf machen, Reichtum zu erwerben? Ist solch ein Jünger wie sein Meister?

Manche Christen wärmen sich an dem Feuer der Ehre. Sie wollen um jeden Preis geachtet und angesehen sein, um diesen Preis verletzen sie manchmal ihr Gewissen und handeln gegen ihre Grundsätze. Wie können aber die Jünger eines Herrn, der von den Menschen verachtet und verspottet wurde, nach der Anerkennung eben dieser Menschen streben und die Wahrheit aufgeben um sich beliebt zu machen? Sooft wir vor dem Spott der Gottlosen unsere Fahne sinken lassen, wünschen wir besser dran zu sein als unser Herr, aber das ist eine niedrige Gesinnung. Sooft wir aus Furcht vor Spott nicht Zeugnis ablegen, oder aus Trägheit und Bequemlichkeit unsere Arbeit unterlassen, sooft wir unser Kreuz mit Ungeduld und Murren tragen, sooft wir den Lüsten des Fleisches frönen, sooft wir unsere Bequemlichkeit suchen, wo Er gearbeitet hat, Ehre, wo Er Schande erduldete, Glanz und Pracht, wo Er einen schmachvollen Tod erlitt – immer sind wir wie Petrus unter dem Pöbel: Wir wärmen uns behaglich am Feuer, während unser Herr geschmäht und misshandelt wird.

Merkt euch: Es ist für uns viel besser zu frieren als sich an einem Ort zu wärmen, an dem wir leicht in Versuchung geraten können. Wie viel besser wäre es für Petrus draußen vor der Tür zu stehen als drinnen im Saal. Wie viel klüger wäre es von ihm gewesen nach Hause zu gehen. Ohne Zweifel gingen Petrus und Johannes aus edlen Beweggründen in den Saal, aber wenn

Petrus sich unter den Kriegsknechten und neugierigen Zuschauern herumtrieb, nützte er seinem Herrn nichts und war selbst in großer Gefahr. Wusste er nicht, dass schlechter Umgang gute Sitten verdirbt? Wusste er nicht, dass die Männer, die seinen Herrn gefangen genommen hatten, kein passender Umgang für ihn waren? Solches Wärmen ist gefährlich. Lieber frieren als sich die Hände verbrennen.

Manche Dinge sind wünschenswert, aber wenn du sie nicht bekommen kannst ohne dich zu versündigen, dann musst du darauf verzichten. Viele Christen sind zu sehr darauf aus sich in der so genannten „guten Gesellschaft" zu bewegen. Aber was für einen Wert hat Ansehen und Reichtum, wenn es an der wahren Gottesfurcht fehlt? Wenn ihr euch nicht in der Gesellschaft bewegen könnt ohne eure Grundsätze zu verleugnen, so bleibt ihr dort besser weg. Wir sollen uns nicht dieser Welt gleichstellen.

Viele lesen nicht geistliche und sogar frivole Bücher, wenn diese nur geistreich geschrieben sind. Sie fürchten, man könnte sie für ungebildet halten, wenn sie einen gut geschriebenen Roman, der gerade Mode ist, oder einen geistreichen Artikel in einer Zeitschrift nicht gelesen haben. Aber was nützt dir das Lesen solcher Schriften, wenn sie anstatt dich im Gebet und Glauben zu fördern, Zweifel in dir erregen und dir Schwierigkeiten machen, sodass du die Zeit, die du zum Wachsen in der Gnade und zum Wirken für andere verwenden sollst, in inneren Kämpfen verbrauchst, die du dir ganz gut hättest sparen können? Man sagt uns, wir müssen mit der Zeit Schritt halten, aber wenn die Zeit auf dem falschen Weg ist, sehe ich nicht ein, warum wir mit ihr laufen sollen. Da wollen wir uns doch lieber mit der Ewigkeit beschäftigen. Wenn ich mich an guten Büchern erfrischen und erholen kann, wenn ich dadurch besser und weiser werde, so bin ich dankbar, aber wenn ich um mir die Hände zu wärmen sie durch Unglauben beflecken muss, dann bleibe ich lieber weit vom Feuer.

Der Umstand, dass ein bequemes Leben uns so leicht schadet, ist vielleicht der Grund dafür, dass Gott manche guten Christen nicht den Gefahren des Reichtums aussetzt. Du hast dir bestimmt manchmal gewünscht reich zu sein, aber vielleicht kommst du nie so weit. Eine Zeit lang schien es dir, du wärst auf dem Weg dahin, doch dann hat das Glück sich von dir gewandt.

Andere bekamen, was du schon zu haben glaubtest und du musst noch immer schwer arbeiten um das Notwendige zu verdienen. Aber wer weiß, was aus dir geworden wäre, wenn sich dein Herzenswunsch erfüllt hätte. So manch ein Christ ist durch äußeren Reichtum innerlich arm und elend geworden. Du gedeihst am Besten auf dem Boden, in den dich der Herr gepflanzt hat, woanders würdest du bald verkümmern.

Wenn ein Christ tut, was ihm nicht zusteht und unter Menschen geht, zu denen er nicht gehört, kommt es bald heraus. Petrus wärmte sich und dachte, niemand würde ihn erkennen, aber das Feuer, das ihn wärmte, verriet ihn auch, indem es sein Gesicht beleuchtete. Ein Christ, der sich unter die Gottlosen mischt, wird bald entdeckt. Böse Menschen können oft jahrelang Böses tun, ohne dass es herauskommt, aber bei einem Gläubigen wird der kleinste Fehltritt entdeckt. Petrus versuchte ganz unbefangen und gemütlich auszusehen, während er am Feuer stand, aber er brachte es nicht zu Stande. Der Ausdruck seines Gesichts und seine Sprache verrieten ihn.

Darum, lieber Christ, halte dich zu deinesgleichen, denn du kannst nicht unerkannt durch die Welt reisen. Geh nicht dahin, wo du nicht gesehen werden willst, denn du wirst ganz bestimmt gesehen. Die Welt hat scharfe Augen für die Fehltritte der Christen, sie sind ihr ein Leckerbissen. Verstell dich wie du willst – deine Sprache verrät dich und man wird mit Fingern auf dich zeigen. Das geschieht dir aber auch ganz recht, warum musstest du auf den Weg der Sünder treten?

Es ist viel leichter sich die Hände zu erwärmen als das Herz. Ein paar glühende Kohlen genügten um die Hände des Petrus zu erwärmen, aber sein Herz wurde in diesem Augenblick nicht einmal durch die unendliche Liebe Jesu erwärmt. Doch welch ein Feuerofen göttlicher Liebe war dort am anderen Ende des Saales, wo der Sohn Gottes ins Gesicht geschlagen und schändlich verleumdet wurde und alles um unseretwillen ertrug. Hätte Petrus doch einen Blick auf das Gesicht seines Herrn geworfen, das noch die Spuren des Kampfes von Gethsemane trug, hätte Petrus doch auf die Stimme seines eigenen, im tiefsten Grunde treuen Herzens gehört, er hätte der Bosheit der Feinde widerstanden. Wäre neben seinen Herrn getreten und hätte gesagt: „Tut mir, was ihr Ihm tut. Wenn ihr Ihn schlagt, so schlagt auch mich, lasst mich mit Ihm leiden." Doch in diesem Augenblick wurde des Petrus Herz nicht durch den Anblick seines leidenden Herrn gerührt.

Wir wünschen uns manchmal den Herrn leiblich zu sehen – hier können wir lernen, dass das leibliche Sehen es nicht bringt! Erst als der Heilige Geist einen Blick Jesu als ein Gnadenmittel gebrauchte, erweichte sich das Herz des Petrus und aus seinen Augen strömten Tränen der Reue. O Herr und Meister, sollte Dein leiblicher Anblick uns nicht erwärmen können, wenn Du mit Deinen durchbohrten Händen unter uns treten würdest? Wenn Dein Heiliger Geist auf uns kommt, dann sehen wir Dich mit dem Auge des Glaubens und dann entbrennt unser Herz in uns. Komm, Heiliger Geist, gieße die Liebe Jesu in unser Herz aus, entzünde es, dass es wie Feuer brenne und leuchte.

Der Einfluss des Umgangs

Wir denken zu wenig darüber nach, welchen Einfluss unsere Freunde auf uns haben. Viele Menschen sind bei der Wahl eines Pferdes viel vorsichtiger als bei der Wahl eines Freundes. Wenn wir einen Dienstboten brauchen, dann erkundigen wir uns eingehend nach einer passenden Person, aber wir lassen oft den Zufall entscheiden, aus was für Leuten unser Bekannten- und Freundeskreis bestehen soll. Weil unser Beruf uns vielleicht mit ungläubigen und gottlosen Menschen in Berührung bringt, meinen wir, es würde nicht schaden, wenn wir auch freundschaftlichen Umgang mit ihnen haben. Das ist aber ein gefährlicher Irrtum und wenn wir darin bleiben, werden wir vielleicht erst durch Schaden klug.

Es ist nun einmal nicht anders: Von der Farbe unserer Freunde bleibt etwas an uns kleben. „Wer mit Weisen umgeht, wird weise", sagt Salomo; mit demselben Recht kann man sagen: „Wer mit Toren umgeht wird töricht." Mit manchen Menschen kann man gar nicht umgehen, ohne stark von ihnen beeinflusst zu werden. Selbst unbedeutende Menschen sind nicht ganz ohne Einwirkung auf andere und ganz unbemerkt geraten sie unter ihren Einfluss. Die Juden haben dafür ein Sprichwort: „Zwei trockene Hölzer zünden ein grünes an." Wenn ein schlimmer Freund dich nicht verderben kann, dann schafft es doch das Beispiel und die Überredungskunst von zweien oder dreien. Wenn zwei oder drei Menschen unter der Macht der Sünde zusammenkommen, dann ist der Teufel auch dabei und fördert ihr sündhaftes Tun und Treiben. Wer Pech anfasst, besudelt sich. Dein Umgang mit den Bösen hinterlässt schnell einen Fleck oder zumindest einen Eindruck, die Berührung ist vielleicht tödlich, auf jeden Fall aber gefährlich.

Besonders Menschen mit einem weichen, biegsamen Charakter lassen sich zu leicht durch ihre Umgebung formen und biegen. Es ist für sie darum besonders wichtig den Umgang mit gottesfürchtigen Menschen zu suchen und den Gottlosen wie die Pest zu meiden. Ich kenne ganz junge Leute, die durch schlechten Umgang verdorben worden sind. Der eine wurde verdorben, weil er die Sonntage mit seinen Freunden nur zu Ausflügen und sonstigen Vergnügungen verwendete, der andere geriet in die

Gesellschaft von Spielern und wurde schließlich ein Betrüger, mit einem Dritten war nichts mehr anzufangen seit er seinen Himmel in der Versammlung der Freimaurer fand und ein Vierter sank immer tiefer, weil er sich zu denen hielt, die über die Sittenreinheit lachen und das Laster anziehend finden. Wenn zweifelhafte Freunde uns auch nicht dazu überreden können Böses zu tun, so hindern sie jedenfalls unser Wachstum in der Gottseligkeit. Die Keime der Gnade sind zart und ihre zarten Pflanzen lassen sich leicht im Wachstum hemmen, oft schon durch die bloße Gegenwart gottloser Menschen. Selbst manche Heiden haben bei ihren feierlichen Gottesdiensten ausgerufen: „Hinweg ihr Unreinen!" Wir fühlen es: Wenn wir uns Gott nahen, sollten keine Gottlosen um uns sein. Ein Wort, ein Blick, eine Gebärde eines angesehenen oder weltlich gesinnten Mannes hat die Andacht manches gottesfürchtigen Herzens gestört. Ein paar Takte einer Melodie erinnern den Gläubigen an ein leichtfertiges Lied, das er um jeden Preis vergessen möchte und das ihn jetzt vom Umgang mit Gott abhält.

Die Diener der Bosheit können uns in keiner Weise fördern, aber sie haben eine schreckliche Macht uns aufzuhalten, wenn wir Gott nahen möchten. Wer kann im Glauben wachsen, solange er vertrauten Umgang mit Ungläubigen pflegt? Wer kann rein bleiben, wenn er mit der Unreinheit spielt? Der Weg zu den Höhen der Heiligkeit ist schon steil genug und wir haben genug an unserer eigenen Last zu tragen, wir brauchen uns nicht auch an diejenigen zu ketten, die uns zurückziehen. „Aber", heißt es, „wir müssen doch Gemeinschaft haben!" Richtig, wenn wir beständige Gemeinschaft mit Gläubigen haben, werden wir dauerhaften Gewinn davon haben. Ein alter, gottesfürchtiger Mann hat ganz richtig gesagt: „Nichts entzündet und entflammt so sehr das Streben nach der Heiligung wie der Umgang mit denen, die geheiligt sind. Ich wollte tausendmal lieber mit frommen Menschen in einem dunklen Gefängnis leben als mit gottlosen in eines Königs Schloss. Urbanus Regius, der einen Tag mit Luther zugebracht hatte, erklärte diesen Tag für den schönsten seines Lebens."

Wenn ein paar Christen zusammenkommen und über die großen Wahrheiten unseres Glaubens reden, dann ist ihr Zusammensein ebenso rein und fröhlich wie Gewinn bringend. Ich habe mit manchen berühmten Männern freundschaftlichen Umgang gepflegt und diese Gemeinschaft war umso schöner und freundlicher je gottesfürchtiger diese Menschen waren. Ich kenne auch manche Christen, die gar nicht berühmt sind, deren Namen die Welt nicht kennt und doch ist es ein großer Genuss ein Stündchen mit ihnen zu verplaudern.

Glaubt nicht, dass man gute Unterhaltung nur in der Gesellschaft von Weltmenschen findet. Im Gegenteil, durch die Gottesfurcht werden alle Geisteskräfte angeregt und Gelassenheit findet man besonders bei denen, deren Herz Frieden gefunden hat. Das höchste Vergnügen ist in der Goldgrube der Gottesfurcht verborgen. Wie langweilig und oberflächlich ist oft die Geselligkeit der vornehmen Welt, wie vergänglich und unbeständig sind ihre Freundschaften; wie tiefgründig, wie anregend und belebend ist eine echte christliche Geselligkeit. Die Welt geht auf Stelzen, sie schminkt und pudert ihr altes, runzliges Gesicht, sie schielt, sie ziert sich, sie lügt. Wer einen Blick hinter die Kulissen geworfen hat, will von solcher Geselligkeit nichts mehr wissen. Wie anders ist doch die christliche Geselligkeit! Wenn es auch hier und da an äußerem Schliff fehlt – hier spricht man die Wahrheit, hier herrscht Leben und Freiheit. Wenn wir mit denen umgehen, die aus Liebe zu Gott für das Wohl ihrer Mitmenschen wirken und besonders, wenn wir auch an dieser Arbeit teilnehmen, dann haben wir niemals Langeweile, brauchen uns nie zu beklagen, unsere Zeit sei so einfallslos.

Mag man über den Umgang mit weltlich Gesinnten denken wie man will, niemals darf ein Christ mit lasterhaften Menschen, mit Spöttern, mit Verächtern des Glaubens Umgang pflegen. Ob der Alkohol ein Gift ist, darüber gibt es verschiedene Ansichten, aber jeder weiß, dass schon ein wenig Blausäure tödlich ist. Die Gesellschaft schlechter Menschen muss man meiden wie die eines Igels oder einer Klapperschlange. Und wenn sie noch so begabt sind, wir können nichts Gutes von ihnen lernen. Von dem Bösen kann nur Böses kommen.

Im Kampf des Lebens stehen wir so stark unter dem Einfluss unserer Kameraden, dass wir nur in ein Regiment von edlem und ehrenhaftem Charakter eintreten dürfen. Wir müssen uns den Besten anschließen. Zu gut können wir niemals werden, auch nicht durch den Einfluss der allerbesten Menschen. Wir haben kein so großes Übergewicht an guten Eigenschaften, dass wir durch schlechten Umgang ohne Schaden etwas davon abnehmen könnten.

Wir müssen den Berg des Lebens erklimmen, da gibt es unterwegs Gletscherspalten, Abgründe und steile Abhänge. Bei unserer Bergwanderung sind wir alle ohne Ausnahme an unsere Mitwanderer angeseilt. Wer klug ist, nimmt nur den zum Reisegefährten, der den Weg des Glaubens und der Tugend geht, denn nur auf diesem Weg erreicht er den Gipfel.

Vorsicht

Wenn wir unsere Augen offen halten und in unserem Urteil die
Heilige Schrift zu unserem Leitstern machen, haben wir manchmal ein richtiges Gefühl von dem Charakter der Menschen, die
wir vor uns sehen.

Ein Mann hatte sein Pferd im Stall eines Wirtshauses abge-
stellt, weil er aber der Ehrlichkeit des Stallknechts nicht traute,
sah er zweimal nach, ob es auch seinen Hafer bekommen hätte.
Und richtig – beim zweiten Mal war der Hafer verschwunden.
Woher wusste der Fremde, dass der Stallknecht den Hafer stehlen würde? Er hatte ihn fluchen hören und dachte einem Flu-
chenden sei auch andere Bosheit zuzutrauen. Derselben Ansicht
war ein bekannter Reiseprediger, der seine Jacke zuknöpfte,
wenn er jemanden fluchen hörte. Er sagte er hätte keine Lust,
sich die Taschen ausleeren zu lassen.

Ein angesehener Kirchenältester bat einen Bekannten um ein
Darlehen von zweitausend Mark. Dieser zeigte sich zunächst
willig, aber im Lauf des Gesprächs sagte der Älteste: „Bei mir besteht ja keine Gefahr, dass Sie um Ihr Geld kommen; ich bin ein
alter Pilger und gegen jede Versuchung gerüstet." „Was bist du
denn für einer?", dachte sein Bekannter, „Entweder kennst du
dein eigenes Herz nicht oder du bist ein Heuchler", und er ver-
weigerte ihm das Darlehen, denn er war nicht so reich, als dass
er zweitausend Mark verschleudern durfte. Sein Misstrauen war
sehr gut begründet. Der Mann steckte bis über die Ohren in
Schulden und noch am selben Tag musste er sich bankrott erklä-
ren. Unser Freund aber war durch seine Bibel weise geworden
und das hat ihn vor Schaden bewahrt.

Ein Kaufmann erzählte einem Geschäftsfreund sehr zufrieden, er hätte durch eine glückliche Spekulation an einem Vor-
mittag 600.000 Mark gewonnen. Der Geschäftsfreund sagte: „Sie
müssen doch der Vorsehung recht dankbar sein für solches
Glück." „Vorsehung? Bah!", antwortete der andere. „Ich brauche
keine Vorsehung, ich selbst sorge viel besser für mich als die Vorsehung es könnte." Der Geschäftsfreund dachte bei sich: „Wenn
ein Mann solche Grundsätze hat, muss es früher oder später zu
einem Krach kommen", und bei der nächsten Gelegenheit sagte
er dem glücklichen Spekulanten: „Ich mache keine Geschäfte

mehr mit Ihnen, außer gegen Barzahlung." Der Mann war sehr entrüstet und sagte, er werde sich künftig an ein anderes Haus wenden. Ein anderes Haus fand sich natürlich und büßte sein Vertrauen bald durch große Verluste.

Ein Kaufmann entschied sich einen bestimmten Verkäufer in seinem Laden einzustellen, weil er ihn hatte eine Stecknadel aufheben sehen. Er wusste, dass man an solch kleinen Zügen oft den Charakter eines Menschen erkennen kann. Es ist immer nachteilig mit Leuten umzugehen, die den Sonntag nicht heiligen; es ist gefährlich einen Mann zu heiraten, der gerne schmutzige Geschichten erzählt; bei einem Geschäftsmann einzukaufen, der seine Waren angeblich verschenkt, ist so gut wie jemanden zum Betrug zu verleiten und Schmeichlern vertrauen heißt sich absichtlich zu täuschen.

Ganz besonders gefährlich sind die Menschen, die sich immer um anderer Leute Sachen kümmern, statt um ihre eigenen. „Warum hast du eine so kurze Nase?", fragte ein feines Herrchen einen Bauernjungen. „Damit ich sie nicht in das reinstecke, was mich nichts angeht!", lautete die Antwort. Wenn es einen Verein gegen das Hineinstecken der Nase in fremde Angelegenheiten gäbe, so wüsste ich für ihn so manches Mitglied vorzuschlagen. Die Nasen mancher Leute erinnern mich an einen Fabrikanten, der sich bei einem Unfall die Nase verletzt hatte. Er hatte kein Pflaster bei sich und klebte eine seiner gummierten Geschäftsanzeigen auf die Wunde. Darauf standen die Worte: „Garantierte Länge: 300 m". Die Nasen, von denen man sagt, dass ihre Besitzer sie überall hineinstecken, sind immer lang genug. Die Familie Neugierig hat ein zähes Leben und wird nicht so bald aussterben. Es gibt zwei Gründe, warum viele Leute nicht vor ihrer eigenen Tür kehren und niemals das tun, was ihres Amtes ist: weil sie nichts Ordentliches zu tun haben und weil sie Hohlköpfe sind.

Wer klug ist und nicht will, dass seine Heimlichkeiten an die große Glocke gehängt werden, geht dem Neugierigen aus dem Weg. Wenn dir einer erzählt, was dein Nachbar sagt und tut, dann halte deinen Mund, denn er wird auch deinem Nachbar erzählen, was du sagst und tust. Wenn er dir die Fehler anderer sagt, so lass ihn ja keinen von deinen Fehlern bemerken, von dem du nicht willst, dass bald die ganze Stadt von ihm erfährt.

Wer vor dir schlecht über andere spricht, wird auch vor anderen schlecht über dich sprechen. Erzählt dir einer, was andere über dich gesagt haben, so sag ihm ja nichts über andere, denn du kannst dich darauf verlassen, er wird es ihnen vermehrt und verschönert weitererzählen. Wenn wir auf solche Dinge achten, wird uns niemand so leicht betrügen. Der eine wird durch Schaden klug und wenn er einmal eine Dummheit gemacht hat, lässt er es sich für das nächste Mal eine Warnung sein. Der andere ist unverbesserlich und keine Enttäuschung kann ihm seine Vertrauensseligkeit rauben. Wenn uns ein Mensch einmal betrogen hat, müssen wir ihn so scharf beobachten, dass es ihm kein zweites Mal gelingt. Eine Maus, die sich zweimal von derselben Katze fangen lässt, verdient kein Mitleid. Aber solange die Welt steht, wird es immer Menschen geben, die nicht weiter sehen, als ihre Nase lang ist.

Unser Einfluss auf andere

Wenn ihr wirklich zum Herrn bekehrt seid, dann habt ihr auch guten Einfluss auf andere. Vor einiger Zeit starb ein junger Mann mit den Worten: „Um Gottes willen, nehmt allen Einfluss, den ich ausgeübt habe und begrabt ihn mit mir." Ja, wer hätte das tun können? Der junge Mann mochte seine Sünden bereuen, aber seinen Einfluss konnte er nicht mehr zurücknehmen. Er hatte viele auf Irrwege geführt. Durch seine glänzende Unterhaltungsgabe hatte er andere in Zweifel und Unglauben gestürzt und durch sein sittenloses Leben manchen jungen Mann zu solchen Sünden verleitet. Das Unheil konnte er nicht mehr ungeschehen machen.

Jeder lebende Mensch trägt in seiner Hand eine geöffnete Büchse. Entweder fallen Samenkörner der Sündenkrankheit heraus oder es kommt ein angenehmer Duft der Gnade aus ihr heraus, der den Menschen Heil und Genesung bringt. Unser Einfluss wird entweder durch Gottes Gnade der Kanal, durch den den Menschen das Heil zuströmt, oder – wenn wir uns der Gnade Gottes verschließen – kann er das Mittel werden, durch das der Böse viele ins Verderben zieht.

Die Sünden des Schweigens

Man hat schon viel geschrieben und gesprochen über die Sünden der Zunge, kann man aber nicht auch durch Schweigen sündigen? Reden ist Silber, Schweigen ist Gold, heißt es mit Recht, aber nicht nur das Silber der Rede, sondern auch das Gold des Schweigens ist oft unecht oder unrein. Man kann durchs Schweigen ebenso Unrecht tun wie durch unüberlegtes Reden. Wenn wir uns durchs Schweigen jeder Verantwortung entziehen könnten, so wäre das Leben sehr erleichtert und die Welt wäre für die Feiglinge ein Paradies. Wenn wir durchs Schweigen unsere Pflicht umgehen könnten, so könnten wir nichts klügeres tun, als unseren Mund verschlossen halten. Aber so ist es nicht. Unsere Stellung im Leben legt uns oft die Pflicht der Rede auf und wir sündigen, wenn wir diese Pflicht nicht erfüllen.

Sünden des Schweigens sind nicht so häufig wie Sünden des Redens, aber sie können genau so schlimm und gefährlich sein. Einer Lüge stillschweigend zuzustimmen ist genauso gut gelogen wie eine Lüge mit Worten auszusprechen. Wenn wir einen unvorsichtigen Menschen, der vor unseren Augen Opfer eines Betrugs wird, nicht warnen, machen wir uns zum Mitschuldigen des Betrügers. Wenn wir Irrlehren verkündigen hören und nicht dagegen auftreten, geraten wir vielleicht selbst bald in die Netze des Irrtums. Wenn in einem Staat schlechte Gesetze erlassen werden, so sind alle mitschuldig, die bei der Abstimmung dagegen wirken konnten, es aber versäumt hatten ihren Einfluss für Wahrheit und Gerechtigkeit in die Waagschale zu legen. „Wer da meint Gutes zu tun und tut es nicht, dem ist es Sünde."

Wenn Gott uns reden heißt, ist es eine Sünde zu schweigen. Wir könnten ja recht ruhig und behaglich leben, wenn wir niemals unsere Stimme gegen das Böse erheben würden, aber darf denn ein mutiger Kämpfer Jesu Christi zuerst an sein eigenes Wohlergehen denken? Der Christ kann sich durch Schweigen seine Freunde erhalten und es vermeiden Feinde zu bekommen, aber was wird sein himmlischer Vater zu solch einem verräterischen Treiben sagen? Wozu haben wir eine Zunge, wenn nicht um die Wahrheit zu reden? Wir reden genug unnütze Worte, für die wir am Tage des Gerichts Rechenschaft ablegen müssen, sie sind die faulen Früchte der Zunge. Für eine unnütze Zunge, die gar keine Früchte bringt, werden wir auch Rechenschaft geben müssen. Hunde, die ständig bellen, sind eine Plage; stumme Hunde, die nicht bellen können, sind gar nichts nütze. Im Königreich Christi wird der Knecht, der des Herrn Willen nicht getan hat, ebenso bestraft wie der, der sich offen gegen diesen Willen aufgelehnt hat. Durch Schweigen kann ich meine Zunge nicht in den Dienst Gottes stellen. Wenn die Gelegenheit es erfordert, muss ich zu Gottes Ehre und zum Wohl der Menschen reden.

Viel Böses, das in unseren großen Städten geschieht, bliebe ungestraft und würde nicht ans Licht kommen, wenn nicht ein paar mutige Männer den Mut hätten offen dagegen anzutreten. „Still, still, man muss es vertuschen", sagt die Feigheit, die sich in den Mantel der Sittsamkeit hüllt, „man muss der Unsittlichkeit ihren Lauf lassen, denn wenn man davon redet, werden zarte Ohren beleidigt." Gutmütige, zartbesaitete Menschen begehen natürlich selbst kein Verbrechen, aber sie ziehen zu Gunsten des Missetäters die Vorhänge zu. „Bring lieber kein Licht, wir wollen lieber nicht sehen, was so anstößig ist! Was ich nicht weiß, macht mich nicht heiß. Wir wollen den Teufel nicht einladen, aber wenn er doch kommt, wollen wir ihn lieber nicht sehen." Es ist höchste Zeit, dass solches Liebäugeln mit der Ungerechtigkeit aufhört.

Wer die Sünden des öffentlichen Lebens gerne totschweigt, der wird auch im persönlichen Umgang leicht zum Bösen schweigen und dadurch, ob er will oder nicht, seine Zustimmung dazu geben. Wie oft haben wir Anteil an fremder Sünde, weil wir nicht dagegen auftreten. Es fehlt bei uns so sehr an brüderlicher Zurechtweisung. „Dieser Liebesdienst", sagt ein gläubiger Christ aus früherer Zeit (und seine Worte passen auch auf unsere Zeit), „ist fast ganz außer Übung gekommen. Wir sehen und hören viele schreckliche Sünden und unsere Seele wird mitschuldig, weil wir dazu schweigen. Das Böse nicht tadeln, heißt so viel wie es zu loben. Wer offenkundiger Sünde nicht widersteht, ist selbst im Geheimen der gleichen Sünde schuldig. Du sagst, um der Liebe willen enthältst du dich des Tadels? Wenn du aber deinen Freund noch so sehr liebst, musst du doch die Wahrheit noch mehr lieben."

Ein anderer sagt: „Wenn wir am falschen Ort schweigen, schaden wir dadurch unserem Nächsten. Wir sehen wie er sich sein

Haus überm Kopf einreißt und hindern ihn nicht daran. Wir sehen wie er seine Seele um ein elendes Nichts verkauft und wir ermahnen ihn nicht zu einem Rückkauf. Auch uns selbst schaden wir. Die Sünden anderer kommen auch mit auf unsere Rechnung, wenn wir sie mitansehen und nicht dagegen sprechen. Das Feuer, das unseres Nachbars Haus verbrennt, wird auch das unsere verzehren, wenn wir es nicht durch ein kräftiges Zeugnis löschen. Solches Schweigen hinterlässt einen Stachel im Gewissen, den wir zuerst vielleicht nicht fühlen; aber nachdem die Gelegenheit gegen das Unrecht zu zeugen, verpasst ist, sticht der Stachel schmerzlich in deinem Herzen wenn dein Gewissen noch nicht ausgetrocknet ist."

Wie oft versäumen wir die Gelegenheit im Umgang mit unseren Freunden und Verwandten zur richtigen Zeit ein gutes Wort zu sagen! Wenn unser Beruf oder unsere Familienverhältnisse uns zum Umgang mit bösen Menschen zwingen, so müssen wir deutlich Farbe bekennen. Wir müssen uns offen und unmissverständlich zu der Sache Gottes, zu der Wahrheit und der Gerechtigkeit bekennen. Wenn wir schweigen, sieht es so aus, als wären wir mit dem Feind verbündet; aber wenn wir mutig zeigen, auf welcher Seite wir stehen, sind wir bald Herr der Lage. Auf jeden Fall sieht man es uns aber an, dass das Böse an uns nicht herankommt.

Echte Christen dürfen auch im Lob Gottes nicht stumm und träge sein; und doch, wie undankbar sind sie und vergessen Ihn für seine Güte zu preisen. Sie leben dahin, als ob sie gar nicht loben könnten. Wenn es um das Klagen geht, fehlt es ihnen nicht an der Stimme, aber wenn sie Anlass zum Loben hätten, sind sie stumm wie die Fische. Wenn wir so manches besonders auffallende Beispiel von Gottes Güte gegen uns auch anderen erzählen würden, könnten Unzählige, die Gott jetzt vergessen, seinen Namen preisen lernen. So wollen wir denn die Fesseln unserer Zunge lösen, damit unser Mund Gottes Ruhm verkündige.

Fehler

Wer sich rühmt, dass er vollkommen sei, ist ein vollkommener Dummkopf. Ich bin weit in der Welt herumgekommen und habe kein vollkommenes Pferd und keinen vollkommenen Menschen gesehen. In einem Kohlensack findet man kein weißes Mehl und in der menschlichen Natur keine Vollkommenheit. „Leblos – schuldlos", heißt ein Sprichwort. Von Toten sollen wir nur Gutes reden, aber die Lebenden sind alle mehr oder weniger mit dem schwarzen Pinsel gezeichnet. Es ist keine Rose ohne Dornen und kein Tag ohne Nacht. Selbst die Sonne ist nicht fleckenlos. Alles Gute im Menschen ist mit Bösem vermischt. Natürlich sind dem Menschen seine Fehler nicht auf die Stirn geschrieben, das ist auch gut so, sonst müssten wir breitrandige Hüte tragen. Aber niemand weiß, wann eine Sünde zum Vorschein kommt, so wie ein Häschen aus dem Graben springt, wo man es gerade nicht erwartet.

Wenn wir immer daran denken würden, dass wir unter unvollkommenen Menschen leben, würde uns ein Fehler, den wir an einem Freund bemerken, nicht so schnell aus der Fassung bringen. Wohl dem, der von dem sündigen Fleisch und Blut nichts erwartet – er wird nicht enttäuscht werden. Die besten Menschen sind doch nur Menschen und in unserer sündigen Welt ist auch auf dem besten Acker Unkraut zu finden. Der beste Fahrer kann mal einen Unfall bauen und die geschickteste Köchin die Suppe verschütten. Es wäre dumm von dir mit einem erprobten Freund zu brechen, weil du ein paar Fehler oder Schwächen an ihm entdeckt hast. Es geht dir dann so wie dem, der ein einäugiges Pferd loswerden wollte und es für ein blindes eintauschte. Wir alle haben eine Menge Fehler und darum soll einer mit dem anderen Geduld haben. Wer im Glashaus sitzt, darf nicht mit Steinen werfen. An anderer Leute Fehlern sehen wir unsere eigenen. Wir müssen unsere Mitmenschen als Spiegel gebrauchen und an uns selber ausbessern, was wir an ihnen sehen.

Ich kann die Menschen nicht leiden, die ihre Nase in anderer Leute Haus stecken um deren Fehler auszuschnüffeln und sie dann unter der Lupe zu betrachten. Solchen Leuten möchte ich sagen: „Pack dir an deine eigene Nase. Schnüffle im eigenen Haus umher und du wirst den Teufel finden, wo du ihn nicht vermutest." Was wir sehen wollen, das sehen wir auch, darum sind die Fehler immer groß, wo die Liebe klein ist. Die Fehlerjäger sollten nur auf ihrem eigenen Grund und Boden jagen, dort macht ihnen niemand das Jagdrecht streitig. Wir müssten eine große Tafel haben, wenn wir alle unsere eigenen Fehler aufschreiben wollten. Gott sei gelobt, wir wissen ja, wer sie uns verzeihen und uns davon befreien kann. Gott liebt uns trotz aller unserer Fehler, wenn wir an seinen Sohn glauben, darum wollen wir nicht mutlos sein, sondern hoffen, dass wir durch die Erfahrung weise werden und bevor unser Leben zu Ende geht, wir unseren Mitmenschen etwas nützen könnten. Wir dürfen nicht herumliegen und nichts tun, weil wir nicht alles perfekt tun können. Die Arbeit muss getan werden, auch wenn die Arbeiter unvollkommen sind. Wir müssen pflügen, so gut oder schlecht wir können, sonst gibt es nächstes Jahr keine Ernte.

Klatsch

Wenn man vom Schwatzen und Klatschen spricht, nimmt man gewöhnlich die Frauen aufs Korn und sagt ihnen allerlei Schlimmes nach, z.B., Schweigsamkeit sei ein schöner Schmuck für die Frau, aber sie trage ihn selten oder, eine Frau würde nur das nicht weitersagen, was sie nicht weiß. Aber ich kenne manchen Mann, der es in der Beziehung auf Klatschen und Schwatzen mit jeder Frau aufnehmen kann. Einem Klatschbruder muss man seine Sünden genauso gut vorhalten wie einer Klatschschwester. Schade, dass man nicht eine Steuer auf überflüssige Worte auflegen kann, da würde die Staatskasse auf einmal voll und wenn man für Lügen das Doppelte zahlen müsste, könnte man bald alle Staatsschulden begleichen. Aber wer wäre im Stande das Geld einzuziehen? Was die Leute sagen und was man vom Hörensagen weiß, ist meistens ganz oder halb gelogen. Eine Geschichte verliert nie etwas durchs Weitererzählen, im Gegenteil, sie wächst wie eine Lawine durchs Rollen. Wer viel redet, lügt viel. Wenn die Leute nichts als die Wahrheit reden würden, in was für einer friedlichen Welt würden wir dann leben! Schweigen ist selten ein Übel, aber das Schwatzen ist oft eine Seuche. Schweigen ist Weisheit, aber weise Leute sind selten. Stille Wasser sind tief, aber die seichtesten Bäche plätschern am lautesten, wie oberflächliche Dummköpfe am lautesten plappern. Ein offener Mund gehört zu einem leeren Kopf, denn wenn Gold und Silber im Kasten ist, lässt man ihn nicht offen stehen. Schwatzen kann man von Natur, aber Schweigen muss man mit Mühe lernen; und doch soll sich jeder ehrliche Mensch aus Liebe zur Wahrheit Zaum und Gebiss in den Mund legen.

Wenn wir aber reden müssen, so wollen wir wenigstens nicht verleumden und hinter dem Rücken der Leute Böses sagen. Verleumdung macht zwar den Zuträgern Vergnügen, aber sie ist der Tod für ihre Opfer. Wir können mit der Zunge ebenso gut morden wie mit der Hand. Das Schlimmste, das man einem Menschen antun kann, ist, dass man ihm seinen guten Ruf raubt. Nicht alle sind Diebe, die von Hunden angebellt werden, aber man behandelt sie gewöhnlich, als wären sie es; denn die Welt glaubt meistens, dass wo Rauch ist auch Feuer sein muss und dass an dem, was die Leute reden, immer etwas Wahres ist. Darum wollen wir uns gut in Acht nehmen, damit wir nicht etwas so zartes wie den Ruf unseres Nächsten schädigen. Wer einmal mit Schmutz beworfen ist, kann sich schwer wieder rein machen und wer bei den Leuten einmal im schwarzen Register steht, kommt selten wieder heraus.

Auf jeden Fall ist es besser zu wenig zu reden als zu viel, denn wenn man aller Menschen Sünden auf zwei Haufen legen würde, wären auf der einen Hälfte bestimmt nur die Zungensünden. „Wer auch in keinem Wort fehlt, der ist ein vollkommener Mann und kann auch den ganzen Leib im Zaum halten." (Jak. 3, 2)

Menschen, die Klatsch verbreiten, sind eine Geißel der Menschheit, sie übertreiben und verdrehen und schneiden auf, zerstören Freundschaften und richten alles erdenkliche Unheil an. O hätten wir doch viele Menschen, die ihre Zunge im Zaum halten und lieber schweigen als ihre Mitmenschen zu verlästern. Ihr Klatschbasen beider Geschlechter, gebt euer schändliches Gewerbe des Zutragens auf. Hetzt nicht immer die Leute gegeneinander auf. Lobt Gott mehr und tadelt euren Nächsten weniger. Jede Gans kann schnattern, jede Fliege findet eine wunde Stelle, auf die sie sich setzen kann und jedes leere Fass gibt einen Ton von sich. Denkt viel, aber redet wenig. Seid schnell zur Tat, aber langsam zum Wort; und vor allem, bittet Gott, dass Er eure Lippen behüte.

Selig sind die reines Herzens

„Wenn er sich hält an deine Worte" (Psalm 119, 9)

Wie kann ein junger Mensch gottesfürchtig werden und bleiben? Er ist noch jung, voll von ungezähmten Leidenschaften, arm an Erkenntnis und Erfahrung; wie kann er den rechten Weg finden und darauf wandeln? Es ist eine wichtige Frage für jeden Menschen, aber ganz besonders wichtig für den, der eben dem Kindesalter entwachsen ist und auf der Schwelle des Jugendalters steht. Er stellt sich keine leichte Aufgabe: Er möchte einen reinen Weg gehen und selbst unsträflich darauf wandeln, aber leider hat er seinen Lauf schon durch Sünden beschmutzt und hat in sich selbst etwas, das ihn zur Unreinheit hinzieht. Wie soll er denn richtig anfangen immer das Richtige zu erkennen und zu wählen und schließlich zur Vollkommenheit gelangen? Das ist schwer für einen Mann, wie soll ein Jugendlicher das zu Stande bringen? Und doch gibt es für einen Jugendlichen kein edleres Streben, nichts, wofür er mit solcher Sicherheit berufen ist, wie dass er seinen Weg unsträflich geht. Trotz der Schwierigkeiten darf es ihm nicht bange sein, denn es ist ein herrliches Ziel: ein Leben der Reinheit und Gnade.

Er darf aber ja nicht glauben, er könnte selbst den Weg zu einem mühelosen Sieg über alle Hindernisse finden oder sich durch seine eigene Weisheit unsträflich erhalten. Er muss dem Psalmisten folgen und ernsthaft fragen, wie er sich unsträflich erhalten kann. Er muss in Gottes Schule eintreten und da lernen, wie man die Welt, das Fleisch und den Teufel überwindet. Er ist noch jung und weiß den Weg nicht, darum braucht er sich nicht zu schämen, bei Dem, der immer bereit ist den Weg zu zeigen eifrig nach ihm zu fragen.

Und was ist die Antwort, die uns der unfehlbare Lehrer gibt? „Wenn er sich hält an Gottes Worte."

Die Bibel muss deine Landkarte sein und du musst genau darauf achten, dass dein Weg ihren Anweisungen folgt. Du musst auf dein Leben Acht haben und um das zu können, musst du fleißig in deiner Bibel lesen.

Selbst ein vorsichtiger Mensch kann sich verirren, wenn seine Karte ungenau ist oder wenn er sie nicht ordentlich betrachtet. Den schmalen Weg findet man nicht durch Zufall und ein leichtfertiger Mensch wird niemals ein wirklich frommes Leben führen. Wir können aus lauter Gedankenlosigkeit sündigen und uns nicht um unser Seelenheil kümmern, aber wir müssen Seele, Herz und Geist anstrengen, wenn wir im Gehorsam gegen den Herrn unsträflich wandeln wollen. Die Gedankenlosen und Leichtsinnigen mögen sich das zu Herzen nehmen.

Das Wort Gottes ist für uns unentbehrlich, wenn wir den richtigen Weg finden wollen. Ohne diesen Führer kann bei einem aufrichtigen Menschen die Gewissenhaftigkeit schließlich in krankhafte, abergläubische Ängstlichkeit ausarten. Ein Kapitän, der die Küste, auf die er zufährt, nicht kennt und der keinen Lotsen an Bord hat, kann Schiffbruch leiden, auch wenn er die ganze Nacht Wache hält. Es genügt nicht, dass wir das Richtige wollen, denn in der Unwissenheit können wir meinen, Gott einen Dienst zu tun, während wir in Wirklichkeit gegen Gottes Willen handeln. Ein Mensch, der in der Meinung Arznei einzunehmen, versehentlich Gift schluckt, muss sterben, auch wenn er das Gift unabsichtlich eingenommen hat. So kann ein junger Mensch sich in tausend Gefahren begeben, wenn er sich auf sein eigenes Urteilsvermögen verlässt und darin seine Hilfe sieht, anstatt sich die Unterweisung aus dem Wort Gottes zu suchen.

Absichtliche Unwissenheit ist eine absichtliche Sünde, die keine Entschuldigung verdient. Darum, wer gerne heilig leben möchte, der halte heilige Wache in seinem Herzen und halte sich das heilige Wort Gottes stets vor Augen. Dann wird er jede Biegung des Weges sehen. Da ist jede sumpfige Stelle und der Ort, an dem der Pfad trocken ist, eingezeichnet. Da findet er Licht für seine Finsternis, Erquickung für die Müdigkeit, Gesellschaft in der Einsamkeit. Es wird von ihm heißen: „Wohl denen, die ohne Tadel leben, die im Gesetz des Herrn wandeln."

Reinheit

Seid rein im Herzen, im Leben, mit den Lippen. Erlaubt euch keine unreinen Gedanken und Bilder, noch viel weniger unreine Worte. Vermeidet mit allem Ernst jeden unzüchtigen Blick, jedes zweideutige Wort, jede unreine Tat. Alles, was an der Grenze der Unkeuschheit liegt, muss abgetan werden. Nur die reines Herzens sind werden Gott schauen. Wir sind alle menschlichen Leidenschaften unterworfen. Unser Fleisch hat zu leicht Gefallen an dem, was ihm schmeichelt und ehe wir uns versehen, ist die Seele gefangen. Wacht und betet, wacht besonders in diesen bösen Tagen. Betet: „Führe uns nicht in Versuchung!", und wenn euer Gebet von Herzen kommt, wird Gott euch vor zweifelhafter Gesellschaft bewahren. Macht einen Bund mit euren Augen, dass ihr nicht seht, was euch beschmutzt und verstopft eure Ohren, dass sie nicht schmutzigen Worten lauschen. Bittet Gott, dass Er euer Herz rein und heilig erhält. Bewahrt eure Lippen, dass ihr nicht durch sündige Reden andere zerstört.

Die Gefahr, dass ihr in grobe, offensichtliche Sünde fallt, fürchte ich nicht so sehr wie die, dass ihr etwas tut, das euch dem Weg der Sünde ein klein wenig näher bringt. Als in Rom noch Heiden mit Christen vermischt lebten, wurde ein junger Christ von einem heidnischen Freund gebeten mit ihm ins Kolosseum zu gehen. Der Christ verabscheute die Gräuel der Römischen Schauspiele, aber da er sich seinem Freund verpflichtet fühlte und dieser sehr auf ihn eindrang, beschloss er, dieses eine Mal zu gehen, aber dem Schauspiel nur mit geschlossenen Augen und zugehaltenen Ohren beizuwohnen. Eine Zeit lang befolgte er seinen Vorsatz, aber auf einmal vernahm er dennoch einen lauten Beifallssturm, der einem Gladiator galt. Neugierig öffnete er die Augen und nahm die Finger aus den Ohren. Bald ergriff ihn der Zauber der Aufregung. Er sah zu, fand Vergnügen an der Sache und wurde von da an ein regelmäßiger Besucher und ein Verteidiger der grausamen Spiele. Kurze Zeit später fiel er ganz in das Heidentum zurück.

„Aber", sagst du, „man darf doch nicht zu streng sein." Es ist in unserer Zeit keine große Gefahr, dass man zu streng wird. Zu gottesfürchtig, dem Heiland zu ähnlich kannst du doch nicht werden. An jenem großen Tag wird der Herr Jesus doch nicht zu einigen sagen: „Ihr seid nicht weltlich genug gewesen, ihr habt es mit eurem Wandel zu genau genommen und euch der Welt nicht genug angepasst." Der gesagt hat: „Ihr sollt vollkommen sein, wie euer Vater im Himmel vollkommen ist", hat euch ein Ideal vorgehalten, das ihr nie übertreffen könnt. „Aber", sagst du, „ein klein wenig möchte ich die Freuden der Sünde genießen." Wenn du das sagen kannst, dann bist du überhaupt kein Kind Gottes. „Wer aus Gott geboren ist, der sündigt nicht." Das kann allerdings nicht heißen, dass ein solcher nicht aus Schwachheit in Sünde fällt, aber es heißt, dass es ihm keine Freude macht zu sündigen. Er ist eine neue Kreatur und es ist ihm eine Freude möglichst nahe bei Gott zu leben.

„Wie weit darf ich mich der Welt gleichstellen?" Das ist eine Frage, die die Menschen oft in ihrem Herzen bewegen, wenn sie sie auch nicht aussprechen. Ich will euch eine Geschichte erzählen. Eine Dame brauchte einen Kutscher und es kamen einige Männer, die sich um die Stelle bewarben. Sie fragte den Ersten: „Wie nahe können Sie an eine gefährliche Stelle dranfahren, ohne dass es ein Unglück gibt?" „Frau", antwortete er, „ich kann bis auf einen Meter Entfernung dranfahren und bin dabei noch vollständig sicher." „So", sagte sie, „Sie können gehen, ich kann Sie nicht gebrauchen." Der Zweite hatte das Gespräch gehört und als die Dame ihm dieselbe Frage stellte, sagte er: „Welche Gefahr! Ich bin noch ganz sicher, wenn ich um ein Haar entfernt bin." „Dann kann ich Sie nicht brauchen." Als der Dritte hereinkam, fragt die Dame: „Können Sie gut fahren?" „Nun ja", sagte er, „ich bin vorsichtig und habe noch nie ein Unglück gehabt." „Aber wie nahe können Sie an eine gefährliche Stelle dranfahren?" „Das habe ich noch nie versucht, ich entferne mich immer so weit wie möglich von der Gefahr." Die Frau sagte: „Sie sind ein Kutscher wie ich ihn brauche, ich stelle Sie ein."

Einen solchen Kutscher müsst ihr haben, der euer Herz führt und euren Charakter leitet. Überlegt nicht, wie nahe ihr an die Sünde drankommen, sondern wie weit ihr euch von ihr entfernt halten könnt. Wenn ihr diesen Rat nicht befolgt, wenn der Geist Gottes nicht in euch wirkt, dass euer Leben rein bleibt, dann werden eure christlichen Freunde bald mit Schmerzen sagen: „Wer hätte das gedacht? Sind das nicht die netten jungen Leute, auf die wir so viele Hoffnungen setzten?" Jawohl, das sind die guten Leute, die immer sagten, man darf nicht zu streng sein. Wenn ihr das Schlimmste vermeiden wollt, dann hütet euch schon vor dem Schlimmen. Ihr verliert nichts, wenn ihr auf die Freuden der Sünde verzichtet. Des Herrn Wege sind gut und es sind Wege des Friedens. Wie geborgen und fröhlich ist das Leben eines wahren Christen und welchen Frieden genießt er! Gott gebe uns Gnade, dass wir auf dem Weg des Friedens bleiben, auch auf die Gefahr hin, dass andere uns „Fromme" nennen und über unsere heilige Scheu vor der Sünde spotten.

Gedanken

Das Jahr hat nicht so viele Stunden, wie wir Gedanken in einer Stunde haben können. Sie erscheinen in großer Menge, wie ein Bienenschwarm. Man kann sie so schlecht zählen wie die trockenen Blätter im Herbst und einer zieht den anderen nach sich wie ein Kettenglied das nächste. Wie ruhelos sind wir Menschen! Unsere Gedanken schweben auf und ab wie die Mücken an einem Sommerabend. Sie wandern schnell wie die Räder einer Uhr. Unser Denken ist etwas sehr wichtiges. Viele leichte Sandkörner ergeben einen schweren Haufen und viele leichtfertige Gedanken ergeben eine schwere Sündenlast. Achte also gut auf deine Gedanken, denn wenn du sie zu Feinden hast, werden sie dir bald zu viel werden und dich in den Abgrund des Verderbens reißen. Himmlische Gedanken sind wie die Singvögel im Frühling: sie erfüllen unsere Seelen mit schönen Melodien. Aber böse Gedanken stechen uns wie Nattern.

Ein Sprichwort sagt: „Gedanken sind zollfrei." Es hat aber jemand mal gesagt: „Sie sind zwar zollfrei, aber nicht höllenfrei", und das stimmt ganz mit der Bibel überein. Man kann dich wegen deiner Gedanken nicht vor ein irdisches Gericht ziehen, aber glaub mir, vor dem letzten Gericht wirst du dich für sie verantworten müssen. Böse Gedanken sind der Zündstoff und des Teufels Versuchungen sind die Funken, die hineinfallen. Sie sind das Nest, in das alle schlimmen Vögel ihre Eier legen. So sicher wie das Feuer nicht nur Holz, sondern auch Reisig verbrennt, so sicher ist auch, dass Gott nicht nur die sündigen Taten, sondern auch sündige Gedanken strafen wird. Glaube nur ja nicht, deine Gedanken wären Gott unbekannt. Für sein Auge hat das geheimste Zimmer deiner Seele ein Fenster, dass durch keine Läden verschlossen werden kann. Wie wir die Bienen durch das Fenster des Bienenstocks beobachten, so beobachtet das Auge des Herrn die Regungen in unserer Seele. Gott sieht das Innere des Menschen so gut wie das Äußere, vor dem Himmel gibt es keine Geheimnisse. Was im innersten Herzen geschieht ist dem allsehenden Auge so offenbar, wie die Vorgänge auf den Straßen einer Stadt.

Du sagst vielleicht: „Ich kann nichts dafür, wenn ich böse Gedanken habe." Das ist wohl möglich, aber es kommt darauf an, ob sie dir zuwider sind oder nicht. Du kannst einen Dieb nicht hindern, dass er durchs Fenster zu dir hereinschaut, aber wenn du ihm die Tür aufmachst und ihn hereinlässt, bist du genauso schlecht wie er. Du kannst nicht verhindern, dass die Vögel über deinem Kopf fliegen, aber du brauchst nicht zu erlauben, dass sie in deinem Haar Nester bauen. Verwerfliche Gedanken klopfen an die Tür, aber wir brauchen ihnen ja nicht aufzumachen. Sündige Gedanken können kommen, aber wir müssen sie nicht herrschen lassen. Wer einen Bissen lange im Mund hin und her wendet, tut das, weil er ihm schmeckt und wer böse Gedanken in sich verarbeitet, der hat Freude daran und wird bald zu bösen Taten fortschreiten. Wenn man den Teufel an die Wand malt, dann kommt er und wenn du dir in Gedanken die Sünde ausmalst, wird bald eine sündige Tat daraus werden. Ein Pfeil fliegt durch die Luft und man sieht seine Spur nicht, aber wie Schnecken ihren Schleim, so hinterlassen unreine Gedanken ihre Spuren. Wo ein reger Umgang mit unreinen Gedanken stattfindet, da bleibt viel Schlamm und Schmutz zurück. Ein schmutziger Gedanke, dem du einmal nachhängst, hat den Schlüssel zu deinem Inneren und kommt leicht wieder herein, du magst es wollen oder nicht und vielleicht kommt er dann nicht allein, sondern bringt sieben Geister mit sich, die noch schlimmer sind als er selbst. Wer kann sagen, wohin das schließlich führt? Pflege und wiege das Kindlein Sünde auf dem Schoß deiner Gedanken und ehe du dich versiehst, ist es zu einem Riesen herangewachsen.

Wenn du weise bist, wirst du auf die Gedanken deines Herzens stets ein wachsames Auge haben. Gute Gedanken sind himmlische Gäste, die wir freundlich aufnehmen, gut bewirten und dringend zum Wiederkommen einladen müssen. Du kannst nicht zu viele von ihnen anpflanzen, denn sie machen den Boden immer fruchtbarer. Heilige Gedanken müssen wir schützen, wie die Henne ihre Küken unter ihre Flügel sammelt. Aus heiligen Gedanken entspringen heilige Worte und Taten, die das Kennzeichen eines erneuerten Herzens sind. Wer hätte nicht gerne solche Gedanken? Wenn du nicht willst, dass Spreu in deine Furche kommt, dann fülle sie mit Körnern. Wenn du wertlose Gedanken draußen halten willst, dann fülle dein Denken mit Schönem und Edlem, das dir Stoff zu guten Gedanken gibt. Solchen Stoff kannst du überall reichlich finden, sorge dafür, dass es dir nie an ihm fehlt.

Prüft euch, ob ihr im Glauben steht

Hast du den Glauben? Du sagst: ja, ich habe ihn. Ich will dich noch etwas fragen: Macht dieser Glaube dich auch gehorsam? Der Besessene, den Jesus geheilt hatte (Lk. 8), wäre gern bei Jesus geblieben und hätte seinen Worten zugehört, aber als Jesus ihn heimgehen ließ, ging er ohne Widerrede. Macht dein Glaube dich gehorsam?

Es gibt in unserer Zeit recht traurige Arten von Christen, die nicht einmal die ganz gewöhnliche Ehrlichkeit haben. Es gibt Menschen, die ohne gottesfürchtig zu sein, im geschäftlichen Umgang doch sehr korrekt und gewissenhaft sind, während andere dagegen, die sich Christen nennen, vielleicht nicht gerade unehrlich sind, aber es doch nicht so genau nehmen ein wenig von der klaren Linie abzuweichen. Sie bezahlen ihre Rechnungen nicht rechtzeitig, sie sind weder pünktlich noch gewissenhaft. Ja, manchmal, – was hilft es, die Wahrheit zu verbergen? – findet man Christen, die geradezu unehrlich handeln, die Dinge tun, derer sich ganz weltliche Menschen schämen würden. Aber glaub mir, wenn du in deinen geschäftlichen Beziehungen etwas tun kannst, was eines ehrlichen Mannes unwürdig ist, so bist du überhaupt kein Christ.

Sei überzeugt, dass, wenn du im Ungehorsam gegen Gebote Gottes dahinlebst, wenn du deinem Christennamen Schande machst, wenn du Gespräche führst, derer sich ein Weltmensch schämen würde, dann ist die Liebe Gottes nicht in dir. Ich verlange keine Vollkommenheit, aber ich verlange Aufrichtigkeit. Wenn dein Christentum nicht bewirkt, dass du in den Dingen dieses Lebens gewissenhaft bist und darüber betest, wenn du nicht in Jesus Christus eine neue Kreatur bist, so ist dein Glaube nur ein tönendes Erz und eine klingende Schelle.

Biblische Lebensbilder

Saras Glaubensruhe

Sara war still und ruhig und ließ sich nicht leicht erschrecken. In ihrem Leben ereignete sich so manches, was sie leicht aus der Fassung hätte bringen können. Das erste war das Aufgeben ihres häuslichen Lebens und der Abschied von ihrem alten Heim. An ihren Mann, Abraham, erging der göttliche Ruf, aus Ur in Chaldäa zu ziehen und sie zog mit ihm nach Haran. Es gibt Frauen, die das nicht verstanden hätten. „Warum will er aus der Heimat ausziehen, weg von allen unseren Verwandten?" So hätte Sara bestimmt gefragt, wenn sie nicht den gleichen Glauben wie Abraham hätte. Eine ungläubige Frau hätte gesagt: „Ein Ruf von Gott? Unsinn! Fanatismus! Das glaube ich nicht!" Und wenn ihr Mann dennoch gehen wollte, hätte sie sich sehr gefürchtet.

Als Abraham mit seinem Vater Terach nach Haran zog und Terach in Haran starb, als Abraham dann von Gott gerufen wurde weiterzuziehen, hatten sie den Euphrat zu durchkreuzen und in ein Land zu gehen, von dem sie nichts wussten. Das war eine noch ernstere Prüfung. Als die Güter auf Kamele und Esel gepackt wurden und die Lasttiere mit dem Zug von Knechten und Mägden, von Schafen und Vieh sich weiter fortbewegten, wäre es ganz natürlich gewesen, dass Sara – falls sie ungläubig gewesen wäre – gefragt hätte: „Wohin gehst du?" „Ich weiß es nicht", hätte Abraham geantwortet. „Warum gehst du? Was hast du davon?" „Ich weiß es nicht. Gott hat mir zu gehen befohlen, aber wohin, weiß ich nicht und wozu, kann ich nicht genau sagen. Ich weiß nur, dass Gott gesagt hat: 'Geh aus deinem Vaterland und von deiner Verwandtschaft und aus deines Vaters Hause in ein Land, das ich dir zeigen will. Und ich will dich zum großen Volk machen und will dich segnen und dir einen großen Namen machen und du sollst ein Segen sein. Ich will segnen, die dich segnen und verfluchen, die dich verfluchen; und in dir sollen gesegnet werden alle Geschlechter auf Erden.' (1. Mo. 12, 1–3)"

Wir lesen nicht, dass Sara so gefragt oder sich mit solchen Gedanken gequält hätte. Die Sachen wurden auf die Lasttiere geladen und sie reiste still weiter. Hatte doch Gott ihrem Mann befohlen zu gehen, wie hätte denn auch sie nicht gehen sollen, wohin er ging! Ob durch Fluten oder Flammen, darum kümmerte sie sich nicht. Fühlte sie sich doch bei dem Gott ihres Mannes sicher und geborgen, reiste ruhig weiter und fürchtete sich nicht.

Auch wenn wir nicht allzu viel von Sara wissen, wissen wir doch so viel, dass sie alle diese Jahre in einem Zelt oder einer Hütte gewohnt hat. Ein Mann ist oft nicht zu Hause um seiner Arbeit nachzugehen. Er weiß wenig von den Unannehmlichkeiten des häuslichen Lebens sogar in unseren Häusern. Wenn man euch aber rufen würde, eure Häuser aufzugeben und in Hütten zu wohnen, so würde es dem Hausherrn vielleicht nicht allzu viel ausmachen, der Hausfrau dafür umso mehr. Es wäre für sie sehr unangenehm. Sara reiste Tag für Tag. Jedes Mal, wenn das Vieh zu frischen Weiden getrieben werden musste, wurde ihr Zelt abgebrochen. Aber wie ungemütlich dieses Leben für Sara auch gewesen sein mag – wir hören kein Wort der Klage über ihre Lippen kommen. Morgen früh heißt es: „Weiter ziehen! Jedes Zelt muss abgeschlagen, das Zelttuch zusammengerollt werden, denn du musst zur nächsten Station ziehen. Die Sonne glüht wie ein Ofen, du musst aber über die Ebene reiten, Sara. Wenn die Nacht auch kalt ist von Frost und Tau, so ist doch nur das Zelt deine einzige Mauer, dein einziges Dach!" Die gute Frau verhielt sich tapfer, klagte nicht und fürchtete sich nicht.

Später geschah etwas Besonderes, als Abraham seine Rüstung anlegte und in den Krieg zog. Es hatte ihn die Nachricht erreicht, dass der König Kedor-Laomer mit seinen untertänigen Königen gekommen war, die Städte der Ebene weggefegt und auch Lot gefangen weggeführt hatte. „Ich will gehen und die Gefangenen befreien", sagt Abraham. Sara hätte antworten können: „Du bist ein alter Mann, Abraham. Deine grauen Haare entschuldigen dich", und so weiter. Sie sagt aber nichts dergleichen, sondern ist damit einverstanden, dass ihr Ehemann einige befreundete Nachbarn auffordert mit ihm zu ziehen. Sie sitzt in ihrer Hütte wie eine Königin, fürchtet keine Räuber und vertraut sich ruhig ihrem Gott an. Abraham ist zwar zum Kampf ausgezogen, sie sorgt sich aber nicht um ihn. Wie sehr gefiel Gott der stille Glaube der Sara, die der Apostel den Frauen als Vorbild und Muster hinstellt, wenn er schreibt: „...wie Sara Abraham gehorsam war und ihn Herr nannte; deren Töchter seid ihr geworden, wenn ihr recht tut und euch durch nichts beirren lasst." (1. Petr. 3, 6)

Nicht lange danach kam eine andere, wohl die schwerste

Glaubensprüfung, die sie bis in das Innerste erschüttert haben musste, wenn auch das volle Gewicht auf Abraham gefallen war. Sie entdeckt das plötzliche Verschwinden ihres Mannes und seiner Knechte. „Wo ist dein Herr?", fragt sie, „Er ist nicht zum Frühstück gekommen." Der Gefragte antwortet: „Er ist vor Tagesanbruch aufgestanden und ist mit seinen beiden Knechten und Isaak fortgegangen." Der Gatte hat ihr kein Wort davon gesagt. Hatte doch Abraham, der tief gebeugte Vater, mit sich selbst genug zu kämpfen um seinen Sohn Isaak zu dem Berg zu führen, auf dem er ihn nach Gottes Befehl opfern soll. Wie hätte er dazu noch den Kampf Saras ansehen und ertragen können! Er war fortgegangen ohne Sara etwas zu sagen. Das war etwas ganz Neues, Unerhörtes! Den ganzen Tag wartet Sara vergeblich auf die Rückkehr ihrer Lieben. „Wohin ist dein Herr gegangen? Ich habe ihn nie vorher weggehen sehen, ohne dass er es mir sagte. Und wo ist Isaak?" O, dieser Isaak! Wie ängstigt sich die Mutter um ihr Juwel, um ihre Freude, um den Sohn der Verheißung, das Wunder ihrer alten Tage! Er kommt nicht heim an diesem Abend. Abraham auch nicht. Auch am folgenden und übernächsten Tag lässt sich keiner von beiden blicken.

Drei Tage gehen vorbei. Wer könnte sich die Angst ausmalen, die über euch kommen würde, ihr Frauen und Mütter, wenn ihr an Saras Stelle gewesen wärt und nicht auch Saras Glauben gehabt hättet, die in diesem schweren Fall dennoch nicht völlig verzagt und vom Schmerz überwältigt war! Wahrscheinlich hat Abraham drei Tage zur Rückreise gebraucht, es verging also fast eine Woche und immer noch war keiner von beiden da. Sara hätte sich ja das Schlimmste denken können, wäre Hände ringend umhergewandert und hätte gejammert: „Wo ist mein Mann? Wo ist mein Sohn?" Aber das wird uns nicht erzählt. Sie hat vielmehr still gewartet und zu sich selbst gesagt: „Wenn er gegangen ist, dann hat ihn ein notwendiges Geschäft dazu veranlasst. Er ist unter dem Schutz Gottes und der Gott, der verheißen hat ihn und seinen Sohn zu segnen, wird ihn kein Übel treffen lassen." So blieb die gläubige Seele still, wo andere in großer Unruhe und Angst gewesen wären.

Hier ist ein Punkt, in dem christliche Frauen und Mädchen der Sara nacheifern sollten. Sie sollten ihr Herz nicht erschrecken lassen, sondern in dem Herrn ruhen und geduldig auf Ihn warten. Worin besteht diese Kraft? Sie ist ein ruhiges, stilles Vertrauen auf Gott, das frei-Sein von Furcht, wie es in den Worten heißt: „Wenn eine Plage kommen will, so fürchtet er sich nicht; sein Herz hofft unverzagt auf den Herrn." (Ps. 112, 7) Oder wie David sagt: „Und ob ich schon wanderte im finsteren Tal, fürchte ich kein Unglück; denn Du bist bei mir, Dein Stecken und Stab trösten mich." (Ps. 23, 4). Es ist innere Ruhe, Freiheit von Angst und Kummer, Befreiung von heftiger Aufregung, sodass, was auch immer geschehen mag, das Herz nicht von Furcht und Bestürzung überwältigt wird, sondern in seinem ruhigen Lauf bleibt und sich an seinem treuen Gott tröstet. Dies ist die Tugend, die einen königlichen Kaufpreis wert ist. Sara besaß diese Tugend und ihr, deren Töchter ihr seid, solltet ihr darin ähnlich sein.

Wann soll diese Tugend von uns ausgeübt werden? Zu jeder Zeit. Wer nicht gefasst und gelassen ist, wenn er glücklich ist, der ist sehr wahrscheinlich auch dann nicht gefasst und ruhig, wenn er in Trauer ist. Ich habe bemerkt, dass ich mich genauso stark über das Lob eines Freundes freue, wie mich der Tadel eines Feindes bekümmert. Bist du ruhig, still und glücklich, wenn alles gut geht, so wirst du auch ruhig, still und glücklich sein, wenn alles verkehrt zu gehen scheint. Wir sollten sehr danach bestrebt sein ein gleich bleibendes Wesen zu entwickeln, ähnlich wie der Gärtner sich für seine Blumen eine gleichmäßige Temperatur wünscht.

Fragst du wer diese Tugend besitzen soll? Wir alle! Die Worte des Apostels Petrus sind aber besonders an die Schwestern gerichtet. Ich denke, die Schwestern werden hier besonders deswegen ermahnt, weil manche schnell aufgeregt und hysterisch werden, aber auch leicht sehr niedergeschlagen sind und aus der Fassung geraten können. Es soll damit nicht gesagt werden, dass dieser Fehler unter den Frauen vorherrscht, ebenso wenig soll das ein Tadel sein, sondern soll nur die Tatsache ansprechen, dass manche daran leiden.

Diese Tugend ist uns besonders in Zeiten der Not und der Schmerzen, auch dann, wenn uns eine besondere Trübsal droht, von großer Wichtigkeit. Weder der Christ noch die Christin sollten in solchen Fällen verzagt ausrufen: „Was soll ich jetzt machen? Ich werde es nicht aushalten! Ich kann es nicht durchmachen! Gott hat mich bestimmt vergessen! Dieses Leiden wird mich so überwältigen, dass ich an einem gebrochenen Herz sterben werde." O, sprich nicht so! Bist du ein Kind Gottes, so gib nicht einmal solchen Gedanken Raum. Versuche geduldig zu sein, denke an Sara, deren Tochter du geworden bist.

So muss es auch in Zeiten eigener Krankheit sein. Ich sah eine Schwester, die eine schwere Operation durchzumachen hatte, deren gelungener Ausgang nicht sicher war. Die Schwester war aber so ruhig und gefasst, als ob statt Schmerz und Gefahr ihr eine Freude bevorstehen würde. So still ergeben sollte jeder Christ sein. Neulich besuchte ich eine 80-jährige Schwester, die an der Fallsucht litt. Da sie nicht im Bett liegen konnte, musste sie in einer Stellung sitzen, in der sie etwas Ruhe hatte. Bei meinem Eintritt ins Krankenzimmer hieß sie mich herzlichst willkommen. Da sie ihrem Seelsorger sehr zugetan war, mag das ja auch nicht verwundern. Das aber war wie ein Wunder, dass sie so voller Freude sprach, so glücklich, so voller Erwartung, bald bei Christus zu sein! Ich war hingegangen um sie zu trösten, aber sie tröstete mich. Was konnte ich sagen? Sie sprach mit so strahlenden Augen von der Güte Gottes, als ob sie ein junges Mädchen gewesen wäre und einer Freundin von ihrer bevorstehenden Hochzeit erzählte. Es war wunderbar, eine Greisin, auf deren Zügen tiefe Spuren langwährender Schmerzen zu sehen waren, mit solcher Heiterkeit, ja, mehr als das, mit unaussprechlicher Freude in dem Herrn zu sehen, mit einer Freude, die, wie ich fürchte, viele noch nicht kennen, die gesund und stark sind.

Zur Zeit des Apostels waren christliche Frauen ebenso der Verfolgung ausgesetzt wie ihre Männer. Sie wurden ins Gefängnis geworfen, ausgepeitscht, gefoltert, verbrannt oder durchs Schwert getötet. Aber sie waren ebenso standhaft wie ihre Männer. Sie forderten die Tyrannen sogar auf, das Schlimmste an ihren Leibern zu tun, denn ihr siegender Geist spottete allen Folterqualen. Sollten sich wieder Verfolgungszeiten erheben – und in gewissem Maße sind sie schon vorhanden – o, ihr Töchter Saras, handelt richtig und fürchtet euch nicht!

Wir sind es Gott schuldig uns nicht zu fürchten. Solch einem Gott, wie wir Ihn haben, darf man vertrauen. Unter dem Schatten solcher Flügel wird Furcht zur Sünde. Wäre Gott ein anderer, als Er in Wahrheit ist, so dürften wir uns vielleicht fürchten, da Er aber ein solcher Gott ist, wie Er ist, hat Er Anspruch darauf, dass wir die Angst verbannen. Voller Frieden zu sein ist wahre Anbetung. Ruhe unter erschreckenden Verhältnissen ist Andacht, ist Gottesdienst. Wer in bösen Zeiten innerlich am ruhigsten ist, übt den besten Gottesdienst.

Diese heilige Ruhe macht den besten Eindruck auf andere. Nichts macht solch einen Eindruck auf den Ungläubigen, wie der stille Seelenfriede, den der Christ angesichts der Gefahr oder des Todes zeigt. Wenn wir dann ruhig und freudig sein können, werden unsere Freunde fragen: „Was macht sie so ruhig?" Der Segen beschränkt sich allerdings nicht nur auf andere. Wir selbst haben ja den meisten Segen davon. Wer der Trübsal ruhig ins Auge schauen kann, ist auch am besten in der Lage sie durchzumachen. Wer angefangen hat sich zu fürchten, kann nicht mehr beurteilen, welcher Weg der beste für ihn ist. Napoleons Siege waren größtenteils der Freudigkeit und der Siegesgewissheit dieses meisterhaften Schlachtenlenkers zuzuschreiben. Verlasst euch darauf, mit den Christen ist es ganz ähnlich. Wer warten kann, gewinnt. Beeilt euch nicht zu sehr. Überlegt gut, was ihr zu tun habt. Seid nicht so erschrocken, dass ihr euch dadurch übereilt. Seid geduldig, seid ruhig, wartet auf Gottes Zeit und so auf eure eigene. Wartet auf den Herrn, dass Er euch den Mund auftut. Bittet Ihn, eure Hand zu führen und alles für euch zu tun. Innere Ruhe ist die Mutter der Klugheit und Besonnenheit.

Wie können wir zur Ruhe des Glaubens kommen? Vergiss nicht, dass sie eine Frucht des Glaubens ist, und du wirst sie nach dem Maß deines Glaubens haben. Glaube an Gott, und du wirst dich nicht einschüchtern lassen. In meinen ersten Predigerjahren hatte ich besonders bei Gewittern Glauben an Gott. Wenn ich hinausging um zu predigen, kam es nicht selten vor, dass ich vom Gewitter überrascht und bis auf die Haut durchnässt wurde. Trotzdem waren Blitz und Donner mir nicht unangenehm. Bei einer Gelegenheit suchte ich in einem einfachen Haus Schutz vor dem strömenden Regen und fand eine Frau mit einem Kind, die sich offensichtlich erleichtert fühlte, als sie mich eingelassen hatte. Sie hatte vor lauter Angst bitterlich geweint. „Dies ist ein rundes Gärtnerhäuschen", sagte sie, „daher sehen wir den Blitz von allen Seiten. Es gibt hier keinen Platz, wo er vor meinen Augen verborgen bleibt." Ich erklärte ihr, dass ich den

Blitz gern sehe und es großartig finde den Donner zu hören. Ich versuchte ferner die Frau auf christlicher Grundlage zu trösten, betete mit ihr und sie wurde so fröhlich wie ein Kind. Als ich ging, war sie ganz beruhigt.

Ihr könnt euch darauf verlassen, wenn der Friede nicht in unserer eigenen Seele wohnt, dann können wir schlecht von ihm reden. Wir müssen in jeder Hinsicht Glauben an Gott haben. Wer in einem Sturm auf dem Meer glauben kann, dass Gott „die Wasser misst mit seiner hohlen Hand und fasst den Himmel mit der Spanne" (Jes. 40, 12), der wird inmitten der wütenden Elemente ruhig sein können.

Diese heilige Ruhe entsteht weiterhin aus dem Wandel mit Gott. Kein Platz ist so mit Freuden gefüllt wie der heimliche Ort im Zelt des Allerhöchsten. Habe Gemeinschaft und Umgang mit Gott, so wird die Furcht verschwinden. Pflege tägliche Gemeinschaft mit Christus im Gebet, im Danken und Dienen, im Forschen in der Schrift, in der Hingabe des Herzens an das Werk des Heiligen Geistes. Wer so mit Gott wandelt, wird ruhig und voller Frieden sein. O, dass unser Leben und Wandeln immer mehr ein Wandeln mit Gott würde, wie würde dann unser Wesen immer ruhevoller und himmlischer werden.

Saras häusliche Tugenden

„Schaut Abraham an, euren Vater, und Sara, von der ihr geboren seid."
Jesaja 51, 2
„Wie Sara Abraham gehorsam war und ihn Herr nannte; deren Töchter seid ihr geworden, wenn ihr recht tut und euch durch nichts beirren lasst." 1. Petrus 3, 6

Was für ein Segen ist es, wenn ein gottesfürchtiger, gottseliger Mann eine ebenso gottesfürchtige, gottselige Frau hat! Es ist etwas sehr Schlimmes, wenn es zwischen ihnen einen Unterschied gibt, wenn der eine Gott fürchtet und der andere nicht. Was für ein Kummer ist es doch für eine gläubige Frau an einen ungläubigen Mann gebunden zu sein! Ich kenne einen Fall, in dem der Mann sein ganzes Leben lang gleichgültig gegen Gott blieb, während seine Frau eine ernste Christin war und alle ihre Kinder auf den Wegen des Herrn gingen. Der Vater blieb Gott entfremdet und starb ohne ein Zeichen der Herzensveränderung. Wenn die Rede auf den Verstorbenen kommt, spricht unsere Schwester mit tiefem Schmerz über ihn. Sie weiß kaum etwas zu sagen, sondern seufzt oft nur: „O, dass ich doch nur durch ein Wort oder einen Blick seinerseits die Hoffnung hegen könnte, dass mein armer Mann endlich auf Jesus geblickt hat!" So muss es auch einem Mann gehen, der eine ungläubige Frau hat. Wie sehr Gott ihn auch in allem anderen segnen mag, es bleibt doch immer eine Lücke. Wie wenn ein Teil der Sonne verdunkelt wäre, so ist ein Teil des Lebens, das lauter Licht sein sollte, in dichte Finsternis gehüllt.

Abraham hatte Ursache, Gott zu danken, dass Er ihm Sara gegeben, Sara ihrerseits war dankbar, dass ihr Abraham geschenkt worden war. Ich bezweifle ja nicht, dass Sara ihren vorbildlichen Charakter zum großen Teil Abraham zu verdanken hatte, würde aber ebenso wenig überrascht sein bei der Entdeckung, dass Abraham nicht weniger viel seiner Sara verdankte. Wahrscheinlich lernte einer vom anderen. Manchmal hat wohl die Schwächere den Stärkeren getröstet, manchmal war wohl auch der Stärkere der Schwächeren eine Stütze. Vielleicht wäre Abraham nie das geworden, was er war, wenn nicht Sara gerade das gewesen wäre, was sie war. Wir danken Gott, wenn wir mit einer gottesfürchtigen Gattin gesegnet worden sind, deren liebenswürdiges Wesen uns zu desto besseren Dienern Gottes macht.

Gott vergisst auch die Sterne zweiter Größe nicht. Abraham leuchtet wie ein Stern erster Größe, sodass wir auf den ersten Blick kaum den anderen Stern bemerken, der so hell und rein, zwar mit milderem aber verwandtem, ähnlichem Glanz dicht neben ihm leuchtet. Das Licht des Mannes Abraham entfaltet sich im Teleskop der Betrachtung zu einem doppelten Stern. Von Menschen wird seine treue Genossin zwar übersehen, Gott übersieht sie aber nicht. Gott vergisst nie das Gute, wenn es auch verborgen ist. Unsere Augen erkennen die großen Dinge zuerst, vor Gottes Auge aber ist nichts groß und nichts ist klein. Sagt nicht der Prophet: „Schaut Abraham an, euren Vater, und Sara, von der ihr geboren seid." Ihr habt die volle Lektion aus Abrahams Leben noch nicht gelernt, solange ihr nicht ebenso bei Sara im Zelt wie auch mit Abraham bei den Herden gewesen seid.

Saras Glaube brachte zweierlei Früchte hervor: Sie „tat recht" und „sie ließ sich nicht beirren".

Sie tat recht als Ehefrau. Sie war alles, was Abraham nur wünschen konnte. Als sie im Alter von 127 Jahren entschlief, wird uns nicht nur erzählt, dass er um sie trauerte, sondern auch dass er „sie beklagte und beweinte" (1. Mo. 23, 2). Er vergoss heiße Tränen aufrichtigen Schmerzes über den Verlust deren, die das Leben seines Hauses gewesen war. Sie verrichtete als Königin der Reisegesellschaft bewunderungswürdig alle ihre Pflichten. Es wird uns in dieser Hinsicht kein einziger Fehler von ihr mitgeteilt.

Sie tat recht als Gastgeberin. Da ihr Mann sich durch Gastfreundschaft auszeichnete, war es ihre Pflicht seine Gäste zu bewirten. Das einzige uns darüber berichtete Beispiel ist ohne Zweifel ein Bild ihres gewöhnlichen Verhaltens gegen ihre Gäste. Obgleich sie wirklich eine Fürstin war, hielt sie es nicht für unter ihrer Würde den Teig zu kneten und für die Gäste ihres Mannes Brot zu backen. Diese waren zwar ganz unerwartet gekommen, die gute Hausfrau beklagt sich aber nicht darüber. Sie war im Gegenteil schnell bereit sich selbst zu vergessen und das zu tun, was in damaliger Zeit die höchste Pflicht eines gottesfürchtigen Haushalts war.

Sie tat auch recht als Mutter. Wir behaupten das mit voller Überzeugung, weil ihr Sohn Isaak ein so ausgezeichneter, gottesfürchtiger Mann wurde. Man kann dagegen sagen was man will, ich sage aber, dass in Gottes Hand die Mutter das Werkzeug ist den Charakter ihres Sohnes zu bilden. Wenn auch der Vater unbewusst den größten Einfluss auf die Mädchen hat, die Mutter wirkt offensichtlich am meisten auf die Söhne. Manche von uns können das aus eigener Erfahrung bezeugen. Es gibt natürlich auch Ausnahmen, aber in den meisten Fällen ist die Mutter die Königin des Sohnes und wenn sie überhaupt das ist, was man von ihr erwartet, dann sieht der Sohn mit unendlich liebevoller Ehrfurcht zu ihr hinauf. Sara hat von Anfang an durch den Glauben ihr Werk an Isaak „recht getan". Das zeigt sich unter anderem in dem willigen Gehorsam, als er geopfert werden sollte, in einem Gehorsam und einem Glauben an Gott, der kaum seinesgleichen gefunden hat, wenigstens nie übertroffen worden ist!

Darüber hinaus steht geschrieben, dass Gott dem Abraham das Zeugnis gegeben hat: „Ich weiß, er wird befehlen seinen Kindern und seinem Hause nach ihm, dass sie des Herrn Wege gehen und tun, was recht und gut ist." (1. Mo. 18, 19) In Abrahams Charakter und Leben fällt uns etwas besonders auf, nämlich, dass er, wohin er auch kam, dem Herrn einen Altar aufrichtete. Seine Regel war: eine Hütte und ein Altar. Gehen auch bei euch diese Teile Hand in Hand – Hütte und Altar? Findet überall, wo ihr gerade euer Heim aufgeschlagen habt, Hausgottesdienst statt? Ich fürchte, dass dieser leider nur zu oft vernachlässigt wird, hauptsächlich aus dem Grund, dass Mann und Frau in dieser Hinsicht nicht übereinstimmen. Sicherlich würde auch Abraham nicht immer einen Altar gebaut und Gottesdienst gehalten haben, wenn nicht Sara ebenso gottesfürchtig gewesen wäre wie er selbst.

Sara tat auch recht als eine Gläubige und das ist wohl der Hauptpunkt. Als Gläubige ging sie mit Abraham, als er aufgefordert wurde, sich von seinem Vaterland und seiner Verwandtschaft zu trennen. Auch sie trennte sich von dem, was ihr lieb und teuer war und schloss sich derselben Karawane an, die Abraham als ihrem Herrn folgte. Sie blieb bei ihm und beharrte unabänderlich in dem Glauben an Gott. Mochten sie auch keine Stadt zum Wohnen haben, sie begleitete ihren Mann auf seiner Pilgerreise und wartete mit ihm „auf die Stadt, die einen festen Grund hat, deren Baumeister und Schöpfer Gott ist." (Hebr. 11, 10)

Sie „tat recht" in Bezug auf Abraham, auf ihre Gäste, auf ihren Sohn, auf ihren Haushalt, sie tat recht vor ihrem Gott. O, dass alle, die sich als Christen bekennen, einen Glauben hätten, der sich so im „recht tun" beweisen würde!

Lasst uns nicht vergessen, dass „der Glaube, wenn er nicht Werke hat, tot in sich selber ist" (Jak. 2,17). Der Glaube macht ja selig, es ist aber der Glaube, der den Menschen dazu treibt, „recht zu tun". Ein Glaube, der den Menschen bleiben lässt, wie er gewesen ist und ihn in der Sünde bleiben lässt, ist der Glaube der Teufel, von dem es heißt: „Du glaubst, dass nur einer Gott ist? Du tust recht daran; die Teufel glaubens auch und zittern." (Jak. 2,19) Sie zittern, während die Heuchler, die vorgeben an Gott zu glauben und Ihm doch widerstehen, sich anscheinend gar nicht vor Gott fürchten. Sara erhielt vom Herrn das Zeugnis, dass sie recht getan hatte und ihr jungen Frauen, die ihr glaubt wie sie und recht tut wie sie, seid ihre Töchter. Macht eurer königlichen Mutter keine Schande! Seid eifrig darin eurer geistlichen Abstammung Ehre zu machen und erweist euch der auserwählten Familie würdig!

Ruts Glaube

Einige junge Bekehrte bedürfen der Ermutigung, weil sie alle ihre Genossen aufgegeben haben. Rut hatte ohne Zweifel viele Freundinnen in ihrem Vaterland, sie riss sich aber von allen los, um Noomi und ihrem Gott anzuhängen. Vielleicht hat sie sich sogar von Vater und Mutter getrennt. Wenn die Eltern noch am Leben waren, verließ sie dieselben um in das Land der Israeliten zu ziehen. Vielleicht hat sie auch von Brüdern und Schwestern Abschied nehmen müssen – das aber ist sicher, dass sie entschlossen war mit Noomi zu gehen und ihr Los zu teilen. Sie sprach: „Rede mir nicht ein, dass ich dich verlassen und von dir umkehren sollte. Wo du hingehst, da will ich auch hingehen; wo du bleibst, da bleibe ich auch. Dein Volk ist mein Volk und dein Gott ist mein Gott. Wo du stirbst, da sterbe ich auch, da will ich auch begraben werden. Der Herr tue mir dies und das, nur der Tod wird dich und mich scheiden." (Rut 1, 16. 17)

Ein junger Bekehrter ist ein Auswanderer aus der Welt und ist um Gottes willen ein Fremdling geworden. Er hatte vielleicht viele Freunde, Kumpel, die ihn auf ihre Weise fröhlich machten, Leute mit anziehenden, fesselnden Manieren, denen es ein Leichtes war ihn zum Lachen zu bringen und ihm die Zeit angenehm zu vertreiben. Da er aber in ihnen kein Verlangen nach Christus fand, hat er sie verlassen. Um Christi willen haben sie sich von ihm losgesagt. Er ist unter seinen früheren Freunden ein bunter Vogel geworden – alle sind sie gegen ihn.

Du hast sicherlich schon mal einen Kanarienvogel gesehen, der seinem Käfig entflohen ist, in dem er von seiner Besitzerin geliebt wurde. Jetzt ist er unter Sperlingen, die ihn verfolgen, als ob sie ihn zerreißen wollten und ihn nirgends in Ruhe lassen. Genauso ist es mit dem jungen Bekehrten. Sobald er nicht mehr die Federn seiner Kameraden trägt, ist er Gegenstand ihrer Verfolgung. Er hat grausamen Spott und Hohn von ihnen zu erdulden, die seiner Seele wie heißes Eisen sind. Er ist in ihren Augen jetzt ein Heuchler, ein Fanatiker. Sie verspotten ihn mit lächerlichen Namen, krönen ihn im Herzen mit der Narrenkappe und schreiben ihn zu den Idioten. Es gehören Jahre eines wirklich gottesfürchtigen Lebens dazu, bis sie getrieben werden, Achtung vor ihm zu haben – und das alles, weil er ihr Moab verlassen hat um sich Israel anzuschließen. Wozu hat er sie verlassen? Hält er sich etwa für besser als sie? Glaubt er vielleicht ein Heiliger zu sein? Kann er nicht mehr mit ihnen trinken, wie er es früher getan hat? – Er legt auch ohne Worte Protest gegen ihre Ausschweifungen ein und gerade solchen Protest lieben sie nicht. Warum kann er nicht ein lustiges Lied mit ihnen singen? Er ist wirklich ein „Heiliger" geworden und was ist so einer anders als ein Heuchler? Er nimmt es viel zu genau, zu konservativ und ist in ihrer liberalen Gesellschaft unausstehlich.

Nachdem Rut ihre früheren Beziehungen aufgegeben hatte, war es weise und gütig von Boas, sie mit Worten des Trostes anzureden. Er sagt: „Der Herr vergelte dir deine Tat und dein Lohn möge vollkommen sein bei dem Herrn, dem Gott Israels, zu dem du gekommen bist, dass du unter seinen Flügeln Zuflucht hättest." (Rut 2, 12)

Rut hatte ihre alten Freunde und Bekannten verlassen und war unter Fremde gekommen. Sie fühlte sich im Land Israel noch nicht heimisch, sondern sah sich als fremd an. Außer Noomi kannte sie niemanden in der ganzen Stadt. Sie kam auf das Erntefeld, auf dem die Nachbarinnen Ähren aufsammelten, aber für sie waren das Fremde. Kein Blick der Teilnahme fiel von ihnen auf sie, vielleicht nur Blicke kalter Neugierde. Vielleicht dachten sie sogar: „Weshalb kommt diese Moabiterin her, um Korn aufzusammeln, das den Armen Israels zukommen soll?" Es ist ja bekannt genug, dass unter Landsleuten solche Gefühle aufsteigen, wenn aus einem anderen Dorf eine Fremde kommt um von ihrem Feld Ähren aufzusammeln. Rut war in ihren Augen erst recht ein Eindringling. Sie fühlte sich – wenn auch unter den Flügeln des Gottes Israels – doch recht einsam. Boas' Anteilnahme kam gerade recht, damit sie nicht glauben sollte, Höflichkeit und Güte wären in Israel ausgeschlossen. Das veranlasste ihn, obwohl er an Rang weit über ihr stand zu ihr zu gehen und ein freundliches Wort an sie zu richten.

Der junge Bekehrte ist auch in einer anderen Hinsicht Rut sehr ähnlich, nämlich darin, dass er sehr gering in seinen Augen ist. „Da fiel sie auf ihr Angesicht und beugte sich nieder zur Erde und sprach zu ihm: Womit hab ich Gnade gefunden vor deinen Augen, dass du mir freundlich bist, die ich doch eine Fremde bin?" (Rut 2, 10) und sie sprach noch weiter (V. 13): „Lass mich

Gnade vor deinen Augen finden, mein Herr; denn du hast mich getröstet und deine Magd freundlich angesprochen und ich bin doch nicht einmal wie eine deiner Mägde." Sie dachte gering von sich selbst und gewann eben deshalb die Achtung anderer. Sie hielt sich selbst für eine ganz unbedeutende Persönlichkeit, der jeglicher Beweis von Güte und Freundlichkeit eine besondere Gunst war. Dasselbe ist bei jungen Bekehrten der Fall, wenn sie wirklich solche sind.

Man trifft allerdings auch solche, die sehr vorlaut und dreist sind und es ist ganz natürlich, dass man von solchen weniger denkt, als sie von sich selbst denken. Die Aufrichtigen dagegen, die wirklich erneuert worden sind, die wirklich aushalten und beharren bis ans Ende, sind stets demütig, häufig sehr furchtsam, sehr schüchtern und verzagt. Sie fühlen, dass sie es nicht wert sind den Kindern zugezählt zu werden, sie nahen sich dem Tisch des Herrn mit heiliger Verwunderung. Als ich zum ersten Mal als christlicher Jugendlicher, der kurz vorher den Herrn gefunden hatte, in das Haus Gottes kam, schaute ich jeden Diener und jedes Gemeindeglied ehrfurchtsvoll an. Hielt ich sie doch alle, wenn auch nicht für Engel, so doch ihnen ähnlich. Da ich mich selbst für so unwürdig hielt, lag es mir fern sie zu kritisieren.

Der junge Bekehrte ist auch darin Rut ähnlich, dass er zu dem Gott „gekommen ist, dass er unter seinen Flügeln Zuflucht hätte." Das ist ein wundervolles, schönes Bild. Bekanntlich sind die Flügel der Vögel verhältnismäßig sehr stark. Sie bilden eine Art Arche, deren Außenseiten dem Widerstand standhalten müssen. Sogar unter den Flügeln eines so starken Vogels wie der Henne finden die Küken eine vollständige, sichere Zufluchtstätte. Das Innere der Flügel ist zur Behaglichkeit der Küken mit weichen Federn bedeckt und ist so eingerichtet, dass durch ihre Stärke jedem Druck auf diese schwachen, kleinen Geschöpfe Widerstand geleistet wird. Ich wüsste nicht, wo man ein behaglicheres Plätzchen findet, als unter den Flügeln einer Henne. Habt ihr je daran gedacht? Sagt uns das nicht, dass wir in Zeiten der Not unter die ausgebreiteten Flügel der allmächtigen Liebe Gottes flüchten sollen, wie die Küken unter die Flügel der Glucke flüchten? Heißt es nicht in der Schrift: „Er wird dich mit seinen Fittichen decken und Zuflucht wirst du haben unter seinen Flügeln. Seine Wahrheit ist Schirm und Schild" (Ps. 91, 4)? Welch eine warme Zufluchtstätte! Sieht es nicht aus wie vollkommenes Glück, wenn die Vöglein unter den Flügeln ihrer Mutter hervorschauen? Und wenn sie anfangen fröhlich zu piepen, ist es, als ob sie uns sagen wollten, wie warm und sicher sie sich fühlen, auch wenn die Mutter Henne von rauhen Stürmen umweht wird. Wie könnten die Kleinen glücklicher sein! Nachdem sie eine kurze Strecke davongelaufen sind, sammeln sie sich wieder unter den schützenden Flügeln, die ihnen Haus und Heim, Schirm und Schild, Schutz und Freude sind. Gerade das ist es, was unsere jungen Bekehrten getan haben. Sie sind gekommen um nicht auf sich selbst, sondern auf Christus zu trauen. Sie sind gekommen um in Christus Gerechtigkeit, ja, um in Ihm alles zu finden und befinden sich so unter den Flügeln Gottes. Ist es nicht so, meine Lieben?

Es gibt keine Ruhe, keinen Frieden, der dem gleichkommt, wenn man alle Sorgen aufgegeben und sie auf Gott geworfen hat, wenn man alle Befürchtungen loslässt und nur die eine Furcht hat seinen Herrn und Gott zu betrüben. Welch ein Glück ist es zu wissen, dass eher das Weltall sich auflösen würde, als dass das große Herz aufhören würde voller Liebe denen entgegenzuschlagen, die unter Ihm Schutz suchen. Der Glaube, wie schwach er auch noch sein mag, ist eine Pflanze, die der Herr selbst gepflanzt hat. Zertritt deshalb diese Pflanze nicht, pflege sie vielmehr aufs Sorgsamste und bewässere sie mit Liebe.

Ruts Lohn

Was ist der Lohn derer, die kommen um unter den Flügeln des Herrn Zuversicht zu haben?

Ich möchte darauf antworten, dass der volle Lohn uns an dem Tag erwartet, an dem wir diesen Leib von Fleisch und Blut niederlegen um in Jesus zu entschlafen, damit unser Geist, von diesem Leib erlöst, allezeit beim Herrn sei. In diesem Zustand werden wir bereits vollkommene Glückseligkeit des Geistes genießen, aber ein noch vollerer Lohn wartet auf uns, wenn der Herr wiederkommen und unseren Leib verklärt aus dem Grab rufen wird um an der glorreichen Regierung des herniedergefahrenen Königreichs teilzunehmen. Dann werden wir das Angesicht dessen schauen, den wir lieb haben und werden Ihm gleich sein. Dann wird die Verklärung unseres Leibes stattfinden; dann werden wir als Leib, Seele und Geist, eine vereinigte Dreieinigkeit, auf ewig beim Vater, Sohn und Heiligen Geist, unserem dreieinigen Gott, sein. Diese unaussprechliche Wonne ist der volle Lohn des Zufluchtnehmens unter Gottes Flügel.

Es gibt aber auch einen gegenwärtigen Lohn und auf diesen bezieht sich Boas. Auch wenn der Gerechte auf dieser Erde viel Leid und Trübsal durchzumachen hat, so fehlt es ihm doch nicht an Lohn in dieser Welt. Hat doch die Gottseligkeit die Verheißung nicht nur dieses, sondern auch des zukünftigen Lebens. Sogar beim Verlieren dieses Lebens um Christi willen retten und gewinnen wir es. Sogar wenn wir uns selbst verleugnen und unser Kreuz auf uns nehmen müssen, so befinden wir uns doch in der Segensnähe Gottes. Wer zuerst nach dem Reich Gottes und nach seiner Gerechtigkeit trachtet, dem werden alle anderen Dinge zufallen.

Fragst du: „Wie werde ich von dem Herrn für mein Vertrauen belohnt?", so antworte ich: Zuerst durch den tiefen Frieden des Gewissens, den Er dir gewähren wird. Könnte es wohl einen besseren Lohn geben? Wenn jemand sagen kann: „Ich habe gesündigt, aber meine Sünde ist mir vergeben." – ist solche Vergebung nicht eine unaussprechliche Gabe? Meine Sünden wurden auf Jesus gelegt, Er trug sie als mein Sündentilger hinweg, sodass sie auf ewig weg sind und ich völlig freigesprochen bin! Ist das nicht eine herrliche Sicherheit? Ist sie nicht Welten wert?

Auf das Herz, welches unter der Macht des Blutes der Besprengung steht, legt sich eine tiefe Ruhe, eine innere Stimme verkündigt ihm den Frieden Gottes und der Heilige Geist versiegelt diesen Frieden durch sein eigenes Zeugnis. Wenn du alles, was du hast, hingeben wolltest um diesen Frieden zu kaufen, würdest du ihn nicht bekommen. Wäre er aber käuflich, so wäre es der Mühe wert, alle Güter von Myriaden Welten dranzugeben um ihn zu gewinnen.

Ein mit Schuld beladenes Gewissen ist der Höllenwurm, der nicht stirbt. Die Folterqual der Reue ist das Feuer, das nie gestillt werden kann. An wessen Herz dieser Wurm nagt, in wessen Brust dieses Feuer brennt, der ist schon verloren. Aber wer Gott vertraut, der ist von den inneren Sündenstacheln befreit, das brennende Feuer seiner Unruhe hat sich gelegt. Natürlich kann er Lieder der Freude singen!

Worin bestand der volle Lohn, den Rut empfing? Ich denke, Boas hat nicht den vollen Sinn seiner Worte verstanden. Vermochte er doch nicht alles vorauszusehen, was vom Herrn bestimmt war. Wir werden im Licht der Geschichte Ruts den Segen eines gottesfürchtigen Mannes erkennen. Diese arme Fremde gab durch ihr Kommen zum lebendigen Gott alles auf und doch gewann sie im Grunde alles. Hätte sie hinter den Schleier schauen können, der die Zukunft bedeckte, dass diese sich besser zu ihrem Vorteil hätte wenden können. Ohne irgendwelche Aussicht auf Gewinn, vielmehr nur Armut und Verborgenheit erwartend, war sie Noomi gefolgt, aber im Tun dessen, was richtig ist, fand sie den Segen, der reich macht.

Sie verlor ihre moabitische Verwandtschaft, fand aber einen edlen Verwandten in Israel. Sie verließ das Heim ihrer Väter um dafür ein Erbteil unter den erwählten Stämmen zu finden. Wenn du dahin kommst dich Jesus anzuvertrauen, so findest du in Ihm einen, der dein nächster Verwandter ist, der dir ein Erbteil erworben hat und sich mit dir vereinigt. Du hieltest Ihn für einen Fremden, fürchtetest dich Ihm zu nahen und findest dich schließlich seinem Herzen nahe, auf ewig eins mit Ihm!

Ja, dies ist wirklich ein wunderbares Bild von dem Lohn eines Gläubigen. Rut sah sich ja nicht nach einem Gatten um, sie fand aber einen in Boas. Genau das, was zu ihrer Behaglichkeit und Freude diente, wurde ihr beschert. Im Haus ihres Mannes fand sie Ruhe und wurde durch ihre eheliche Verbindung mit ihm Besitzerin eines großen Gutes. Ihr größter Lohn aber war, dass sie schließlich die Stammmutter Jesu wurde!

Wenn ein armer Sünder sich seinem Herrn und Gott übergibt, erwartet er zwar keine große Gabe, aber zu seiner Überraschung findet er ein über allen Verstand herrliches Erbteil. Das alles findet sich in Christus Jesus, unserem Herrn. Dann wird die Seele in eine liebende, lebendige, dauernde, unauflösliche Verbindung mit dem Geliebten gebracht, den an Liebe keiner übertrifft. Wir sind eins mit unserem Herrn Jesus Christus. Welch ein herrliches Geheimnis!

Rut erhielt ein Erbteil unter dem auserwählten Volk Gottes. Sie würde es nicht ohne Boas erlangt haben, der sie erkaufte. Nur durch ihn kam sie in seinen unbestreitbaren Besitz. Wenn ein armer Sünder zu Gott kommt, mag er meinen, er suche nur eine Zufluchtstätte bei Ihm, er bekommt aber in Wirklichkeit unendlich viel mehr: ein unbeflecktes, unvergängliches Erbe, das im Himmel aufbewahrt wird. Er wird ein „Erbe Gottes und ein Miterbe Christi" (Röm. 8, 17).

Joaschs guter Anfang

Die Geschichte Joaschs ist höchst eigenartig. Wir sehen da einen Mann mit jedem nur denkbaren Vorzug, einen Mann, der jahrelang durch die verheißungsvollen Charakterzüge leuchtete und den man am Ende doch nicht für würdig hielt neben andere Könige Judas in die Gräber seiner Väter gelegt zu werden. Leider war er einer königlichen Bestattung nicht wert, da der letzte Teil seines Lebens seinen ganzen Lauf geschwärzt und beschmutzt hatte. Joasch, der seine Regierung wie einen Tagesanbruch begonnen hatte, endete mitten in der Nacht.

Wie nötig ist es doch, bei der Prüfung des moralischen und geistlichen Charakters unter die Oberfläche zu gehen! Dem Anschein nach war Joasch zunächst alles, was man nur von ihm hätte wünschen können – und doch war er nicht dabei geblieben. „Sie sind von uns ausgegangen, aber sie waren nicht von uns", schreibt der Apostel, „denn wenn sie von uns gewesen wären, so wären sie ja bei uns geblieben; aber es sollte offenbar werden, dass sie nicht alle von uns sind." (1. Joh. 2, 19) So war es mit Joasch. Er wandte sich von dem Herrn ab, weil er Ihn nie richtig gekannt hatte und sein Ende war umso schlimmer, weil sein Anfang in Wirklichkeit nicht so war, wie es den Anschein hatte.

Joasch stammte zwar aus einem gottlosen Elternhaus, hatte aber eine gottesfürchtige Tante, die mit dem Hohenpriester Jojada verheiratet war. Onkel und Tante sorgten für den kleinen Neffen. Als er noch ein Kind war, versteckten sie ihn vor seiner grausamen Großmutter Atalja, die alle übrigen Nachkommen der königlichen Familie umbringen ließ. Dadurch hatte Joasch ein bemerkenswertes Vorrecht, er war nämlich „bei ihnen im Hause Gottes versteckt sechs Jahre" (2. Chr. 22, 12). Sechs Jahre im Haus Gottes versteckt zu sein ist für jedes junge Leben ein schöner Anfang. Ich glaube kaum, dass wir den Wert der ersten sechs Lebensjahre eines Kindes genügend zu schätzen wissen. Die in diesem Alter empfangenen Eindrücke haben einen gewaltigen Einfluss auf das ganze Leben. Joasch war an dem Ort, an dem Tag für Tag Loblieder zur Ehre Gottes gesungen wurden, wo beständig heilige Gebete zu Gott emporstiegen. Er war selten außerhalb des Weihrauchduftes oder aus der Reichweite des weiß gekleideten Priesters. Er hörte nichts, was ihn hätte verunreinigen können, sondern nur was ihn belehren und fördern konnte. Er brachte die ersten sechs Jahre seines Lebens bei gottesfürchtigen Leuten im Verborgenen zu.

In seinem siebten Lebensjahr wurde Joasch auf merkwürdige Weise zum Antritt seines Lebensberufs veranlasst. Er war ja zum König bestimmt. Aber man musste vorsichtig vorgehen, um die Thronräuberin von ihrem Platz zu stoßen und den kleinen König draufzusetzten. Jojada führte das Ganze sehr geschickt durch. Er bereitete einen Vertrag vor, den der König zu unterzeichnen hatte, einen Bund mit Gott, in dem er versprach dem höchsten König gehorsam zu sein und einen Bund mit dem Volk, indem er versprach, unparteiisch nach Recht und Gerechtigkeit zu regieren und das Volk nicht zu tyrannisieren. Alles war so gut verfasst und geplant, dass es keinen Widerstand gab.

Joasch regierte zum großen Glück und Wohlergehen seines Volkes, das unter seiner Herrschaft sehr gesegnet wurde. Jojada war inzwischen der treue Premierminister und Führer seines königlichen Neffen. Es ist sehr bedeutend im Leben den richtigen Kurs einzuschlagen; eine gut angefangene Schlacht ist schon halb gewonnen. Mancher junge Mensch hat in seinem Leben den verkehrten Kurs eingeschlagen und es ist fast selbstverständlich, dass die Versuchung so groß wurde, dass er ihr nicht widerstehen konnte.

Achtet auch darauf, dass von ihm geschrieben steht, nachdem er einen guten Anfang gemacht hatte: „Joasch tat, was dem Herrn wohlgefiel, solange der Priester Jojada lebte." (2. Chr. 24, 2) Solange dieser gute Mann lebte, stand Joasch unter seinem Einfluss. Der junge König beriet sich mit ihm in allen wichtigen Angelegenheiten, ließ sich sogar bei der Wahl seiner Frauen durch den Onkel leiten. Unter der Aufsicht seines Onkels war er sehr lernfähig und tat nicht nur, was Gott wohlgefiel, sondern auch, was in den Augen des Volkes gut war. Er war, wie es scheint, wenigstens äußerlich dem Gesetz Gottes gehorsam und ließ es bekannt werden ein treuer Knecht des großen Königs zu sein. Das tat er nicht nur eine kurze Zeit, sondern die ganze Zeit, solange Jojada lebte.

Sind euch nicht auch Männer und Frauen bekannt, die unter dem erhebenden Einfluss einer älteren Person gestanden haben, sei es unter dem Einfluss des Vaters oder der Mutter, unter dem

Einfluss eines Onkels oder einer Tante und die getan haben, was gut und richtig war, solange ihre Verwandten lebten? Sie sind fleißige Kirchgänger, andächtige Bibelleser und Beter gewesen, waren immer bereit zu jeder Arbeit für den Herrn und führten während der ganzen Zeit äußerlich ein äußerst nützliches, lobenswertes Leben.

Noch mehr – Joasch war auch sehr eifrig für die Äußerlichkeiten des Glaubens. „Danach nahm sich Joasch vor, das Haus des Herrn zu erneuern." (2. Chr. 24, 4) Er tadelte sogar seinen Onkel Jojada dafür, dass die Leviten nur so langsam vorankamen. Es heißt: „Da rief der König den Hohenpriester Jojada und sprach zu ihm: Warum hast du nicht Acht auf die Leviten, dass sie von Juda und Jerusalem die Steuer einbringen, die Mose, der Knecht des Herrn, und die Gemeinde für die Stiftshütte zu sammeln Israel geboten haben?" (V. 6) Ja, es gibt solche, deren Herz zwar nicht richtig vor Gott steht, die aber trotzdem großen Eifer für den äußerlichen Gottesdienst zeigen. Es ist viel leichter einen Tempel für Gott zu bauen, als selbst ein Tempel Gottes zu sein. Es ist ja auch viel leichter, bei der Reparatur der Gotteshäuser eifrig zu sein, als sein eigenes Wesen und Tun zu bessern.

Wie ihr seht, übertraf der junge König seinen Onkel an Eifer für die Sache Gottes. So gibt es auch heute noch solche, die in den Wegen Gottes erzogen worden sind und unermüdlich in äußerem Dienst für die Sache des Herrn Jesus stehen. Man kann aber geben und arbeiten und alle äußeren Formen einhalten ohne wirklich am Glauben teilzuhaben. Bunyan sagt, er hatte als Ungläubiger so viel Ehrfurcht vor religiösen Dingen gehabt, dass er gern den Boden geküsst hätte, auf dem ein Geistlicher ging, ja, dass ihm jeder Nagel in der Kirche heilig vorkam. Das mag ja alles ganz schön sein, aber solange nicht viel mehr in uns vorhanden ist, werden wir den Forderungen Gottes keineswegs genügen.

Während dieser ganzen Zeit beeinflusste Joasch das Volk zum Guten. Als König hielt er es vom Götzendienst zurück und schützte die Anbeter Jahwes. Jahrelang, „solange Jojada lebte", ging alles gut. Solange Jojada lebte, war Joasch anscheinend alles, was er hätte sein sollen.

Aber die Schrift sagt nun einmal: „Wer bis an das Ende beharrt, der wird selig werden" und das können wir von Joasch leider nicht berichten. So gut sein Anfang war, so traurig war sein Ende.

Joaschs trauriges Ende

Joaschs Fehler bestand darin, dass er sein Herz Jojada, nicht Gott, schenkte. Es ist sehr leicht, äußerlich Christ zu sein, indem du dich an deine Mutter oder an deinen Vater, an deinen Onkel oder an deine Tante oder an irgendeine andere gottesfürchtige Person hängst. Du tust alles aus Liebe zu ihnen, was im besten Fall nur eine untergeordnete Triebfeder ist. Gott aber sagt: „Gib mir, mein Sohn, dein Herz." Wenn du den Glauben einem Menschen zuliebe angenommen hast, so ist es nicht der Glaube, der Christus gefällt. Deine Ehrerbietung steht keinem Geschöpf auf Erden zu, sondern nur Dem, der im Himmel sitzt, dessen Reich über alles ist.

Solche Hingabe an göttliche Einflüsse kann auch ohne persönliche, lebendige Frömmigkeit bestehen. Man kann mit Kindern Gottes zusammenkommen und doch innerlich nicht zu ihnen gehören. Du kannst einem Diener Gottes Aufmerksamkeit schenken ohne selbst dem Herrn zu dienen. Ein Sohn kann dem Rat und den Ermahnungen seiner Mutter folgen und dabei doch niemals seine Sünde bereut haben. Er kann die Worte seines Vaters hören und den Äußerlichkeiten des Glaubens seines Vaters mit Respekt begegnen, ohne dass er je an den Herrn Jesus Christus geglaubt hat.

Jeder muss selbst Buße tun, selbst an Christus glauben, sonst wird alles seine Sünde und Verantwortung nur noch vergrößern, während es ihm auch nicht um die Haaresbreite zur Errettung hilft. Ein jeder prüfe sich also selbst, ob sein Christsein wirklich in seiner eigenen Seele lebendig ist. Bist du wiedergeboren? Ich frage nicht nach deiner Mutter, nicht nach deinem Vater oder deinen Freunden, sondern wiederhole meine Frage: Bist du wiedergeboren? Bist du an die Sünde verkauft oder bist du durch den Glauben an Jesus Christus gerechtfertigt? Hier werden weder Vertreter noch Vermittler zugelassen, ein jeder muss selbst Rechenschaft vor Gott ablegen, jeder muss persönlich zum Heiland kommen, Ihn annehmen und allein durch Ihn selig werden, sonst wartet auf ihn das Verderben.

Ich glaube, dass ein Charakter wie Joasch ihn hatte, der sich so leicht leiten lässt, ein großes Hindernis für eine echte Bekehrung sein kann. Man nimmt an, dass man bekehrt ist. Aber zwischen dir und deinem Gott darf nichts auf Annahmen beruhen, du musst es ganz sicher wissen. Ich bitte dich dringend, mach in dieser Hinsicht klare Sache. Lass zwischen Gott und deiner Seele alles so klar und sicher sein, dass kein Missverständnis bleiben kann. Es ist so leicht von Jugend auf unter christlichen Einflüssen gelebt zu haben und ein Jahr nach dem anderen weiterzuleben ohne je zu fragen, ob man wirklich ein Christ ist. Es ist auch leicht sich einzureden: „Natürlich ist alles in Ordnung!" Du wärst der Wahrheit viel näher, wenn du sagen würdest: „Natürlich ist alles verkehrt!" Ich bin überzeugt, dass ich euch mit diesen Worten eine ganz wichtige Lehre gebe.

Ich habe von einem Offizier in Indien gehört, der einen Leoparden großgezogen hatte. Das Tier war völlig zahm, anscheinend so zahm wie eine Katze, sodass der Offizier überhaupt keine Angst vor ihm hatte. Es ging die Treppen auf und ab und ging ungehindert in jedes Zimmer des Hauses. Der Offizier dachte nicht daran, dass sein zahmer Leopard jemals Blut vergießen würde. Doch was geschah? Eines Tages, als der Offizier in seinem Lehnstuhl sein Nachmittagsschläfchen hielt, leckte der Leopard wie eine Katze in aller Zärtlichkeit die Hand seines Herrn. Als er eine Weile geleckt hatte, zeigte sich, wahrscheinlich durch ein zu starkes Lecken verursacht, etwas Blut. Kaum hatte das Raubtier Blut geleckt, als seine Leopardennatur wach wurde. Sein Herr war nicht mehr länger sein Herr.

Ähnlich kommt es nicht selten vor, dass junge Leute, die in ihrer Kindheit ängstlich eingeschlossen wurden, alle Stränge zerreißen, wenn sie das Elternhaus verlassen. Die scheinbare Güte und Gottesfurcht ist dahin und sie zeigen sich schlimmer als die Heiden. Sie waren wohl gezähmt, aber nicht verändert, unterwürfig, aber nicht erneuert, gezügelt und gebändigt, aber nicht bekehrt. Ist es unter solchen Umständen ein Wunder, dass sie sich später, wenn die alte Natur durch den Blutgeschmack gereizt wird zum Bösen hinreißen lassen?!

Doch ihr merkt wohl schon, worauf ich hinaus will. Ich rede zu solchen, die noch nicht vom Tod zum Leben hindurchgedrungen sind, zu euch, die ihr nie im Inneren erneuert worden seid. „Ihr müsst von neuem geboren werden" (Joh. 3, 7), sonst – und hättet ihr auch eure ersten sechs Jahre in einem Haus Gottes zugebracht, wärt ihr auch unter den heiligsten Einflüssen ins

Leben getreten – ihr werdet bei der ersten Gelegenheit, dem ersten besonderen Druck, bei der ersten Versuchung dahin gehen, wohin euch eure alte Natur haben will. Ihr werdet dann selbst einsehen und andere werden es mit Entsetzen feststellen, dass eure frühere Erziehung nichts gewirkt hat, weil ihr dem Reich Gottes und seiner Gerechtigkeit nicht näher gekommen seid.

Wir freuen uns ja, wenn junge Menschen sich etwas sagen lassen und wenn wir es mit lernwilligen Charakteren zu tun haben, die leicht formbar sind, aber wir sollten nicht zu sicher über sie sein. Eine Person, die nur Wind im Kopf hat, wenn sie wirklich von der Gnade Gottes berührt wird, kann ein viel besserer Mensch werden als einer, der einen sehr biegsamen und lernfähigen Charakter hat. Wie viele gibt es, die zwar lieb und nett sind, in denen aber weiter nichts geschieht! Dagegen gibt es andere, die schwer zu verändern und zu erreichen sind. Wenn aber endlich durch die Gnade Gottes eine Veränderung bei ihnen stattgefunden hat, geben gerade ihre frühere Widerspenstigkeit und ihr Eigenwille ihrem Charakter Stärke. Aus Hindernissen sind Hilfen und Stützen geworden.

Dieser junge Joasch war in der Hand Jojadas außerordentlich geschmeidig – doch dann starb Jojada. Andere Räte kamen und schmeichelten dem König. „Und nach dem Tode Jojadas kamen die Obersten in Juda und bückten sich vor dem König; da hörte der König auf sie." (2. Chr. 24, 17). Seht ihr es nicht, wie diese Herren kommen und sich vor ihm verneigen? „Sie bückten sich vor dem König." Jojada hatte so etwas selten oder nie getan, er hatte zwar den Neffen mit der Achtung behandelt, die ihm als König gebührte, redete mit ihm aber ehrlich und aufrichtig. Solange Jojada lebte, hatte Joasch einen, zu dem er hinaufsehen konnte. Jetzt aber sah er sich selbst als den großen Mann an, zu dem die anderen hinaufschauten. Die Fürsten Judas, die modernen Leute des Reiches, die angesehenen Leute, die nie Anbeter Jahwes gewesen waren, die aber stets im Geheimen den ritualistischen, sinnlichen Baalsdienst dem Dienst des wahren Gottes vorgezogen hatten, die kamen und bückten sich vor dem König.

Ich denke, ich höre sie sagen: „Königliche Hoheit, wir gratulieren, dass Sie nun von der Leine befreit worden sind. Jetzt können Sie für sich selbst denken. Es ist herrlich für einen jungen Mann, wenn er endlich von der Macht seines alten Onkels erlöst ist. Er war ohne Zweifel ein ausgezeichneter Mann, wir waren bei seiner Beerdigung und haben ihm alle gebührende Achtung erwiesen. Er blieb aber zu sehr bei dem Alten und war ein Mann, der nie mit der Zeit ging. Er hielt fest an dem Dienst Jahwes und diente dem Gott seiner Väter. Wir gratulieren Eurer Majestät zu der Freiheit, die Sie erlangt haben. Jetzt, da der gute, alte Mann im Grabe ruht, sind wir überzeugt, dass Ihr mit dem Geist der Zeit Schritt halten werdet."

Ihr wisst, wie die Schmeichler es tun, wie sie durch ihre schlauen Schmeicheleien einen Gifttropfen nach dem anderen ins Herz zu tropfen wissen. Sogar ein Mann, der Joaschs Alter erreicht hat, ist nicht unempfindlich für solche Reden. Ich möchte gerne wissen, wie alt der sein müsste, der überhaupt kein Ohr für Schmeichelreden hätte. Natürlich hört er es gern, wenn ihm gesagt wird: „Ach, lieber Herr, ich weiß, dass Sie über Schmeichelreden erhaben sind!" Aber wird ihm nicht gerade dadurch eine Schmeichelei gesagt, schmeichelhafter als irgendeine andere in seinem Leben? So machten es die Obersten Judas. Aber der arme Joasch, der gute Joasch, der Joasch, der den Tempel repariert hatte, Joasch, der es noch viel ernster meinte als selbst Jojada, dieser Joasch lässt sich durch die glitschigen Worte der Betrüger irreführen. Mit seinem Onkel begrub er auch seinen Glauben. In Jojadas Grab begrub er all seine Frömmigkeit. Ach, er ist nicht der Einzige, der so gehandelt hat! Ich habe bittere Tränen geweint über solche, die es ähnlich gemacht haben.

Nun ging es mit dem jungen König rasant bergab. Die zerbrochenen Götzenbilder wurden wiederhergestellt und aufgerichtet, die Haine, die er hatte ausrotten lassen, wurden wieder bepflanzt. Er, der anscheinend ein so eifriger Verehrer Jahwes gewesen war, wurde ein Anbeter der schmutzigen Aschera-Bilder und Götzen und betete den verfluchten Baal an. Was für ein trauriges Unheil hatten die Schmeicheleien angerichtet!

Es fehlte Joasch an festen Grundsätzen, ich möchte ihn deshalb als ein warnendes Beispiel hinstellen. Gib dich nicht mit äußerem Tun ohne innere Gottesfurcht zufrieden. Es ist nicht genug ein richtiges Glaubensbekenntnis zu haben, du brauchst ein erneuertes Herz. Wenn diese Veränderung nicht durch den Heiligen Geist in dir gewirkt ist, wirst du, der du dich so leicht zum Guten leiten lässt, dich ebenso leicht zum Bösen verleiten lassen. Was geschah weiter? Joasch ließ sich nicht tadeln. Gott sandte Propheten um das Volk zu warnen und gegen die Götzendiener zu zeugen, aber „sie nahmen es nicht zu Ohren." (V. 19) Derselbe Joasch, der seine ersten sechs Jahre im Tempel zugebracht hatte, wollte jetzt nicht auf die Propheten des Herrn hören. Er ist stets bereit gewesen den Worten Jojadas Gehör zu schenken, jetzt wollte er nicht mehr hören. Seinerzeit war ein großer Eiferer um die Wiederherstellung des Tempels mit kostspieliger Architektur und unbeschränktem Gold und Silber gewesen. Jetzt beachtet er die Boten Gottes nicht.

Er ist früher ein anscheinend frommer Mann gewesen. O, welche Siebe sind doch unsere Großstädte für manch einen dem Joasch ähnlichen jungen Mann gewesen. Von wie vielen weiß ich, dass ihre Geschichte eine ähnliche war! Sie waren immer im Hause Gottes zu sehen, wuchsen in einem christlichen Elternhaus auf und wurden von allen für Christen gehalten. So kamen sie in die Großstadt. Anfangs gehorchen sie der Ermahnung des Vaters und gehen in eine einfache Kirche, in der das Wort Gottes verkündigt wird, doch schon bald gehen sie an Orte, an denen keine Gottesfurcht zu finden ist. Nachdem sie die ganze Woche angestrengt gearbeitet haben, halten sie es für erlaubt, sonntags statt in die Kirche an die frische Luft zu gehen. Nach und nach gewinnen sie Freunde, von denen sie sich leiten und immer weiter vom Pfad der Nüchternheit, Mäßigkeit und Enthaltsamkeit abführen lassen, bis die einstigen „gläubigen Jugendlichen" so verdorben sind wie es nur eben geht.

Nun ging Joasch weiter. Er brachte Secharja, den Sohn seines väterlichen Freundes, um. Secharja hatte einst mitgeholfen dem König die Krone aufzusetzen. Mitten im Gottesdienst wurde er vom Geist Gottes getrieben nach vorn zu treten und zum Volk zu reden, wozu er ja das volle Recht hatte. Er sagte: „So spricht Gott: Warum übertretet ihr die Gebote des Herrn und wollt kein Gelingen haben? Denn ihr habt den Herrn verlassen, so wird Er euch wieder verlassen." (V. 20) Nun seht, wie das Blut des Tigers wallt! Joasch befiehlt, den unerschrockenen Zeugen der Wahrheit zu töten. Wie hatte Secharja nur wagen können gegen ihn, den König, zu reden! Es ist ja wahr, er ist der Sohn seines besten

Freundes, sein eigener Vetter, einer, der ihm zur Thronbestei-
gung verholfen hat; aber was kümmert das den früher so guten
Mann! Die Milch menschlicher Güte ist sauer geworden. Das Öl,
das einst einen so milden Schein verbreitete, brennt heftig, wenn
es einmal Feuer gefasst hat.

„Secharja soll sterben!", schreit der erzürnte König. „Tötet ihn
im Tempel! Der heilige Altar mag mit seinem Blut bespritzt werden. Steinigt ihn! Er hat sich unterstanden gegen mich zu reden!" Seht, wie hart, wie rauh und grob ist dieser weiche Ton
geworden. Ich habe es oft erlebt, dass eine solche Veränderung
über Menschen kam. Ich glaube, die schlimmsten Feinde und
Verfolger des Christentums sind aus denen hervorgegangen, die
vorher mild und weichherzig waren. Nero konnte sich anfangs
kaum überwinden das Todesurteil eines Verbrechers zu unterzeichnen. Trotzdem fand er später seine Freude am Massen-
mord. Als das Kind des Verderbens gebraucht werden sollte, um
seinen Herrn zu verraten, wurde das rohe Material eines Verrä-
ters in einem Apostel gefunden! Du kannst keinen durch und
durch schlechten Menschen machen, es sei denn, du nimmst
einen, der anscheinend das Gegenteil war. Dazu gehört einer,
der sechs Jahre im Tempel gewesen ist, der Mann, der getan hat,
was dem Herrn wohlgefiel, solange Jojada lebte. Nur aus einem
solchen kann solch ein Teufel gemacht werden, der den Sohn
seines Wohltäters im Hof des Gotteshauses töten lässt.

Dieser Joasch, dieser verdorbene, elende Mensch, der keinen
Glauben an Gott hatte, beraubte auch den Tempel und gab alles
Gold und alle Schätze Hasael, dem Syrer. Der unglückliche König war später voller Krankheit und wurde schließlich von seinem eigenen, über den an Secharja verübten Mord entrüsteten
Knecht in seinem Bett erschlagen. Welch ein Tod für einen Mann,
der sechs Jahre lang im Haus des Herrn verborgen gewesen war!

Es gibt niemanden, der vor der äußersten Verdammnis der
Hölle sicher ist, wenn er nicht seine Seele den Händen des Herrn
Jesus, des treuen Hüters und Bewahrers aller, die Ihm trauen,
übergibt. Gäbe es doch eine Charakter-Versicherungs-Gesell-
schaft! Bei Menschen gibt es keine solche Gesellschaft, nur bei
Gott sind wir sicher. „Aber der Gerechte hält fest an seinem Weg,
und wer reine Hände hat, nimmt an Stärke zu." (Hiob 17, 9) Der
Herr wird ihn vor dem Bösen bewahren, denn: „Der Gerechten

Pfad glänzt wie das Licht am Morgen, das immer heller leuchtet bis zum vollen Tag." (Spr. 4, 18) So bitte ich dich nun aufs herzlichste, mein hoffnungsvoller, junger Freund, übergib dich dem Herrn Jesus Christus, vertraue dich seiner Führung an, damit die jetzt so verheißungsvolle Blüte zur Frucht wird und nicht zur Enttäuschung!

Esthers göttlicher Ruf

In der Geschichte Esthers begegnen wir zwei Rassen, die eine hat Gott gesegnet und ihr verheißen sie zu bewahren, von der anderen hat Er gesagt, dass Er ihr Gedächtnis völlig unter dem Himmel vertilgen wollte. Israel war der Gesegnete und zum Segen gesetzt, von Amalek dagegen heißt es: „Der Herr führt Krieg gegen Amalek von Kind zu Kindeskind." (2. Mo. 17, 16). Diese beiden Völker standen einander in tödlicher Feindschaft gegenüber. Viele Jahre waren seitdem verflossen. Das Volk Gottes war in großer Not und bis in diese ferne Zeit waren immer noch Reste von der Rasse Amaleks auf der Erde vorhanden. Unter ihnen war ein Abkömmling aus dem königlichen Geschlecht Agags, namens Haman. Ein Mann, der am Hof des persischen Königs Ahasveros (auch Xerxes genannt) in hohem Ansehen stand und große Macht hatte. Nun müsste dem göttlichen Ratschluss entsprechend ein Streit zwischen Israel und Amalek entstehen. Der Streit, der mit Josua in der Wüste begann, sollte im königlichen Palast zu Ende geführt werden.

Dieser heiße Kampf begann mit großen Nachteilen für das Volk Gottes. Haman war Premierminister des weit ausgedehnten persischen Reiches, der Liebling eines despotischen Monarchen, dem er sich stets wohl gesonnen zeigte. Mordechai ebenso im Dienst des Königs, pflegte im Tor zu sitzen. Wenn nun der stolze Haman aus und ein ging, weigerte sich Mordechai, dem Liebling des Königs Ehre zu erweisen, die ihm andere stillschweigend entgegenbrachten. Er wollte sich weder vor Haman verneigen noch das Knie vor ihm beugen. Das erbitterte den stolzen Mann sehr. Es fiel ihm ein, dass dieser Mordechai ein Jude war. Diese Erinnerung erweckte in ihm den Wunsch den Streit seiner Rasse zu rächen. Es wäre ihm aber zu wenig gewesen die Wut an nur einem Mann zu kühlen; er kam viel mehr zu dem Entschluss den Hass aller Generationen in sich zu verkörpern und durch einen Schlag die in seinen Augen verfluchten Juden vom Angesicht der Erde verschwinden zu lassen.

Mit dieser Absicht begab er sich zum König um ihm mitzuteilen, dass es ein durch das ganze persische Reich zerstreut lebendes Volk gäbe, ein Volk, das ganz anders als die anderen sich den Gesetzen des Königs widersetzt. Er redete dem König ein, es wäre nicht zu seinem Vorteil dieses fremde Volk zu dulden. Er machte dem König den Vorschlag alle umbringen zu lassen und bot sich an, als Ersatz zehntausend Zentner Silber an die Schatzkammer des Königs zu zahlen. Seinen Berechnungen nach würden ihre Nachbarn, verlockt durch die Beute die sie ihnen entreißen könnten die Juden umbringen und der für ihn bestimmte Anteil würde seine Ausgaben begleichen. So sollten nach der Absicht des schlauen, blutrünstigen Menschen die Ermordeten ihre Mörder selbst bezahlen.

Kaum hatte Haman seine entsetzliche Bitte ausgesprochen, als der Monarch seine Einwilligung gab, seinen Ring vom Finger nahm und ihn bevollmächtigte nach Belieben mit den Juden zu verfahren. So ist also das erwählte Volk in den Händen eines Agatiten, den es nach ihrer Ausrottung dürstet. Nur eins steht ihm im Wege, nämlich das Wort, das der Herr geredet hat: „Keiner Waffe, die gegen dich bereitet wird, soll es gelingen und jede Zunge, die sich gegen dich erhebt, sollst du im Gericht schuldig sprechen. Das ist das Erbteil der Knechte des Herrn und ihre Gerechtigkeit kommt von mir, spricht der Herr." (Jes. 54, 17) Wir wollen sehen was sich ereignet und daraus lernen. Wir sehen aus dieser Geschichte, dass Gott jedem seiner Gehilfen zur Ausführung seines Werkes den entsprechenden Platz zuweist. Der Herr wurde durch Hamans Plan keineswegs überrascht, sondern hatte vielmehr alles vorhergesehen. Um ein Gegengewicht zu dem schlauen, bösartigen Plan Hamans zu bilden, musste ein jüdischer Mann ebenso großen Einfluss beim König besitzen. Wie sollte das geschehen?

Wenn eine Jüdin Königin von Persien würde, käme sie in den Besitz einer Macht, die dazu beitragen könnte den Plänen des Feindes entgegenzuwirken. Das war schon geschehen, lange bevor Haman in seinem gottlosen Herzen den Mordplan zur Vernichtung der Juden aushecke. Esther war durch einen eigenartigen Verlauf der Ereignisse zur Königin von Persien erhoben worden.

Es geschah, dass Ahasveros bei einem Festgelage alle Sitten und allen Anstand des morgenländischen Lebens vergaß und durch einen Kämmerer seine Gattin holen ließ, die schöne Königin Wasti um den Völkern und Fürsten ihre Schönheit zu zeigen. In damaliger Zeit wäre es keinem Menschen eingefallen, dem

Tyrannen den Gehorsam zu verweigern. Deshalb war es kein Wunder, dass alle wie versteinert dastanden, als Wasti – offensichtlich eine Frau mit königlichem Geist – es ablehnte sich so zu erniedrigen und sich den berauschten Gästen zur Schau zu stellen. Sie kam nicht und wurde daraufhin verstoßen und an ihrer Stelle wurde eine andere Königin gesucht.

Wir können es sicherlich nicht gutheißen, dass Mordechai seine Adoptivtochter unter die Bewerberinnen stellte, aus denen sich der König die neue Königin aussuchen wollte. Es war vielmehr gegen das Gesetz Gottes und gefährlich für die Seele der jungen Jüdin. Für Esther wäre es besser gewesen, die Frau des ärmsten Mannes in Israel zu sein als in die Höhle des persischen Despoten zu gehen. Die Schrift entschuldigt oder empfiehlt ja auch nicht dieses Unrecht, dessen Esther und Mordechai sich durch diesen Schritt schuldig machten, sondern berichtet einfach, wie Gott aus dem Übel Gutes entstehen ließ, ähnlich wie der Chemiker aus den Giftpflanzen heilende Medizin entstehen lässt.

Die hohe Stellung, die Esther gesetzwidrig erlangt, wurde von ihr für die besten Interessen ihres Volkes benutzt. Esther im Königshaus war das Mittel in Gottes Hand, mit dem er die bösen Anschläge des Feindes zunichte machte. Dazu wäre Esther aber allein nicht fähig gewesen. War sie doch im Harem eingeschlossen, umgeben von ihren Kämmerern und Dienstdamen, ganz von der Außenwelt abgeschlossen. Es musste daher nach göttlichem Rat außerhalb des Palastes ein Wächter eingestellt werden um das Volk Gottes zu bewachen und Esther zum Handeln zu drängen, wenn Hilfe nötig war. Mordechai, ihr Onkel und Pflegevater, bekam ein Amt, das ihn in das Tor des Palastes positionierte. Wo hätte er besser postiert werden können! Er steht an einem Platz, von dem aus er viele königliche Geschäfte beobachten kann, ist zugleich sehr schnell, mutig und entschlussfreudig.

Nie hatte Israel einen besseren Wächter gehabt als Mordechai, den Sohn Kis, einen Benjaminiter. Einen Mann, der ganz anders war als der Sohn des Kis, der in früheren Zeiten hatte Amalek entfliehen lassen. Mordechais Verwandtschaft mit der Königin erlaubte ihm, über ihren Kämmerer Hatach mit ihr in Kontakt zu bleiben. Auf diese Weise erfuhr Esther bald nach der Veröffentlichung von dem schrecklichen Edikt und von der Gefahr, die

Mordechai und ihrem ganzen Volk drohte. Ist es nicht wunderbar, dass der Herr diese beiden menschlichen Werkzeuge genau zur richtigen Zeit den einzig richtigen Platz einnehmen ließ? Mordechai hätte wenig ausrichten können ohne Esther, sie wiederum hätte ohne Mordechai nicht helfen können. In der Zwischenzeit wird eine Verschwörung gegen den König geplant, die von Mordechai aufgedeckt und bei der höchsten Behörde angezeigt wird. Auf diese Weise wird der König dem Entdecker des Anschlags zum Dank verpflichtet. Auch das ist ein wesentlicher Punkt im Plan Gottes.

Ihr seht voraus, was für ein Unheil sich gegen die Sache und die Wahrheit Gottes auch zusammenbraut und ich glaube, es geht gerade jetzt viel vor. Der Teufel, die Irrlehrer und Atheisten sind schließlich nie lange ruhig, dennoch sind wir dessen gewiss, dass dem Herrn alles bekannt ist. Er hat sowohl seine Esther als seinen Mordechai an ihren Posten, bereit böse Pläne zu vereiteln. Er hat seine Leute gut aufgestellt, hat seine Armeen im Hinterhalt um seine Feinde zu überraschen.

Jedes Kind Gottes ist an dem Platz, an den Gott es aus guten Gründen hingestellt hat. Du hast dir vielleicht eine andere Stellung gewünscht, in der du mehr für Jesus tun könntest. Vergiss solche Wünsche und diene Ihm da, wo du bist. Wenn du an dem Tor des König sitzt, dann gibt es dort etwas für dich zu tun, würdest du den Thron einer Königin einnehmen, gäbe es dort nicht weniger für dich zu tun.

Bitte weder um das eine noch um das andere, weder um die Stelle eines Torhüters noch um den Thron einer Königin, sondern diene Gott einfach an dem Platz, an dem du bist. Bist du reich? Gott hat dich zu seinem Verwalter gesetzt – sieh zu, dass du ein guter Verwalter bist! Bist du arm? Gott hat dir eine Stellung gegeben, in der du es besser verstehst, armen Kindern Gottes ein teilnehmendes Wort zu sagen. Verrichtest du deine dir zugewiesene Aufgabe? Lebst du in einer gottesfürchtigen Familie? Gott hat eine Absicht damit. Oder bist du in einem unchristlichen Haus groß geworden? Dann bist du wie eine Lampe, die an einem dunklen Ort hängt, vergiss aber nicht, dein Licht leuchten zu lassen.

Esther tat gut daran, dass sie tat, was eine Esther zu tun vermochte, Mordechai handelte nicht weniger richtig, indem er tat, was ein Mordechai eben tun sollte. Ich denke sehr gerne daran, dass Gott jedem den richtigen Platz zugewiesen hat, so wie ein guter General die verschiedenen Teile seiner Armee am zweckmäßigsten aufstellt. Mag auch sein Schlachtplan unbekannt sein, während der Schlacht wird es sich schon zeigen, dass er jeden Soldaten an den richtigen Platz gestellt hat. Es ist deshalb weise von uns keinen anderen Platz zu wünschen und nicht über die zu urteilen, die eine andere Stellung einnehmen. Jeder durch das teuere Blut Christi Erlöste sollte vielmehr sprechen: „Herr, was willst Du, dass ich tun soll? Hier bin ich und durch Deine Gnade will ich es tun." Vergesst also nicht die Tatsache, dass Gott in seiner Vorsehung seinen Dienern Stellungen zuweist, in denen Er sie gebrauchen kann.

Der Herr ordnet nicht nur den Seinen die verschiedenen Stellungen zu, sondern Er selbst widersteht auch seinen Feinden. Ich möchte eure Aufmerksamkeit besonders darauf lenken, dass Haman, nachdem er die königliche Genehmigung zu dem Edikt erhalten hatte, nach welchem an einem bestimmten Tag alle Juden umgebracht werden sollten, sehr darauf aus war, sein grausames Vorhaben gründlich auszuführen. Äußerst abergläubisch wie er war, glaubte er an Astrologie und ließ deshalb seine Magier das Los werfen um einen günstigen Tag für sein großes Unternehmen zu finden. Das Los wurde für verschiedene Monate geworfen, es wurde aber außer einem Tag am Jahresende kein einziger günstiger Tag mehr getroffen. Dieser Tag war der dreizehnte des zwölften Monats. Der Deutung der Magier gemäß würde der Himmel an diesem Tag günstig stehen und Hamans Stern würde steigen.

Das Los wurde geworfen, aber es fiel wie der Herr es wollte. Dadurch wurden den Juden volle elf Monate gelassen, bis sie umgebracht werden sollten. Mordechai und Esther bekamen auf diese Weise Zeit sich nach geeigneten Gegenschritten umzusehen. Angenommen, das Los wäre auf den zweiten oder dritten Monat gefallen, dann hätten die Juden umkommen müssen. Aber selbst in dem geheimen Raum, in dem die Magier bei den finsteren Mächten Rat suchen, ist der Herr gegenwärtig um die Zeichen der Lügner zu durchkreuzen und die Weisen zu Narren zu machen! Alle Sterndeuter und Wahrsager waren nichts weiter als Narren und stürzten Haman ins Verderben. „Denn es gibt keine Zauberei gegen Jakob und keine Wahrsagerei gegen Israel" (4. Mo. 23, 23), deshalb „traut dem Herrn, ihr Gerechten, und fasst eure Seelen in Geduld!" (Lk. 21, 19). Überlasst eure Widersacher den Händen Gottes. Er kann es lenken, dass sie selbst in die Falle tappen, die sie euch heimlich gestellt haben.

Beachtet auch, dass Haman eine Weise zur Ausrottung der Juden erdacht hatte, die das Gegenteil bewirkte und von Gott wunderbar zu ihrer Erhaltung gelenkt wurde. Alle Menschen aus den anderen Völkern hatten das Recht sie zu töten. Der Lohn der Mörder sollte ungestörte Plünderung sein. Nun, das war wirklich ein schlauer Anschlag, musste doch die Habgier viele zur Ermordung der fleißigen und wohlhabenden Juden treiben. Ohne Zweifel würden auch einige Schuldner endlich die Gelegenheit wahrnehmen ihre lästigen Kreditoren loszuwerden. Hätte Haman veranlasst die Juden durch das Militär umzubringen, so hätte es einfach geschehen müssen, die Bedrohten hätten wohl kaum entfliehen können. Weil die Sache aber Privathänden anvertraut wurde, war der folgende Befehl an die Juden, sich zu verteidigen, ein genügender Widerruf des ersten Edikts. Da seht ihr, dass Gott im Stande war Hamans Weisheit in Torheit zu verwandeln.

Gottes bewahrende Hand sehen wir auch darin, dass Mordechai, obwohl er Haman bis aufs Äußerste gereizt hatte, nicht sofort getötet wurde. Haman hielt sich zurück. Warum? Stolze Leute nehmen es gewöhnlich sehr übel, wenn sie sich beleidigt fühlen und möchten am liebsten sofort Rache üben. Haman aber „hielt an sich" (Esther 5, 10) und unterdrückte seinen Zorn bis an den Tag, an dem seine Wut aufs Äußerste entbrannt war und er den Galgen für seinen Feind aufrichten ließ. Muss man sich nicht darüber wundern? Sagt nicht der Psalmist mit Recht: „Wenn Menschen wider Dich wüten, bringt es Dir Ehre; und wenn sie noch mehr wüten, bist Du auch noch gerüstet." (Ps. 76, 10. 11) Mordechai durfte nicht eines gewaltsamen Todes durch Hamans Hand sterben.

Die Feinde des Reiches Gottes und seines Volkes können nie mehr tun, als der Herr es zulässt, sie können nicht um ein Haar breit über die Linie hinausgehen, die Er gezogen hat. Wenn ihnen aber zugelassen wird, ihr Schlimmstes zu tun, so hat ihr Tun doch irgendeinen Schwachpunkt und muss sich als vergeblich erweisen. Die Gottlosen tragen die Waffen zu ihrem eigenen Verderben mit sich herum. Gerade dann, wenn sie am meisten gegen den Höchsten wüten, führt der Herr alles zum Besten der Seinen und zu seiner Verherrlichung hinaus. Beurteile die Vorsehung und Führung Gottes nicht nach den Einzelheiten. Sie ist vielmehr ein großartig ausgedachter Plan und muss als Ganzes betrachtet werden. Klage nie über die dunklen Stunden des Lebens, denn gerade die Finsternis wird dem Licht dienen, so wie die tiefe Finsternis der Nacht den Glanz der Sterne umso leuchtender und strahlender macht. Vertraue stets dem Herrn, in Ihm ist immerwährende, ewige Kraft. „Er fängt die Weisen in ihrer Klugheit und stürzt den Rat der Verkehrten." (Hiob 5, 13)

Gott lässt die Seinen versucht werden. Auch an Mordechai trat manch eine Schwierigkeit heran. Er war ohne Zweifel ein ruhiger alter Mann. Es mag ihm nicht leicht gefallen sein Tag für Tag aufrecht zu stehen oder an seinem Platz zu sitzen, wenn der stolze Haman an ihm vorbeistolzierte. Die anderen Beamten hatten ihm zwar gesagt, der König erwarte, dass alle seinem Liebling Huldigung darbrächten, Mordechai ließ sich jedoch nicht beirren, auch wenn er es nur zu gut wusste, was ihm sein klarer Unabhängigkeitssinn schließlich kosten konnte. Haman war ein Amalekiter, deshalb wollte Mordechai, der Jude, sich nicht vor ihm verneigen. Aber welchen Kummer muss ihm die Nachricht bereitet haben, dass alle Juden sterben sollten! Wie bitter muss er es beklagt haben, dass er die unschuldige Ursache des Verderbens seines Volkes sei! Denn auch wenn du das Richtige getan hast, dadurch aber Schwierigkeiten oder sogar Untergang über andere bringst, so geht es dir durchs Herz. Du könntest ja für dich selbst ein Märtyrertum ertragen, es wird dir aber sehr schwer fallen durch deine Festigkeit andere in Mitleidenschaft zu ziehen.

Komme ich um, so komme ich um

Esther hatte schwere Prüfungen durchzumachen. Wie leicht hätte sie sonst auch im Glanz des persischen Hofes ihren Gott vergessen können! Da wird ihr die Schreckensbotschaft gebracht: „Dein Onkel und dein Volk sind dem Tod geweiht!" Schmerz und Furcht füllen ihr Herz. Für ihr Volk war keine Hoffnung vorhanden, es sei denn, dass sie zu dem König geht, von dem ein zorniger Blick ausreichen würde ihr den Tod zu bringen. Sie musste alles wagen, ungerufen zu ihm hingehen und Fürsprache für ihr Volk einlegen. Ist es denn ein Wunder, dass sie bei diesem Gedanken zittert? Ist es ein Wunder, dass sie die Gläubigen zur Fürbitte für sich und ihr gewagtes Unternehmen auffordern lässt? Überrascht es euch, dass auch sie selbst sich durch Fasten und Beten mit ihren Dienerinnen zu dem folgenschweren, verhängnisvollen Weg vorbereitet?

Glaube ja nicht, mein Bruder, der du eine hohe, angesehene Stellung in der Welt einnimmst, dass Gott dich in eine so hohe Stellung gesetzt hat, damit dir die Leiden erspart werden, die keinem Kind Gottes ausbleiben. Deine Stellung ist keine leichte, sondern vielmehr eine der heißesten Stellungen in der Schlacht. Weder die niedrigste und geringste, noch die öffentlichste und am meisten der Beobachtung ausgesetzte Stellung wird dich von den „vielen Trübsalen" befreien, durch die der christliche Kämpfer sich den Weg zur Herrlichkeit schlagen muss. Warum sollten wir das auch wünschen? Muss nicht das Gold im Schmelztiegel geläutert werden? Wenn eine Brücke über einen Fluss gebaut wird, geht der Ingenieur doch nicht davon aus, dass sie niemals belastet werden wird, sondern sagt: „Kommt nur mit den schwersten Zügen, belastet die Brücke so viel ihr wollt: Ich weiß, sie wird jedem Druck standhalten." Der Herr prüft die Gerechten, weil Er weiß, dass Er sie aus einem Stoff gebildet hat, der die Probe bestehen kann. Er weiß, dass sie durch die stärkende und stützende Kraft des Heiligen Geistes nicht nur fest und standhaft bleiben, sondern in allem auch weit überwinden werden. Eben deshalb sind Leiden und Trübsale ein Teil seiner Führung. Das möge euch, die ihr jetzt vielleicht in Trübsal und Trauer seid, zum Trost dienen.

Die Weisheit des Herrn ist darin sichtbar, dass Er aus den

kleinsten Ereignissen große Folgen entstehen lassen kann. Man hört oft angesichts großer, angenehmer Ereignisse die Leute sagen: „Welch ein Segen!" Man schweigt dagegen, wenn es sich um anscheinend weniger wichtige Dinge handelt oder um solche, die einen unangenehmen Beigeschmack haben. Aber der Platz des Gänseblümchens ist nicht weniger von Gott bestimmt, als der des Königs auf seinem Thron. Die göttliche Vorsehung erstreckt sich ebenso auf eine Blattlaus auf dem Rosenblatt wie auf den Marsch einer Armee zur Verwüstung eines Landes. Alles, sowohl das Allerkleinste wie auch das Allergrößte, ist von dem Herrn verordnet, der im Himmel thront, dessen Reich über alles regiert. Die vor uns liegende Geschichte ist ein klarer Beweis dafür.

Wir sind bis an den Punkt gekommen, an dem Esther dabei ist zum König zu gehen um Fürsprache für ihr Volk einzulegen. Gestärkt durch Gebet, ohne Zweifel noch zitternd, trat sie in den inneren Hof. Sobald der König sie erblickte, fand sie Gnade vor seinen Augen. Als Zeichen seines Gefallens streckte er sein goldenes Zepter in ihre Richtung aus. Seiner Aufforderung zufolge bittet Esther den König mit Haman zu einem Essen zu kommen, das sie vorbereitet hat. Der König folgt dieser Einladung und fordert sie zum zweiten Mal auf sich von ihm zu erbitten, was sie will und wäre es auch die Hälfte seines Königreichs, sie sollte es bekommen. „Warum", so fragen wir, „sprach Esther denn nicht, da der König doch so freundlich und offensichtlich in guter Stimmung war? Er war entzückt über ihre Schönheit und hatte sein königliches Wort darauf gegeben, dass er ihr keine Bitte ausschlagen würde. Warum denn sprach sie keinen Wunsch aus? Warum bittet sie den König nur, dass er am folgenden Tag wieder mit Haman zum Essen zu ihr kommt?"

O, Tochter Abrahams, welche Gelegenheit hast du verpasst! Warum hast du nicht Fürsprache für dein Volk eingelegt? Sein Leben und Tod hängen von deiner Fürsprache ab, der König hat gesagt: „Was forderst du?" und du hältst deine Bitte zurück? War es Schüchternheit? Das wäre ja möglich. Glaubte sie, Haman stehe so hoch in der Gunst des Königs, dass sie den Kampf nicht gewinnen würde? Das ist schwer zu sagen. Mancher unter uns ist zwar unberechenbar, aber von dem Schweigen Esthers war viel mehr abhängig, als auf den ersten Blick zu sehen war. Ohne

Zweifel sehnte sie sich danach ihr Geheimnis zu lüften, aber sie brachte es nicht über ihre Lippen. Sie handelte nach Gottes Willen, die richtige Zeit war noch nicht gekommen, deshalb wurde sie so geleitet, dass sie ihre Mitteilung aufschieben musste.

Ich denke es tat ihr sehr Leid, sie hat sich wohl gefragt, wann sie im Stande sein würde auf den Punkt zu kommen und ihr Geheimnis zu enthüllen, aber der Herr wusste es am besten. Nach dem zweiten Gastmahl ging Haman fröhlich durch das Tor, ärgerte sich aber sehr, dass Mordechai sich wieder wie gewöhnlich nicht vor ihm verneigte. Zu Hause angekommen rief er seine Freunde und seine Frau Seresch zu sich und erzählte ihnen von all seinem Reichtum und seiner Herrlichkeit, verschwieg aber auch nicht, dass er sich an diesen Dingen nicht freuen könnte, solange er den Juden Mordechai im Königstor sehe. Man hätte seinen Zorn ja damit vertrösten können, dass in einigen Monaten Mordechai und sein ganzes Volk getötet sein würden. Die Freunde hätten Haman damit beruhigen können, dass der alte Jude ja schon über das Edikt trauerte, der Beleidigte solle sich also damit begnügen sich an dem Anblick der Trauer seines Feindes zu weiden.

Stattdessen rieten sie zu unverzüglicher Rache. „Lass Mordechai an einen Galgen hängen", hieß es, „lass diesen Galgen sofort aufrichten und dann lass den Juden mit dem Leben für seine Frechheit büßen. Lass den Galgen noch an diesem Abend aufrichten!" Es ist anscheinend nichts Außergewöhnliches, dass Haman gerade zu dieser Stunde so zornig war und doch war es ein ganz wichtiger Punkt in der gesamten Handlung. Wäre er nicht in so großer Eile gewesen, er würde nicht so früh am Morgen zum Palast gegangen sein und wäre nicht greifbar, als der König fragte: „Wer ist im Hof?"

Und was war geschehen? Nun, gerade in dieser Nacht hatte der König nicht schlafen können. Woher diese Ruhelosigkeit des Königs? Warum wurde er gerade in dieser Nacht von Schlaflosigkeit geplagt? Ahasveros, der König von 127 Provinzen, vermag sich nicht auch nur zehn Minuten Schlaf zu verschaffen! Was soll er tun? Soll er befehlen, dass beruhigende Musik gespielt wird? Soll er sich die Zeit durch lustige Balladen vertreiben? Nein, er lässt sich die Chroniken, seine Jahrbücher vorlesen. Wer hätte gedacht, dass dieser mächtige König in der Stille der Nacht einem

Vorleser zuhören musste! Auf seinen Befehl wird das Buch geholt. Es ist das Buch, in dem die Ereignisse des Reiches festgehalten werden. Es gibt aber 127 Provinzen im ausgedehnten persischen Reich, welches Buch soll der Diener nun bringen? Er wählt den Bericht von Susa, der königlichen Festung. Susa ist der Mittelpunkt des Königreichs. Der Bericht hat viele Seiten – auf welcher soll er zu lesen beginnen? Er mag angefangen haben, wo es ihm gefiel, aber noch bevor er das Buch geschlossen hatte, hat der König den Bericht über die Aufdeckung einer Verschwörung gegen ihn durch Mordechai gehört. War das nicht ein merkwürdiger Zufall? Merkwürdig ja, aber kein Zufall! Aus tausenden Berichten hat der Vorleser gerade diesen getroffen. Wie die Juden berichten, hatte er an einer anderen Stelle angefangen, das Buch sei aber zugefallen und habe sich bei dem Kapitel über Mordechai wieder geöffnet. Wie dem auch sei, eines ist sicher: Dem Herrn war bekannt, wo der Bericht über Mordechai stand und Er zeigte dem Vorleser die richtige Seite.

Das war aber noch nicht alles. Das Gehörte interessierte den König und sein Verlangen nach Schlaf wird von der Eile übertroffen, mit der er handeln will. „Dieser Mordechai hat mir gute Dienste getan, hat er eine Belohnung empfangen?", fragt der König. „Nein", ist die Antwort. „Dann soll er sofort belohnt werden. Wer ist im Hof?" Für den genusssüchtigen Ahasveros war es etwas sehr Ungewöhnliches sich in solchen Dingen zu übereilen. Wie viel tausend Mal hat er ohne Reue Ungerechtigkeit ausgeübt! Wenn man nur an den Tag denkt, an dem er das Todesurteil über Mordechai und sein ganzes Volk unterzeichnete. Der König will wenigstens einmal gerecht sein und – an der Tür steht Haman. Die weitere Geschichte ist euch ja bekannt. Ihr wisst ja, wie Haman seinen Todfeind mit königlichen Ehren überhäuft durch die Straßen der Stadt führen musste.

Es ist scheinbar eine Kleinigkeit, ob du diese Nacht ruhig schlafen kannst oder dich ruhelos auf deinem Bett wälzen musst, aber Gottes Hand ist sowohl in unserem Schlafen als auch in unserem Wachen. Wir wissen zwar nicht, was seine Absicht dabei ist, aber es ist sicher, dass Er die Hand darin hat. Keiner schläft oder wacht, ohne dass der Herr es will.

Achtet darauf, wie der Weg für den nächsten Besuch bei Esther durch diesen Vorfall geebnet wurde. Als die Königin ihren

Kummer aussprach, von dem drohenden Untergang der Juden redete und dann auf den bösen Haman zu sprechen kam, musste es den König umso mehr interessieren und ihn umso williger machen ihre Bitte zu gewähren. Schließlich war ja derjenige, dem er sein Leben verdankte, ein Jude, dem er die höchsten Ehren erwiesen hatte und der in jeder Hinsicht würdig war die Nachfolge seines bisherigen, unwürdigen Lieblings anzutreten. Es war alles bereit, der gottlose Haman wurde entlarvt und an seinem eigenen Galgen aufgehängt.

Der Herr fordert von den Seinen aktiv zu sein. Diese Angelegenheit wurde ausgerichtet und gut ausgerichtet, aber die Beteiligten hatten darüber zu beten. Mordechai und alle Juden in Susa fasteten und riefen zum Herrn. Der Ungläubige fragt: „Was kann denn das Gebet ausrichten?" Nun, das Gebet ist ein wesentlicher Teil in der Vorsehung Gottes, so wesentlich, dass da, wo Gott sein Volk erlöst hat, die Seinen um Befreiung und Erlösung gebetet haben. Man sagt zwar, das Gebet hätte keinen Einfluss auf den Höchsten und könnte seine Pläne nicht ändern. Das haben wir auch nicht gedacht und wissen dennoch, dass das Gebet ein Teil seiner Pläne und Absichten, ein äußerst wertvolles Rad in der Maschinerie seiner Vorsehung ist. Der Herr lässt die Seinen beten und dann segnet Er sie.

Mordechai war sich darüber hinaus ganz sicher, dass der Herr sein Volk erretten wird, denn er sprach das auch zuversichtlich aus. Dabei legte er aber nicht die Hände in den Schoß, sondern regte auch Esther an und als sie Bedenken äußerte, ließ er ihr unverblümt sagen: „Denke nicht, dass du dein Leben errettest, weil du im Palast des Königs bist, du allein von allen Juden. Denn wenn du zu dieser Zeit schweigen wirst, so wird eine Hilfe und eine Errettung von einem anderen Ort her den Juden erstehen, du aber und deines Vaters Haus, ihr werdet umkommen." (Est. 4, 13. 14)

Gestärkt durch diese Botschaft raffte Esther sich auf um den Versuch zu unternehmen. Sie saß nicht etwa still und sagte: „Der Herr wird diese Sache ausrichten, ich habe dabei nichts zu tun", sondern sie tat vielmehr folgendes: Sie flehte Gott um Hilfe an, setzte dann um ihres Volkes willen ihr Leben aufs Spiel und verhielt sich in ihren Gesprächen mit dem König sehr vorsichtig und weise.

So übergeben auch wir uns dem Herrn, stehen dabei aber nicht müßig herum. Wir glauben, dass Gott ein auserwähltes Volk hat, deshalb predigen wir in der Hoffnung, dass wir durch seinen Heiligen Geist das Mittel sein könnten seine Auserwählten zu Christus zu bringen. Wir glauben, dass Gott für die Seinen hier unten ein heiliges Leben und im Jenseits den Himmel bereit hält, deshalb kämpfen wir gegen die Sünde und streben nach der Ruhe, die für das Volk Gottes vorhanden ist.

Der Glaube an Gottes Vorsehung lähmt nicht etwa unsere Tatkraft, sondern reizt uns zum Fleiß. Wir arbeiten, als ob alles von uns abhängig wäre und befehlen zugleich alles dem Herrn an in dem Glauben, dass alles von Ihm abhängig ist.

Nie hat ein Mensch eine so gründliche Niederlage erlitten wie Haman, niemals wurde ein Anschlag so gründlich vereitelt. Er wurde in seiner eigenen Falle gefangen. An Stelle von Mordechai wurde er mit seinen zehn Söhnen an den Galgen gehängt. Was die Juden betrifft, so schwebten sie noch immer in Gefahr am festgesetzten Tag niedergemetzelt zu werden. Mochte Esther auch noch so viel darum bitten, der König wäre nicht im Stande gewesen sein einmal erlassenes Edikt zu ändern oder zu widerrufen, auch wenn er selbst es wollte. Ein Gesetz der Meder und Perser durfte nicht geändert werden. Der König hatte zwar die Macht zu bestimmen was immer er wollte, aber nach der Veröffentlichung eines Gesetzes war es ihm nicht mehr gestattet es zu ändern. Lieber würden sich die Untertanen dem schlimmsten Befehl des Königs unterwerfen als von jeder beliebigen Laune ihres Monarchen abhängig zu sein.

Was war unter diesen Verhältnissen zu tun? Das Edikt zur Vernichtung der Juden war erlassen worden und konnte nicht mehr geändert werden. Es öffnete sich nur eine einzige Tür zur Befreiung. Dem ersten Edikt folgte ein zweites, das den Juden gestattete sich gegen ihre Angreifer zu wehren und ihren Besitz zu verteidigen. So wurde ein Erlass durch den anderen unschädlich gemacht. Mit großer Eile wurde diese Bestimmung durch das ganze Reich verbreitet. Die Folge war, dass an dem bestimmten Tag die Juden sich erhoben und ihre Feinde erschlugen.

Nach der überlieferten Tradition versuchten nur die Amalekiter einen Angriff auf sie, daher wurden auch nur die Amalekiter von der Erde vertilgt. So nahmen die Juden jetzt eine besondere

Stellung im Reich ein. Es wird erzählt, dass viele Heiden Juden – oder Proselyten – wurden, sie folgten dem Gott Abrahams, weil sie sahen, was dieser Gott getan hatte.

Hier seht ihr, welche hellen Lichtstrahlen Gott manchmal durch die dichte Finsternis leuchten lässt. Das ganze Volk war erstaunt bei der Nachricht, dass die Hebräer umgebracht werden sollten, aber wie viel mehr haben sie wohl gestaunt, als verkündet wurde, dass die Todgeweihten sich wehren durften! Alle Welt fragte: „Wozu denn das?" Die Antwort wäre einfach die gewesen: „Der lebendige Gott, den die Juden anbeten, hat seine Weisheit geoffenbart und sein Volk errettet." Alle Völker mussten erkennen, dass es einen Gott in Israel gibt. So war der göttliche Ratschluss voll und ganz ausgeführt: Sein Volk war errettet und sein Name wurde verherrlicht bis an das Ende der Welt.

Es ist klar, dass der göttliche Ratschluss ausgeführt wird, während die Menschen völlig frei sind. Haman handelte nach seinem eigenen Willen, Ahasveros tat was ihm beliebte, Mordechai verhielt sich so wie sein Herz ihn trieb, ebenso auch Esther. Wir sehen kein Dazwischentreten, keine Einschränkung. Eben deshalb lastet die Schuld der Sünde voll und ganz auf dem Schuldigen. Jeder handelt mit völliger Freiheit, trotzdem handelt er nicht anders, als der göttliche Ratschluss es vorausgesehen und bestimmt hat. „Das verstehe ich nicht!", sagst du. Ich muss dasselbe sagen, ich verstehe es auch nicht. Es gibt viele, die alles begreifen wollen, sie haben eine sehr hohe Meinung von sich selbst. Gottes Gedanken sind unendlich höher und tiefer als unser Fassungsvermögen.

Esthers Geschichte zeigt uns auch, dass Wunder ohne erstaunliche Begleiterscheinungen gewirkt werden können. Wenn Gott durch Verschiebung der Naturgesetze etwas Wunderbares tut, ist jeder erstaunt und erkennt darin den Finger Gottes, aber heutzutage ruft man uns zu: „Wo ist euer Gott? Er ändert die Naturgesetze ja nicht mehr!" Nun, ich sehe in der Geschichte Pharaos Gottes Hand, gebe aber auch zu, dass sie in der Geschichte Hamans nicht weniger deutlich zu erkennen ist, vielleicht sogar in einem noch großartigeren Licht. Denn an sich ist es eine ziemlich grobe Methode (ich sage das mit aller Ehrfurcht vor dem heiligen Namen Gottes) in die Räder der Natur einzugreifen und bewunderungswürdige Naturgesetze aufzuheben um ein Ziel zu erreichen. Durch sie wird zwar die Macht Gottes offenbart, aber nicht so sehr seine Unveränderlichkeit. Wenn der Herr aber alles seinen gewöhnlichen Gang gehen lässt, wenn Er den Gefühlen und Gedanken, dem Ehrgeiz und der Leidenschaft volle Freiheit lässt und dabei doch seine Absicht erreicht, so ist das doppelt wunderbar.

Jedes Kind Gottes kann sich damit trösten, dass wir einen Führer und Hüter haben, der dem Thron Gottes so nahe steht. Jeder Jude in Susa muss froh darüber gewesen sein, dass die Königin eine Jüdin war. Wir wollen uns freuen, dass unser Heiland, der Mann der Liebe, der Gekreuzigte, zur Rechten des Vaters erhöht ist.

Wie sicher sind alle, die Ihm gehören, denn „wenn jemand sündigt, so haben wir einen Fürsprecher bei dem Vater, Jesus Christus, der gerecht ist." (1. Joh. 2, 1) Einer ist da, Er, „der eingeborene Sohn, der in des Vaters Schoß ist" (Joh. 1, 8), der uns vertritt. Seid deshalb zuversichtlich, lasst eure Seelen in Gott ruhen und wartet geduldig auf Ihn, denn eher würden Himmel und Erde vergehen, als dass die, die dem Herrn vertrauen, umkommen und verloren gehen sollten.

Maria von Betanien

Was für merkwürdige Geschichtsschreiber sind doch die Evangelisten, die Berichterstatter aus der Zeit Jesu! Während sie das auslassen, was weltliche Historiker schreiben würden, berichten sie gerade das, was andere übergangen hätten. Welcher Historiker würde daran gedacht haben, die Geschichte von der Witwe und ihren zwei kleinen Münzen zu erzählen! Oder meint ihr, dass sie die Feder angesetzt hätten um die Geschichte von einer Frau niederzuschreiben, die ein Glas mit kostbarer Flüssigkeit nahm und es auf das Haupt Jesu ausgoss? Aber so ist es: Jesus schätzt die Dinge nicht nach ihrem äußeren Glanz und Schein ein, sondern nach ihrem inneren Wert.

Er saß oder lag vielmehr an Simons des Aussätzigen Tisch. Da hat plötzlich eine Frau einen Einfall. Sie eilt nach Hause um ein Alabasterglas mit Nardenwasser zu holen, das sie wahrscheinlich schon seit längerer Zeit in Bereitschaft hatte. Bald kehrte sie damit zurück. Ohne jemanden um Erlaubnis zu bitten oder ihre Absicht zu verraten, zerbricht sie das wertvolle Glas, die kostbare Flüssigkeit strömt heraus und verbreitet einen köstlichen Duft. Maria, die Schwester des Lazarus, den der Herr Jesus von den Toten auferweckt hat – denn sie ist diese Frau – goss den Inhalt des Glases auf den Kopf des Herrn Jesus aus. Es war so viel, dass es hinunter auf seine Füße floß und das ganze Haus mit dem Duft füllte.

Die Jünger murrten, aber der Herr lobte sie. Nun, was war es denn, das die Handlung dieser Frau so lobenswert machte, ja, dass der Heiland ihr das große Lob erteilte: „Wo dies Evangelium gepredigt wird in der ganzen Welt, da wird man auch sagen zu ihrem Gedächtnis, was sie getan hat." (Mt. 26, 23)

Ich denke, diese Tat geschah aus dem Drang eines liebenden Herzens heraus und gerade das machte sie so bemerkens- und lobenswert. Das Herz ist immer besser als der Kopf und das erneuerte Herz ist unendlich viel besser als der Kopf. In unserer Zeit ist es uns zur Gewohnheit geworden danach zu fragen, ob etwas unsere Pflicht ist oder nicht. Es ist aber etwas sehr wertvolles, wenn wir von Zeit zu Zeit Impulse verspüren, die eindrucks- und ausdrucksvoller sind als die ganze Rechenkunst der moralischen Verpflichtungen! Aber wie oft sagt uns unser Herz:

„Steh auf, besuche diesen oder jenen Kranken!", und wir zögern und fragen: „Ist es meine Pflicht? Ist dieser Liebesdienst wirklich notwendig?" Oder dein Herz hat dir vielleicht einmal gesagt: „Gib mehr von deinem Geld für das Reich Gottes!" Würden wir diesem Liebesdrang folgen, so würden wir es ohne Verzug tun. Stattdessen zögern wir, schütteln bedächtig den Kopf und berechnen, ob es denn wirklich unsere Pflicht sei.

Diese Frau hat es nicht so gemacht. Es war nicht ihre Pflicht das Alabasterglas über dem Kopf Jesu zu zerbrechen. Sie tat es nicht aus einem Gefühl des Gehorsams heraus, sondern aus einem höheren Trieb. Ihr innerer Herzensdrang ergoss sich wie ein Wasserbach und schwemmte alle Bedenken und Fragen mit sich weg. Pflicht oder nicht Pflicht: „Geh und tu es!" Wäre sie einige Augenblicke stehen geblieben um darüber nachzudenken, so hätte sie es voraussichtlich gar nicht getan. Hätte sie überlegt, gerechnet und die Vernunft zu Rate gezogen, sie hätte es nie zu Stande gebracht. Aber das Herz, das innerste Herz handelte, die Macht des eigenen inneren Antriebs – wenn nicht gar eine göttliche Eingebung – drängte sie zu ihrem Handeln. Was das Herz der Maria eingab, wurde voll und ganz ausgeführt.

Wir schnüren uns heutzutage so fest ein, dass wir dem Herzen wenig oder gar keinen Raum zum Handeln übrig lassen, wir berechnen zu viel, ob wir es wirklich tun sollten, ob es unsere Pflicht ist. Gebe Gott, dass unsere Herzen weiter würden! Lasst den Kopf Kopf sein, aber lasst auch dem Herzen vollen Spielraum! Wie viel mehr würde dann für den Herrn geschehen, als bis dahin geschehen ist!

Aber nun achtet auch darauf, dass Maria dem Drang ihres Herzens folgte. Ihre Tat war keine bloße Formsache. Wollt ihr Christus nicht mehr geben, als was Ihm gebührt, so wie ihr der Regierung die Steuern bezahlt? Und wenn die Steuer nur ein Groschen ist – ist dieser Groschen alles, was Er haben soll? Wollen wir einem solchen Herrn mit kalter Berechnung dienen? Soll Er wie jeder gewöhnliche Arbeiter seinen täglichen Groschen haben? Gott bewahre uns vor solch einer Einstellung! Doch leider hat die große Masse der Christen sich nicht einmal dazu durchgerungen. Mancher kreuzt die Arme und spricht selbstzufrieden: „Ich tue genau so viel wie andere, wenn nicht noch etwas mehr. Ich bin überzeugt, dass ich meine Pflicht erfülle. Niemand hat einen Grund sich über mich zu beklagen. Wer mehr von mir erwartet, ist wirklich unvernünftig." Wer so sprechen kann, hat noch nicht die Liebe dieser Frau mit ihren Höhen und Tiefen kennengelernt!

Die Zeit der ersten Gemeinde war eine Zeit der Wunder, weil damals die Christen dem Drang ihres Herzens folgten. Was für Wunder verrichteten sie! Eine Stimme des Apostels in seinem Inneren sprach zu ihm: „Geh hin in ein heidnisches Land und predige!" Er hat nie die Kosten berechnet, hat nicht gefragt, ob sein Leben gefährdet sein oder ob er Erfolg haben wird. Er ging und tat wozu sein Herz ihn trieb. Von einem anderen wurde gefordert: „Geh hin, verteile alles, was du hast", und der Christ ging hin und legte alles in die gemeinsame Kasse. Nie kam in ihm die Frage auf, ob es seine Pflicht wäre, nein, sein Herz drängte ihn dazu und er tat es sofort.

Wir Kinder des 19. Jahrhunderts sind steif geworden und in festgefahrene Gleise geraten. Wir tun nur zu leicht das, was andere auch tun, begnügen uns mit ihrem Kurs und verrichten die Formen der christlichen Pflichten. Wie ganz anders war es mit Maria, die jegliche Form unbeachtet ließ und tat, wozu das Herz sie trieb. Das ist meiner Meinung nach der erste Teil ihrer Tat, der seinen verdienten Lob fand.

Das zweite Lob besteht darin, dass Maria das, was sie tat, ausschließlich für den Herrn Jesus tat. Warum hat sie nicht die Salbe verkauft und das Geld den Armen gegeben? Sie hat vielleicht gedacht: „Ich liebe ja die Armen und bin jederzeit bereit sie zu unterstützen. Ich würde so viel ich eben kann die Bedürftigen kleiden und die Hungrigen speisen, aber ich möchte jetzt etwas persönliches für meinen Herrn tun." Nun, warum stand sie denn nicht auf um Marthas Platz einzunehmen und am Tisch zu dienen? Vielleicht hat sie gedacht: „Martha ist am Tisch und dient, Simon, Lazarus und die übrigen Gäste hören aufmerksam zu. Ich aber möchte direkt etwas für den Herrn Jesus tun, etwas, was nur Ihm zugute kommt, etwas, was Er nicht weggeben kann. Er muss es haben, es muss Ihm allein gehören."

Ich glaube, kein Jünger und keine Jüngerin des Herrn hat so gedacht. Ich finde bei keinem Evangelisten einen Vorfall wie diesen. Der Herr Jesus hatte Jünger, die Er zu zweit aussandte um zu predigen. Sie haben es eifrig getan, wünschten sie doch im

Dienst des Herrn ihren Mitmenschen Gutes zu tun. Er hatte Jünger, die ohne Zweifel sehr erfreut waren, als sie der hungrigen Volksmenge Fisch und Brot austeilen durften, weil sie das Gefühl hatten durch die Versorgung der Hungrigen eine Tat der Menschlichkeit auszuüben. Ich glaube aber, der Herr hat kaum einen Jünger gehabt, der etwas für Ihn persönlich, nur für Ihn tat, etwas woran sonst niemand hätte teilnehmen können, das direkt für Ihn und nur für Ihn bestimmt war.

Die wirkliche Schönheit der Liebestat Marias lag darin, dass sie alles für den Herrn Jesus selbst tat. Sie wusste, dass sie Ihm alles zu verdanken hatte. War doch Er es, der ihr ihre Sünden vergeben, der ihr die Augen für das Licht des Himmelstages aufgetan hatte, war doch Er ihre Hoffnung, ihre Freude, ihr alles! Ihre Liebe bestätigte sich ja in den gewöhnlichen Liebeswerken an ihren Mitmenschen, an den Armen und Bedürftigen, aber wie innig war sie doch auch auf Ihn selbst gerichtet! Sie musste diesem gesegneten Mann, diesem Gottmenschen, etwas schenken. Sie konnte sich nicht damit begnügen etwas in den Beutel zu legen. Sie musste gehen und die Salbe direkt über seinen Kopf schütten. Es hätte sie nicht befriedigt, wenn Petrus, Jakobus oder Johannes daran teil gehabt hätten, der gesamte Inhalt musste über seinen Kopf gegossen werden. Mochten auch andere es für eine Verschwendung halten, sie wusste, dass es keine Verschwendung war. Wusste sie doch, dass alles, was sie ihrem Herrn schenkte, gut ausgegeben war, ging es doch zu Ihm, dem sie alles zu verdanken hatte.

Maria tat etwas außerordentliches für ihren Herrn. Weder zufrieden mit dem, was andere vor ihr getan hatten, noch wünschend anderen den Vorrang zu lassen wagt sie es, ihrer innigen Anhänglichkeit Ausdruck zu verleihen, obwohl sie sich hätte sagen können, dass manche sie für verschwenderisch und dumm halten würden. Es scheint mir, dass Jesus Maria deshalb so lobte und ihre Liebestat zu ihrem Gedächtnis hinstellen ließ, weil ihr Tun so wunderbar ausdrucksvoll war. Es war mehr Kraft und Tugend darin enthalten, als zu sehen war. Sowohl die Weise als auch der Gegenstand ihres Opfers waren dazu angetan den Tadel der Menschen hervorzurufen, deren praktischer Glaube geschäftsmäßig und sparsam getrieben wird.

Ach, die Liebe ist eine Leidenschaft! Wenn ihr nur etwas von ihrem Drängen fühlen würdet, ihr würdet euch nicht über eine so kostspielige Tat wundern. Marias äußeres Verhalten ist nur ein Ausdruck ihrer innersten dankbaren Achtung. Was die Jünger kalt kritisieren konnten, trägt der Herr Jesus ihnen zum Studium vor. Hier ist eine Seele, an der die Liebe des Heilands entsprechende Erfolge erzielt, ein Herz, das die köstlichen Früchte hervorgebracht hat.

Nicht nur die Bewunderung für Maria, sondern auch Güte gegen uns bewegte den Herrn, das Evangelium, wo immer es gepredigt wird mit diesem Beispiel zu verdeutlichen, mit dem Beispiel einer heiligen Liebe, die in einem Augenblick das zarte Glas und damit zugleich das zarte Herz zerbrach. Es ist, als ob Maria dem Herrn hätte sagen wollen: „Lieber Herr, ich gebe mich selbst Dir hin!" Sie gab das kostbarste, was sie hatte. Hätte sie etwas mit zehntausendmal mehr an Wert gehabt, sie hätte es mit Freuden dargebracht. Sie brachte Ihm wirklich alles.

„Sie hat ein gutes Werk an mir getan!", bezeugt der Herr. Beachtet die Worte: „an mir"! „O nein", sagen sie, „es ist kein gutes Werk, so viel kostbare Salbe zu verschütten und solche Verschwendung zu treiben!" „Da habt ihr recht", würde der Herr Jesus gesagt haben, „es ist kein gutes Werk in Bezug auf euch, sondern in Bezug auf mich." Armen Gutes zu tun ist ja sehr lobenswert, ein gutes Werk zu Gemeindezwecken ist sehr gut, aber ein gutes Werk an Jesus ist sicherlich das höchste und edelste aller guten Werke. Ich bin aber überzeugt, dass weder Judas noch die übrigen Jünger ein Verständnis dafür hatten. Ähnlich ist auch in dem Tun mancher Christen eine Kraft, die von gewöhnlichen Christen nicht verstanden wird. Diese geheime Kraft besteht darin, dass sie es tun „als dem Herrn und nicht den Menschen" und in ihrem Werk dem Herrn Jesus dienen.

Der Herr nimmt Maria noch auf andere Weise in Schutz. „Was bekümmert ihr sie? Ihr habt allezeit Arme bei euch, mich aber habt ihr nicht allezeit", spricht der Herr, „wenn ihr wollt, könnt ihr ihnen Gutes tun." Er will anscheinend den Unzufriedenen damit sagen: „Wenn ihr Arme trefft, so könnt ihr ihnen ja selbst etwas geben. Leere den Beutel, Judas und verstecke ihn nicht in deiner Tasche. Wenn ihr wollt, könnt ihr ihnen Gutes tun. Fangt nicht an, über die Armen und über das zu reden, was hätte geschehen können, geht hin und tut, was von euch selbst hätte getan werden sollen. Diese Frau hat ein gutes Werk an mir getan. Ich werde nicht mehr lange hier sein, bekümmert sie nicht."

Wenn du über andere murrst, weil sie nicht deine gewohnten Wege gehen, weil sie es wagen ein wenig von der gewöhnlichen Linie abzuweichen, so denke daran, dass es auch für dich reichlich zu tun gibt. Mag auch dein Werk nicht genau wie das Ihre sein, tue du einfach das, was dir befohlen ist und halte dich nicht auf an solchen, die Außergewöhnliches tun. Die, die alles geben, was sie haben, gehören sicherlich zu den Seltenheiten. Aber bekümmert sie nicht. Ihrer gibt es nicht viele, sie werden euch auch nicht belästigen. Bekümmert sie nicht, mögen sie in euren Augen fanatisch und überspannt sein. Wenn man aber für sie alle ein Asyl bauen wollte, so würde nur ein ganz kleines Haus erforderlich sein. Lasst sie nur! Es gibt nicht viele, die viel für ihren Meister tun.

Maria dachte nicht weiter, als nur daran, dass sie ihren Herrn salbte, aber Er sprach: „Das hat sie für mein Begräbnis getan." In ihrem Tun lag also mehr als sie sich hätte denken können. Dass in dem inneren Drang unseres Herzens mehr ist als wir ahnen, werden wir einst droben erfahren. Als der Herr zuerst zu Whitefield sagte: „Geh und predige draußen auf der Weide!"[1], hätte da der Mann Gottes eine Ahnung vom Erfolg gehabt? Sicherlich nicht. Er hat ohne Zweifel an nichts weiter gedacht, als sich auf einen Tisch zu stellen und einige Tausend Menschen anzureden. Aber der Herr hatte Größeres dabei im Sinn, nichts weniger, als das ganze Land zu entflammen und eine glorreiche Erneuerung der Pfingstzeit herbeizuführen, eine Zeit, wie man sie nie zuvor erlebt hatte.

Trachte nur danach, dass dein Herz voll Liebe werde und dann folge seinem ersten geistlichen Drang. Zögere nicht! Wie außergewöhnlich der Auftrag auch sein mag, geh und führe ihn aus. Halte nur die Flügel ausgebreitet wie die Engel vor dem Thron, und in demselben Augenblick, in dem das Echo dein Herz durchdringt, fliege los. Wirst du fliegen, weißt du auch noch nicht wohin, so wirst du dich bei der Erfüllung eines Auftrags finden, der höher und edler ist, als du es je hättest ahnen können.

---

[1] *Anmerkung des Herausgebers: Das war zu der Zeit sehr ungewöhnlich und galt für den Redner gewissermaßen als herablassend.*

C. H. Spurgeon

Weide meine Lämmer

Ratschläge
für Eltern und Lehrer

ISBN 3-932308-51-4
CMV-Bestellnummer: 30851
Hardcover, 176 Seiten

Ein Buch mit Ratschlägen von unschätzbarem Wert für alle, denen es ein echtes Anliegen ist ihre Kinder zum Herrn zu führen und erst recht für die, die sich der Wichtigkeit dieser Aufgabe noch nicht bewusst sind. Sowohl Lehrer in den Sonntagsschulen als auch Eltern werden großen Nutzen aus dem Lesen dieser Predigten ziehen.

Es ist unmöglich dieses Buch zu lesen, ohne das Feuer zu bemerken, das einst im Herzen des Autors für die Kinder brannte. Die Ratschläge, die C. H. Spurgeon den Eltern und Lehrern gibt, sind heute vielleicht wichtiger denn je. Sie gründen nicht auf vergänglichen Ideologien oder auf Erkenntnissen der Psychologie, sondern allein auf dem Wort Gottes.